Dr LÉON PALAUX

UN BARDE BRETON

Jean-Pierre Calloc'h

- *Bleimor* -

SA VIE ET SES ŒUVRES INÉDITES

1888-1917

5 planches hors texte

QUIMPER

LIBRAIRIE LE GOAZIOU

7, RUE SAINT-FRANÇOIS

JEAN-PIERRE CALLOC'H

- BLEIMOR -

Jean-Pierre Calloc'h « Bleimor » à 20 ans.

Dr LÉON PALAUX

UN BARDE BRETON

Jean-Pierre Calloc'h

- *Bleimor* -

SA VIE ET SES ŒUVRES INÉDITES

1888-1917

5 planches hors texte

QUIMPER

LIBRAIRIE LE GOAZIOU

7, RUE SAINT-FRANÇOIS

JEAN-PIERRE CALLOC'H
BLEIMOR

I

SON ENFANCE

> *Me zo gannet e kreiz er mor*
> *Ter leù ér mez*
> *Un tiig guen duhont em ès.*
> *Er benal 'gresk 'étal en or*
> *Hag el lann e hol en anvez.*
> *Me zo gannet é kreiz er mor*
> *E bro Arvor* [1].

Au temps de mon enfance, lorsque je me promenais sur les grèves de Clohars-Carnoët, bien souvent, mes regards se sont fixés sur ce « vaisseau-fantôme » allongé au large de la mer, là-bas, à l'horizon, à trois lieues des côtes de mon pays natal. Tantôt, il disparaissait dans la brume des matins gris, tantôt, il étincelait sous un ciel pur, aux rayons du soleil, pour s'évanouir, au crépuscule, alors qu'un feu, aux fusantes clartés, s'allumait à sa proue. Mes désirs m'emportaient vers cette « nef mystérieuse » prête à cingler vers les pays du rêve ; était-ce parce qu'elle avait porté,

---

1. Je suis né au milieu de la mer, — Trois lieues au large, — J'ai une petite maison blanche, là-bas, — Le genêt croît près de la porte, — Et la lande couvre les alentours, — Je suis né au milieu de la mer, — Au pays d'Armor (« *A GENOUX* », par J.-P. Calloc'h « Bleimor », Plon-Nourrit et Cⁱᵉ, éditeurs, Paris, 1921), Peden én Téoélded (Prière dans les Ténèbres), p. 113.

jadis, de mes ancêtres, des marins grands chercheurs d'aventures, ou plutôt parce qu'elle était le berceau de celui qui devait devenir l'ami de ma jeunesse?

Ce lourd vaisseau « ancré pour l'éternité en vue des terres armoriques », c'est l'île de Groix, la patrie de Jean-Pierre Calloc'h, le barde Bleïmor, dont je vais essayer de raconter la vie si brève et pourtant si admirable. Je m'efforcerai d'y tracer son portrait fidèle, de le montrer tel qu'il fut: « *guir Vréhat, guir gristen, kadour kalonek, preder ebet arall geton, noz dé, meit mad, klod hag inrokat Breh-Izel* [1]. » Et ainsi je satisferai aux devoirs de l'amitié, car je ne puis oublier ces quinze années d'intimité, d'émotions partagées qui ne connurent pas les refroidissements d'un seul jour, et j'illustrerai ces paroles de Georges Le Cardonnel : « Rien ne doit être négligé de ce qui peut aider à faire revivre les figures des jeunes hommes que la guerre nous a ravis, tandis qu'ils étaient encore si puissants d'œuvres et d'ans. En publiant leurs œuvres, nous satisferons leurs derniers désirs sur la terre, nous apaiserons leurs derniers regrets. Enfin, nous ajouterons encore, s'il est possible, à la pure gloire de leur martyre [2]. »

Jean-Pierre Calloc'h naquit le 21 juillet 1888, à l'Ile de Groix. Voici ce que porte le Registre de l'Etat-Civil : « le vingt-et-un juillet mil-huit-cent-quatre-vingt-huit, à neuf heures du soir, est né à Kerclavezig, Jean-Pierre-Hyacinthe Calloc'h, de Jean-Pierre Calloc'h, quarante-et-un ans et de Marie Josèphe Glouahec, trente-cinq ans, cultivatrice, son épouse, domiciliée à Kerclavezig, en cette commune.

Dressé par nous, le vingt-deux juillet mil-huit-cent-quatre-vingt-huit, à quatre heures du soir, sur présentation de l'enfant et déclaration faite par Félicia Diffon-Calloc'h, vingt-six ans, sage-femme à Groix, non parente de l'enfant.

Lecture faite, le déclarant et les témoins ont signé avec nous :

Charles-Marie Romieux, adjoint au maire de Groix. »

1. Vrai Breton, vrai chrétien, vaillant soldat, n'ayant d'autre souci que le bien, la gloire et le progrès de la Bretagne (préface de M. Loth, de l'Institut, aux œuvres de J.-P. Calloc'h : « *A GENOUX* », Plon-Nourrit et Cie éditeurs, Paris, 1921).

2. Jean de la Ville de Mirmont, par Georges Le Cardonnel, dans la *Revue Hebdomadaire*, 19 mars 1921, p. 312.

Il fut baptisé, le lendemain de sa naissance, par M. Pédrono,
vicaire.

> ... Dé mem badiant
> Kloh én iliz goz én tour é sonné,
> Héol mat gourhelén én oebl é splanné,
> Er bleù e vlèué er yéot ar en hent,
> 'Mesk er guinih eur, éned é ganné [1].

Le nom patronymique de Calloc'h[2] est très répandu à Groix,
et presque tous ceux qui l'ont porté furent des « labourerion er
mor, micherourien kalet [3] ». Jadis, « ils menaient aux Indes les
vaisseaux de la Compagnie de l'Orient, ou couraient les Océans,
sur les bricks corsaires. » De nos jours ils sont restés « des marins
de premier ordre et de la bonne tradition », comme « ces Kersaho,
ces Jégo ces Calloc'h, ces Milloc'h, ces Stéphan, ces Yvon et
tant d'autres qui sont la gloire de l'île, manœuvriers formés par
les rudes pêches de l'hiver plus encore que par celle du thon ; ils
se distinguent par leur adresse, leur hardiesse, leur sang-froid.
Il est superflu de vanter leur courage, c'est la moindre vertu du
pêcheur breton [4]. »

« Comme ses pères », le père de Bleimor était « un matelot ». Il
vécut de la vie simple et rude des pêcheurs dont son fils devait
chanter les souffrances [5].

En été, à bord d'un robuste dundee de 30 à 40 tonneaux, il
s'en allait, au large, à la recherche du thon, parfois à plus de 300 milles des côtes bretonnes ; en hiver, il fouillait à la drague l'Océan,
du golfe de Gascogne à la mer d'Irlande : « Tous les jours, toutes
les nuits, il traîna ses filets, sur la mer molle, » jusqu'à l'heure où
cette dernière le prit et l'enveloppa de son linceul mouvant.

Au physique, c'était un de « ces rois de la mer aux carrures

---

1. Le jour de mon baptême, — La cloche de la vieille église sonnait dans la tour, — Le
bon soleil de juillet brillait au ciel, — Les fleurs fleurissaient dans l'herbe de la route, —
parmi le froment d'or, les oiseaux chantaient, *Pried er Barh* (L'Epouse du Barde) « *A
GENOUX* », p. 81.
2. Calloc'h = entier, qui n'a pas subi la castration, en parlant des animaux.
3. Travailleurs de la mer, durs ouvriers.
4. *Pêcheurs Bretons*, par A. Dupouy, E. de Boccard, Paris, p. 101.
5. Cf. A. G. *La Prière du Marin*, p. 127, et *Les Marins*, p. 132.

d'athlètes. » Son fils, à vingt ans, lui ressemblait. Tel J.-P. Calloc'h apparut à René Bazin « un homme de haute taille, robuste de corps et de visage, l'air sombre et fermé [1] » et tel était son père. Comme son fils aussi, il avait senti l'attrait de la vocation sacerdotale. Un des vicaires de l'île, frappé de son intelligence, lui avait donné des leçons de latin et de français et seul le manque d'argent l'avait empêché de poursuivre ses études, au Petit-Séminaire. Il avait l'esprit plus cultivé que la plupart de ses compagnons. C'était, au témoignage de son beau-frère, M. Adam, un agréable causeur, d'une mémoire remarquable, et, en mer, il distrayait l'équipage, comme le fera, plus tard, son fils, par ses récits et par ses chants. C'était aussi un bon chrétien, remplissant, avec zèle, ses devoirs religieux ; le dimanche, lorsqu'il était à terre, il se rendait à l'église, avec un gros missel sous le bras, et mêlait sa voix à celle des chantres.

★

La mère du poète était originaire de Locmiquélic, gros hameau de pêcheurs situé sur la rive gauche de la rade de Lorient. Mais, toute jeune, Marie-Josèphe Glouahec vint à Groix ; devenue l'amie de la sœur d'Hyacinthe Calloc'h, elle sut, par sa grâce et par sa distinction conquérir le cœur du vaillant marin.

Dieu bénit leur union : deux filles naquirent tout d'abord, puis Jean-Pierre et quelques années plus tard un autre garçon :

> Hueh' oemb neuzé, Santez Mari,
>   Ardro d'en daol;
> Yah ha leùen e véùemb holl,
> De Zoué ha d'oh e zougemb bri [2].

En effet, si Mme Calloc'h donna à ses enfants l'exemple du travail :

---

1. S. G., p. 11.
2. Nous étions six alors, Sainte Marie, — Autour de la table, — En bonne santé et joyeux, nous vivions tous, — Nous vous vénérions, Dieu et vous, « *A GENOUX* », Peden en Téoelded (*Prière dans les Ténèbres*), p. 114.

> Ma mam eùé e laboura
> — Ha guen hé bleu —;
> Geti en huéz ar hon taleu,
> Disked em ès, bihannik-tra,
> Médein ha tennein avaleu,
> Me mam eùé e laboura
>   D'hounid bara [1].

cette mère, à l'esprit et au cœur nourris de la parole de Dieu, sut aussi leur transmettre, ses pensées et ses convictions les plus profondes.

A cette mère qui lui apprit à aimer Dieu et la Vierge, J.-P. Calloc'h témoigna partout et toujours la plus grande affection. C'est à elle qu'il dut ces trésors de foi qui le soutinrent dans la vie, qui l'empêchèrent de sombrer aux heures de désespoir ; c'est elle qui façonna cette âme tendre, tenace et passionnée, véritable âme de Celte où germèrent et s'épanouirent les plus beaux sentiments.

La mère du poète vit encore. Quel calice d'effrayante amertume elle a bu durant une partie de sa vie! Qu'elle a pleuré et qu'elle pleure encore « tellement il y a de malheur autour de son foyer! » Elle a supporté tant et tant de chocs que nous nous demanderions quelle force lui a permis d'y résister si nous ne connaissions son admirable confiance en Dieu. Elle s'est soumise, avec résignation, aux épreuves que la Providence lui a envoyées, persuadée que ses douleurs servaient à quelque chose de grand et d'éternel.

Seule maintenant, dans sa petite maison, sans doute, songe-t-elle avec tristesse, aux jours passés de son bonheur, quand ses quatre enfants joyeux entouraient la table de famille, et quand, surtout, le père venait s'y asseoir, entre deux campagnes de pêche?

Cette habitation s'élève presque au milieu de l'île, à un kilomètre du bourg de Groix, à Kerclavezig, petit hameau composé

---

1. Ma mère aussi travaille, — Et blancs sont ses cheveux, — Avec elle, la sueur sur nos fronts, — J'ai appris, tout petit, — A moissonner et à arracher des pommes de terre, — Ma mère aussi travaille, — Pour gagner du pain, « *A GENOUX* », Peden en Téoelded, p. 113-114.

de quelques demeures isolées au centre « d'un large plateau dénudé
où alternent les brousses, les pâtis et les chaumes. » C'est une maison simple, confortable et avenante, avec ses murs blanchis au
lait de chaux ; elle tourne le dos aux côtes de Cornouailles, et ses
deux fenêtres en façade regardent vers le midi, « le genêt croît près
de la porte » et on y accède par un sentier, à travers « la lande qui
couvre les alentours. »

C'est dans cette demeure que Bleimor vécut ses premières
années, près d'une mère qui le choyait, au milieu de ses sœurs et
de son jeune frère qui tous le chérissaient, dans le calme et la
douceur d'une famille unie, dans une atmosphère toute imprégnée
de religion.

Son intelligence, dès son éveil, fut prompte.

Il n'avait que deux ans et demi, lorsque sa mère le confia aux
Sœurs du Saint-Esprit qui tenaient école à Kermunition, non loin
du bourg. Il y apprit à lire très vite et se mit aussitôt à dévorer
les livres qui lui tombaient sous la main.

A six ans, il passa chez les Frères des Ecoles Chrétiennes.
Très assidu, studieux et réfléchi, il y fit de rapides progrès qui
le désignèrent à l'attention de ses maîtres, les frères Arcadius et
Mathieu.

De très bonne heure, aussi, se manifesta son penchant à la
rêverie.

Les jeudis et jours de congé, lorsque sa mère ne le retenait pas
pour l'aider aux travaux des champs, c'était un grand plaisir pour
lui que de courir à travers l'île. Et même, les autres jours, il aimait,
au sortir de l'école, à se promener tout seul, au gré de sa fantaisie,
à errer sur la lande ou au bord de la mer. Il demeurait, nous a raconté son oncle M. Adam, des heures entières à regarder le menhir
de Kermario qui se dresse au milieu des ajoncs, non loin du chemin menant de Saint-Tudi à Kerclavezig ; il s'arrêtait souvent
devant la croix de Salver-er-Bed qui s'élève au bord de la route
allant du bourg à l'extrémité ouest de l'île. Sa mère qui l'apercevait de chez elle, le hélait, le grondait, à propos de ce qu'elle
appelait ses vagabondages, signalait sa conduite au père, et celui-
ci, du Croisic ou de la Rochelle où il faisait escale, écrivait aux
maîtres de l'écolier, pour les prier de le punir si ses devoirs étaient
mal rédigés ou ses leçons non apprises, Mais les professeurs

n'avaient aucune raison de sévir, car l'enfant occupait toujours la première place.

Et Jean-Pierre pouvait reprendre de plus belle ses promenades et ses rêveries dans son île.

L'Ile de Groix est un plateau rocheux de 8 kilomètres de long sur 4 kilomètres de large, couronné de landes et de terres en friche. Jadis, paraît-il, un bois recouvrait une partie de l'île, aujourd'hui, il n'en subsiste que quelques arbres ; des ormeaux, aux branches rebroussées par les grands vents du large protègent le presbytère, d'autres ombragent la place de l'église ; des figuiers et des lauriers-thyms croissent dans les jardins.

Primitivement, l'Ile de Groix s'appelait *Enez ar Groac'h*, l'île de la Sorcière ou de la Fée, appellation qui porterait à croire que cette terre fut jadis habitée par des druidesses. Il est certain que l'île dut être, autrefois, couverte de monuments mégalithiques, à en juger par les nombreux vestiges qui subsistent encore. Près du village de Kermario, à l'ouest du bourg, au milieu d'une lande, se dresse un menhir colossal, de 6 mètres de hauteur, d'autres menhirs se voient à la Pointe de la Croix et près du hameau de Kelhuit, des dolmens à Saint-Nicolas et près du port de Locmaria. Au hameau de Kervédan, on trouve un tumulus, et non loin de là, sur la côte sauvage, des restes de retranchements anciens : deux tranchées parallèles disposées en arc de cercle : c'est le Camp des Romains.

Jean-Pierre aimait à contempler ces monuments du passé, à s'asseoir près d'eux, à les interroger et son imagination très vive s'enchantait à faire revivre les civilisations disparues. Plus tard, il s'intéressera aux découvertes faites à leurs pieds.

Et le poète leur devra plus d'une image saisissante comme celle-ci : « Mon Dieu, ma Race est devant Vous, comme un menhir écroulé [1]... »

Les croyances légendaires subsistent encore à Groix, elles charmaient sa jeune imagination. L'hiver assis devant l'âtre où

---

1. Ma race, « *A GENOUX* », p. 69.

où brillait un maigre feu, il ouvrait toutes grandes ses oreilles aux récits merveilleux de sa mère : chevauchées diaboliques des Sorcières du Sabbat, méfaits des Korrigans menant leurs rondes nocturnes sur la lande, randonnées de la Charrette de la Mort *Karr en Ankeu*, les veilles de tempêtes, histoires de « revenants », légende du seigneur de Kergatouarn poursuivant de ses imprécations les noctambules, du cheval sans tête du pont de Kerlivio, « qui vous accompagnait silencieusement, épaule contre épaule, à travers tout le vallon. » Sa mère les lui narrait, en langue bretonne, dans cet idiome de Groix dont la douceur caressante lui était familière.

Dans cette île, tout parle aussi à la race de « ses origines les plus lointaines comme de ses songes immémoriaux [1], » Jean-Pierre Calloc'h n'avait qu'à interroger les pierres et les eaux pour retrouver les traits « de la mystérieuse histoire des temps évanouis » ; parmi les menhirs et les dolmens, il respirait un air du passé. Il y découvrait également la trace des saints, « ces défricheurs de halliers et d'âmes » qui ont hanté ces lieux : de Tudi qui vint d'Irlande avec son disciple Botmaël y fonder le premier monastère ; de Guenaël qui y débarqua, en l'an de grâce 459, et, raconte le bon chroniqueur Albert Le Grand, « si tost que saint Guenaël et ses confrères eurent mis pied à terre, les cloches de la principale église de l'Isle commencèrent à sonner d'elles-mêmes d'un son et bransle tout extraordinaire [2] » ; de Gunthiern, fils d'un roi de Grande-Bretagne qui y demeura longtemps et y fit de grands miracles, avant de fonder, au confluent de l'Isole et de l'Ellé, le monastère d'Anaurot,.

Aimant beaucoup à lire, Jean-Pierre connut très tôt leur histoire et il y puisa l'amour pour ces saints moines avec le culte des souvenirs locaux.

Il aimait à visiter les curiosités de l'île : le *Trou de l'Enfer*, grotte creusée dans la falaise de la côte sauvage et s'avançant assez profondément sous le sol ; le *Trou du Tonnerre*, vaste crevasse communiquant avec la mer, par une ouverture béante ; aux jours de tempête, l'Océan s'y précipite, en produisant un roulement

---

1. A. Le Braz, Préface au *Barzaz Taldir*, t. I.
2. Albert Le Grand, *Vie des Saints d'Armorique*.

semblable à celui du tonnerre ; la *Grotte aux Moutons*, excavation incrustée de merveilleux cristaux de quartz, qui aurait été creusée, « tout au moins agrandie, pour abriter des profanations, les reliques de ces saints, aux noms barbares, venus de la Bretagne insulaire, vers la fin du ve siècle : saint Gunthiern, saint Guenaël, saint Guengaloe, etc. [1] »

Un de ses camarades d'enfance nous a raconté qu'il affectionnait un endroit de la côte : le joli vallon de Port-Melen qui aboutit à un petit port. La description que fait Anatole Le Braz du port Saint-Nicolas peut très bien s'appliquer à Port-Melen : « L'herbe y est d'une douceur de velours, un filet d'eau courante glisse parmi les menthes et les sauges amères, avec un chuchotement discret. La pente aboutit à une crique de sable multicolore, au fond d'un fiord enchanté. Il semble que l'Atlantique se soit plu à sculpter cet abri pour quelque Océanide éprise de silence et de repos. La solitude y est éternelle. Les goëlands eux-mêmes respectent l'inviolabilité de ces parages. Chateaubriand dirait que le génie du calme en fait sa demeure [2]. » C'était un cadre propice à la rêverie et à la méditation du poète qu'était déjà notre ami.

Seul ou avec quelques enfants de son âge, il se rendait, les jours de beaux temps, à Port-Lay ou à Port-Saint-Nicolas pour s'y baigner ou pour mettre à l'eau un canot et le mener le long de la côte, à la godille, car il excellait aux jeux marins. Il descendait à Port-Tudi, à Locmaria, aux plages de l'île, pour y prendre sous la roche, où ils se cachent, les gros crabes et les anguilles, pour fouiller le sable, afin d'y découvrir la palourde et le bigorneau ou le gros ver de vase qui sert d'appât pour pêcher, à la ligne, le corlazo et la vieille, pour détacher des rochers la patelle, vulgairement appelée « bernique » qui lui a inspiré un poème remarquable : *Er Verniken* (« *A GENOUX* », p. 125).

Quel charme encore pour lui de suivre les sentiers escarpés de la côte, de découvrir, dans l'azur pâle du lointain, les côtes de Guidel, de Plœmeur, de Clohars-Carnoët, de Moëlan avec leurs plages d'or, les champs, et, entre des bosquets d'arbres, des villages domi-

1. Dr Caradec. — *Autour des Iles Bretonnes.*
2. Anatole Le Braz. — *Terre du Passé.*

nés par leurs clochers, et surtout de s'emplir les yeux de l'immen-
sité marine.

Ainsi en toute saison, à toute heure du jour, la mer, la mer
« cette sirène à la magique attirance » s'imposait à ses yeux, lui
parlait continuellement sa vieille langue. Son père, ses oncles,
au retour de leurs campagnes, lui racontaient les milles péripéties
de la vie du large, les joies et les angoisses du pêcheur, les escales
dans les ports lointains, et comme un film, se déroulait aux yeux
de l'enfant, tout le poème de la mer, il en goûtait l'enivrante séduc-
tion et son amour pour l'enchanteresse ne faisait que croître.

De toutes ces impressions d'enfance, le barde a gardé un souvenir très vif et lorsqu'il s'est mis à chanter, ce sont elles qui l'ont
inspiré.

Souvenirs du passé et paysages marins, voilà les deux sources
où puisera l'imagination de Calloc'h et c'est à Groix qu'il doit,
en grande partie, d'avoir été le chantre de la Celtie et le poète de
la mer.

Il rêvait d'être marin. La Providence en décida autrement. Son
application au travail, sa piété surtout le firent remarquer par ses
maîtres qui pressentirent chez lui une vocation religieuse. Le recteur de Groix interrogea Jean-Pierre, et proposa aux parents de lui
faire donner des leçons de latin. Ceux-ci acceptèrent sa proposition
au grand bonheur de l'enfant.

Il avait dix ans, quand il quitta l'école primaire. C'était un garçon grave, renfermé et même un peu farouche. M. l'abbé Leroux,
à cette époque, vicaire à Groix, se chargea de l'initier aux belles-
lettres. Il s'appliqua, durant une année, à faire de son élève, un
bon chrétien et un bon latiniste. L'écolier fit honneur au maître
et resta toujours fidèle à ses enseignements. Je me représente le
presbytère de Groix à l'image de celui d'Arzano, au temps où
l'abbé Lenir, « humble et bon curé, digne prêtre», faisait goûter
les beautés des Géorgiques et de l'Enéide à Brizeux, à Alan du
bourg de Scaër, à Yves de Kerhuel. A Groix, comme à Arzano,
ce devait être, tous les jours, « dans la cour, dans les escaliers, sur
les paliers, un long murmure,

> Comme les blancs ramiers autour de leurs maisons,
> D'écoliers à mi-voix répétant leurs leçons. »　　(BRIZEUX, MARIE.)

Notre ami Firmin Davigo, aujourd'hui docteur en médecine, Joseph Corvest, glorieux mutilé de la grande Guerre, mort en 1919, des suites de ses affreuses blessures, Joseph Milloc'h, jeune prêtre, tombé au champ d'honneur et quantité d'autres jeunes Groisillons fréquentaient cette ruche de travail, avant d'entrer au Petit-Séminaire de Sainte-Anne d'Auray. Car Groix fut toujours, comme l'a dit, le poète, une

> « Terre sacrée de marins et de prêtres ! »

En ce temps-là, nous a raconté le Dr Davigo, « on s'amusait ferme dans la cour du presbytère. Entre nos classes, ce n'était que jeux de barres, de quilles, de toupies, de « melaw[1] ».On se disputait ferme et l'on travaillait avec émulation. »

1. Dans le *Pays Breton* du 29 août 1909, Calloc'h donna la description de ce jeu : sorte de « balle à la crosse ».

II

ANNÉES D'ÉTUDES

I. — Le Petit-Séminaire de Sainte-Anne d'Auray

En octobre 1900, Jean-Pierre Calloc'h quitta son île pour entrer au Petit-Séminaire de Sainte-Anne d'Auray.

Le monde entier connaît la magnifique basilique de Sainte-Anne d'Auray où chaque année toute la Bretagne croyante vient honorer sa patronne. À l'ombre de cette basilique, dans l'ancien couvent des Carmes, se trouve installé, depuis 1816, le Petit-Séminaire. C'est une maison d'éducation renommée où tout un peuple d'écoliers bretons a reçu la culture littéraire la plus fine et la formation religieuse la plus profonde et d'où « sont sorties », comme le relatent si bien, MM. les abbés Buléon et Le Garrec, anciens professeurs de ce collège, « de grandes valeurs sociales : cultivateurs influents, magistrats, fonctionnaires, officiers supérieurs, professeurs de l'Université, membres de l'Institut, évêques [1]... » sans oublier l'armée innombrable des prêtres qui de là, ont essaimé sur le monde entier.

Sainte-Anne d'Auray ! Que de doux souvenirs évoque ce nom, chez quiconque eut le bonheur d'y être écolier au début de ce siècle : les heures d'études trop courtes pour les élèves studieux

---

1. *Histoire d'un Village* par J. Buléon et E. Le Garrec, *Le Petit-Séminaire de Sainte-Anne d'Auray*, t. III (Lafolye, Vannes).

dirigés par des professeurs intelligents et dévoués ; les longues récréations, dans les vastes cours, à l'ombre des arbres centenaires, les causeries, les jeux pleins d'entrain : balle, soule, tourniquet, échasses ; les fêtes, les pèlerinages, les grandes solennités de Sainte-Anne, les offices à la basilique ou à la Scala-Sancta, les messes chantées en grégorien, avec accompagnement des grandes orgues, les magnifiques processions se déroulant à travers le village, au chant des cantiques, au son de la musique ; et surtout les promenades, dans la poétique vallée du Loc si riche en sites pittoresques et en souvenirs historiques ; une route en lacets suit la rivière qui, tantôt coule tranquillement, à travers les roseaux et les glaïeuls et tantôt écume parmi les roches, avant de se jeter dans l'étang de Kerso. C'est là qu'eut lieu le 29 septembre 1324, la célèbre bataille d'Auray qui termina le guerre de succession au trône de Bretagne, entre Jean de Montfort et Charles de Blois, une croix rappelle l'endroit où Charles vaincu, périt. C'est encore sur les bords de ce marais, dans un champ qui, depuis porte le nom de *Champ des Martyrs* [1] que deux cents émigrés faits prisonniers à

1. Ce furent les souvenirs rattachés à ce lieu et la nouvelle de l'érection, à Quiberon, d'une statue à Hoche, qui lui inspirèrent le poème suivant tout vibrant de colère juvénile ; il avait alors quatorze ans.

QUIBERON

La gloire efface tout, tout !... excepté le crime !
LAMARTINE.

I

Le Droit enfin pliait écrasé par le nombre :
Les Bleus étaient vainqueurs !... Soudain la face sombre,
    S'avançant hors des rangs,
Sombreuil cria, calme au milieu de la tempête :
« Laissez la vie à tous mes soldats ! et ma tête
    Prenez-là : je me rends ! »

II

Et l'autre s'approcha de Sombreuil. Le Parjure
En étendant la main, s'écria : « Je le jure !
    Tous les vôtres vivront ;
Vous paierez seul pour toute la troupe royale ! »
Et Sombreuil au chef bleu tendit sa main loyale,
    En relevant le front,

Quiberon furent lâchement fusillés en 1795, malgré les promesses
de Hoche qui leur avait garanti la vie sauve.

En suivant les bords du Loc, nous arrivions à Auray et du haut

III

Ah! quand le jeune chef donna sa main amie
A celui qui déjà songeait à l'infamie,
Le traître se troubla,
Devant le clair regard de sa fière victime,
Son front se recouvrit de la rougeur du crime
Et sa lèvre trembla!

IV

Hoche, je te maudis, massacreur de mes pères,
Tu fus illustre ailleurs ; mais tes luttes prospères,
Tes glorieux combats,
N'effaceront jamais la tâche légitime,
Le stigmate écrasant de cet horrible crime
Commis par tes soldats!

V

Tu ne fus pas peut-être, auteur du meurtre atroce,
Mais ton silence aida dans leur haine féroce
Des monstres inhumains :
Ah! craignant, pour son nom, l'avenir implacable,
Pilate aussi cria qu'il n'était pas coupable
Et se lava les mains.

VI

Ils pourront t'élever mainte et mainte statue,
Ces dignes descendants du régime qui tue ;
Mais au pays breton,
Ce bronze qu'on dressa pour célébrer ta gloire
Rappelle un souvenir... non pas de ta victoire,
Mais d'un crime sans nom.

VII

Il restera debout, foudroyant anathème
Pour tes lâches soldats, pour le parti qui t'aime,
Pour ta bassesse à toi!
Et sur la triste plage où ta face se dresse,
La foule des Bretons, passera vengeresse
En te montrant du doigt!...

du belvédère qui domine la vallée, nous pouvions admirer la
rivière coulant entre des bois et des villas, pour aller se perdre dans
le golfe du Morbihan aperçu dans le lointain. A proximité de la
ville, nous visitions Kerléano où repose Georges Cadoudal, ce
géant de la Chouannerie, qui fit trembler Napoléon. Fréquemment
nous traversions Pluneret qui garde le tombeau de Mgr de Ségur ;
nous parcourions les ruines du manoir de Kériolet, ou, nous allions
jusqu'aux trois églises de Plumergat dont les murs de l'ossuaire
étaient ornés de crânes et de tibias ; jusqu'à Mériadec dont la
chapelle conserve la légende d'un Croisé. Et même les jours de
grandes promenades, nous poussions jusqu'à Carnac tout couvert
de monuments mégalithiques, et nous allions voir, à Locmaria-
quer, les trois tronçons du gigantesque menhir brisé et le magnifique dolmen de : *la Table des Marchands*.

VIII

Deux siècles ont passé... L'herbe redevient verte,
Deux temples sont dressés sur leur fosse couverte,
    Témoins des repentirs ;
A jamais, à jamais, ils dorment sous leurs pierres,
Mais la voix de la foule a salué nos Pères
    Du beau nom de : Martyrs !

IX

Martyrs du dévouement, martyrs de la Patrie !
Pour le Christ et le Roi, pour la France chérie,
    Vous avez combattu,
Et vous êtes tombés au champ d'honneur ! La France
Vous aime, et nous vos fils, en ce temps de souffrance,
    Gardons votre vertu !

X

Oui, nous mettrons nos pas dans le pas des ancêtres,
Comme eux, jusqu'à la mort, nous défendrons nos prêtres
    En durs et fiers Bretons ;
Et si jamais des fous, aux paroles impies,
Voulaient courber au joug nos têtes assoupies
    Nous avons des bâtons !

Pour l'érection de la statue de Hoche à Quiberon, 1902.
BLEIMOR.

J.-P. Calloc'h entra en quatrième, aussitôt il se mit au travail avec ardeur. Doué d'une mémoire et d'une faculté d'assimilation étonnantes, il obtint, dès le début de ses études, les meilleures notes en français, latin et grec.

Pendant l'année scolaire 1900-1901, je n'eus guère de relations avec lui. C'était une habitude, au Petit-Séminaire, de se grouper entre écoliers d'une même région, en récréation, en promenade, les Groisillons faisaient bande à part, de même les Finistériens dont j'étais. Notre amitié date de 1902. A cette époque, nous faisions notre seconde et avions, comme professeurs, des maîtres remarquables qui s'ingéniaient à développer les aptitudes intellectuelles de leurs élèves, à leur faire goûter les beautés d'Homère, de Virgile, des grands prosateurs et poètes français. Non contents de faire leurs cours, ils nous appelaient fréquemment, pendant les études, pour nous expliquer un passage incompris.

Les élèves étant nombreux, chaque classe comprenait deux divisions : Calloc'h appartenait à la première division et je faisais partie de la seconde. Généralement, nous occupions les premières places en dissertation française. Cette coïncidence et aussi nos goûts littéraires nous rapprochèrent. Les compositions en vers latins et en vers français étaient en honneur au collège. Et je me rappelle avoir assisté à l'éveil de la vocation poétique de mon ami. Je possédais un petit traité de prosodie française, je le lui prêtai, il l'étudia et sitôt la muse le visita. Il écrivit, en français, des vers qui firent l'admiration de ses maîtres et de ses condisciples. Quelques-uns de ses poèmes eurent l'honneur d'être mis en musique et d'être chantés à la *veillée des Morts*, à *la fête de sainte Cécile* et à la *fête des Philosophes*[1] qui avaient lieu au grand réfectoire.

En vacances aussi, il rimait parfois et facilement. Un de ses condisciples nous a rapporté l'anecdote suivante :

« Un jour nous pensons subitement que c'était la fête du vicaire M. R... Pas le temps de faire un bouquet, nous prions Jean-Pierre de faire un sonnet où il exprimera en même temps notre désir d'avoir un cigare pour notre peine. Jean-Pierre réfléchit un ins-

---

1. Voir un de ces chants à la page suivante : *La Colle des trois Docteurs.*

tant, et en dix minutes, nous aligne un sonnet fort bien tourné dont le dernier vers était :

Nous vous offrons des vœux, offrez-nous un cigare.

LA COLLE DES TROIS DOCTEURS   *(Chanson philosophique).*

I

Ils étaient devant Catherine,
Les trois grands docteurs renommés,
Portant perruque à poudre fine
Et lunettes dessus le nez!!!
De grands chapeaux couvraient leurs têtes,
Chevaleresquement pointus ;
Aux mains, ils avaient des tablettes,
Avec des mots écrits dessus.

(Refrain)
Ce n'étaient pas des gens vulgaires,
Mais c'étaient des gens distingués,
Qui, pourtant ne se doutaient guère,
Qu'ils allaient être bien collés.

III

Vint alors le tour du deuxième,
Il toussa, gratta son menton,
Puis, en exposant son système,
Parla hébreu, turc et... breton
Il tenait lui pour Epicure,
Et disant ce mot, s'inclina ;
Quand au ciel, il n'en avait cure...
« Pas vrai ça! » dit Catherina.
(Même refrain).

II

« C'est l'heure, exerçons notre rôle! »
Dit Catherine qui sourit ;
Et le premier prit la parole,
Lisant ce qu'il avait écrit.
Il parla de drôles de choses,
De grands mots en *ose* et en *na,*
Transformisme, métempsychose :
« Pas vrai ça ! » dit Catherina.

(Refrain)
Et mot à mot, phrase par phrase,
Son long discours est contrôlé ;
Las ! il s'écroule sur sa base,
Le pauvre docteur est collé.

IV

Le dernier drapé dans sa toge,
Parla durant une heure un quart,
« Rectotono », comme une horloge,
Disant, qu'il croyait pour sa part,
Que l'on devait être stoïque
Dans cette vie, et termina
Par une apostrophe au Portique!!!
« Pas vrai ça ! » dit Catherina.
(Même refrain)

V

Catherine, ô docte patronne
Des philosophes d'ici-bas,
Puisqu'ils t'ont donné la couronne,
Oh! ne les abandonne pas!
Toi qui confondis trois écoles
Zénon, Epicure et... Darwin!!
Quand, nous allons passer nos colles,
Donne-nous de ton feu divin!

(Refrain) Afin, lorsque phrase par phrase,
Nos discours seront contrôlés,
Qu'ils soient solides sur leur base
Et nous ne serons pas collés!

Petit-Séminaire de Sainte-Anne-d'Auray, Philosophie
25 novembre 1904, fête de sainte Catherine.

Cigare rimait avec phare, je ne sais plus quelle qualité de l'abbé brillait comme un phare.... (Lettre de F. Davigo).

La bibliothèque de la classe recevait fréquemment sa visite. Ses devoirs promptement rédigés, ses leçons vite apprises, il se plongeait dans la lecture de ses auteurs préférés, il recherchait principalement les ouvrages traitant de la Bretagne. *La Bretagne ancienne et moderne* de Pitre-Chevalier, les *Récits bretons* de Blanlœil, les *Veillées bretonnes* d'Hippolyte Violeau, les *Contes et Légendes bretonnes* de Du Laurens de la Barre, les *Quarts de jours et les Quarts de nuits* de La Landelle, *Georges Cadoudal et la Chouannerie* de de Cadoudal, *Quiberon, souvenirs du Morbihan*, de A. Nettement, *Quiberon, la bataille et le martyre* de E. Le Garrec, un de nos professeurs, les *Moines d'Occident* de Montalembert et les œuvres choisies de Chateaubriand. Mais surtout il éprouvait une véritable délectation à lire les poètes, et l'on sent, dans ses premières poésies, l'influence de Lamartine, de Hugo, de Vigny, de Musset, de Laprade et surtout de Brizeux. Et même cet amour pour les poètes lui valut, un jour, la plus grave des punitions infligées au collège.

Il était défendu d'avoir, en sa possession, des livres ne portant pas le *Nihil Obstat* du Supérieur. Un surveillant découvrit, dans le casier de Calloc'h, les *Orientales* de Victor Hugo, mon ami fut puni d'un pain sec et d'un jour de retenue après la distribution des prix [1].

1. Le lecteur trouvera, à la fin de cette étude, plusieurs pièces en vers français et bretons écrites par Calloc'h, pendant son séjour au Petit-Séminaire de Sainte-Anne-d'Auray.

Il transcrivit ses premières poésies sur un petit carnet dont la couverture portait ce titre :

POÉSIES DE BRETAGNE
SONIOU BREIZ-IZEL

Sur la première page du carnet se trouvaient ces lignes :

Pro Deo, pro Britannia, pro Rege
MON DIEU, MA BRETAGNE ET MON ROY

POÉSIE DE BRETAGNE
PAR
PENMEN

Il signa ses premières poésies : Penmen (Tête de pierre). Elles m'étaient dédiées :

Les premières années de ce siècle virent le réveil du sentiment breton qui a continué à se manifester dans l'ordre intellectuel, social et économique sous l'énergique impulsion des Vallée, Loth, R. Leroux, Jaffrennou, Le Berre, Herrieu, Mellac, Ernault, Choleau, Y. Le Moal, les abbés Bayon, Le Clerc, Perrot et d'autres qui ont eu une influence très grande sur la formation bretonne de Calloc'h.

En 1901, pendant les vacances, l'*Union Régionaliste Bretonne* tint ses assises à Quimperlé. Au cours des fêtes magnifiques qui s'y déroulèrent, j'entendis la vieille *Mac'harit Fulup* [1] et les bardes de *Ty kaniri Breiz* chanter leurs sônes et leurs gwerzes, je vis représenter, en breton, le *Mystère de Saint-Gwenolé* et *Ar Vezventi* de Th. Le Garrec, par la troupe de Ploujean. A ce spectacle, je sentis naître, en moi, un vif amour pour la Bretagne et pour la langue bretonne. Je résolus de le faire partager à Jean-Pierre Calloc'h. J'avais au collège, parmi mes livres de classe, quelques ouvrages en langue bretonne : le *Barzaz Breiz* de la Villemarqué, *Bepred Breizad* de Luzel, les premières poésies de Taldir : *An Hirvoudou, An Delen Dir*, et les œuvres de Brizeux. C'étaient là, des ouvrages prohibés à Sainte-Anne. Malgré le règlement, je

D'am mignôn Kernéis (A mon ami cornouaillais). Elles datent de 1902, 1903, 1904.

A la fin du carnet se lisaient ces mots :

Memento quia pulvis es! (Souviens-toi que tu es poussière!). Et cette épitaphe imitée de celle de Brizeux (voir An Dero dans *Telen Arvor*).

> *Hui lakô me horf keh, 'tal er mor, 'creiz en douar*
> *Hag er houlani gwen e ganô get glac'har :*
> *« Penmen, mab er mor braz eman a zo behiet,*
> *Henneh 'garé e Vro hag es dès hi kanet. »*

> *(Mettez mon pauvre corps, près des flots, dans la lande,*
> *Et les blancs goélands rediront tous les jours :*
> *« C'est ici qu'est Penmen, le fils de la mer grande,*
> *Il aima son pays et le chanta toujours. »)*

1. Marguerite Philippe était une vieille fileuse de Pluzunet (Côtes-du-Nord), illettrée, mais dont la mémoire conservait une quantité de sônes et de gwerzes qu'elle chanta à Luzel et à A. Le Braz qui les consignèrent par écrit.

communiquai ces œuvres bretonnes à Jean-Pierre, et dès la première lecture, il s'enthousiasma pour la langue de ses pères.

Un de nos professeurs du Petit-Séminaire de Sainte-Anne,
l'abbé Le Maréchal, sous le nom d'emprunt de *Blei Lann-Vaus*[1],
venait d'écrire *Kousk Breiz-Izel*[2], que nous chantions en chœur,
pendant nos promenades. L'exemple était contagieux. J'adressai,
pendant les vacances de Pâques 1903, à Jean-Pierre qui séjournait
à Groix, quelques mauvais vers bretons, les premiers que j'ai
écrits. Il me répondit : « Tu bouquines le breton. Je voudrais
aussi pouvoir le faire, mais je n'ai pas de livre de Cornouailles.
J'ai été à Lorient, jeudi dernier ; dans mes pérégrinations laborieuses
à la devanture des libraires, j'ai fini par découvrir : *Barzaz
Taldir* de Jaffrennou, avec la traduction en vers français, écossais,
anglais, etc... que sais-je moi ? Je ne l'ai pas acheté, mais je me le
procurerai tôt ou tard ; si tu vas à Lorient, ces vacances-ci, tu le
trouveras à la librairie la plus proche de l'Arsenal... Je viens de
lire, dans le *Mois littéraire et pittoresque*, une critique sur Botrel.
J'y ai récolté notamment « Royaliste et Catholique» (Botrel) ; il est
vrai qu'un breton surtout un « Breton d'art ! » ne saurait se passer
de l'être. Il serait autrement moins pittoresque... La Bretagne a
des immunités propres... Elle est la terre classique que nous préfé-
rons à cette heure-ci... (C'est un Parisien qui parle). A qui veut
tenter la fortune des lettres, il faut conseiller de se faire naturaliser
breton, s'il n'est pas provençal... » C'est vrai n'est-ce pas ? Je lis
un peu de tout comme toujours et... je joue de la flûte à loisir.
Avec mes chansons et mes ballades sur les côtes, voilà comme je
passe mes vacances. » (Lettre du 23 avril 1903).

L'année de notre rhétorique, nous découvrîmes un condisciple
qui partageait nos sentiments à l'égard du breton. Il devint incontinent notre ami. C'était Joseph Larboulette, aujourd'hui, prêtre
dans le diocèse de Vannes, qui illustre la littérature bretonne sous
le pseudonyme de *Job an Drouz Vor.* Tous trois, nous résolûmes
d'étudier la vieille langue maternelle.

Je réusssis à me procurer la *Grammaire bretonne* de l'abbé
Hingant et les *Lexiques français-breton, et breton-français* de Le

1. Loup de Lanvaux.
2. Dors, ô Bretagne.

Gonidec. Calloc'h découvrit une *Grammaire bretonne* du dialecte de Vannes par les abbés Guillevic et Le Goff. Ce furent nos premiers maîtres, en langue bretonne. Mais il était d'autres que nous admirions et que nous voulions imiter. Le barde Jaffrennou (Taldir) venait de faire paraître une revue mensuelle à Carhaix, entièrement rédigée en breton. Elle avait nom *Ar Vro* (Le Pays). Nous nous délections à la lecture de la prose et des vers qu'elle publiait. Nous décidâmes, tous trois, d'adresser à son directeur, nos premières productions. Jaffrennou les accueillit avec bonne grâce et indulgence.

Le premier nom des « bretonnants » de Sainte-Anne qui parut dans *Ar Vro* (en février 1905) fut celui de *Job an Drouz Vor*, au bas d'un conte intitulé *Er Bolom Izan* qui avait obtenu un second prix au concours des « Récits de Noël » institué par la revue. Dans le numéro de mars de la même année, nous lûmes un petit article du même auteur annonçant la parution de *Dihunamb*, revue fondée par Loeiz Herrieu et André Mellac, pour les Bretons du Morbihan. Jean-Pierre Calloc'h salua, par un poème dédié au Barde Laboureur (Loeiz Herrieu), la naissance de la publication. Le numéro de juin 1905 d'*Ar Vro* le contient ; il a pour titre *Dihunamb* et est signé *Bleimor* [1], pseudonyme que le jeune poète adoptait.

Pour pouvoir collaborer à ces diverses revues, Calloc'h s'adonna à l'étude des différents dialectes bretons. Pendant les vacances, il étudiait le breton de l'île de Groix, notait les expressions bretonnes-groisillonnes, recueillait les termes bretons en usage dans son île et en composait un vocabulaire que j'ai retrouvé après la guerre. En avril 1905, il m'exprimait dans une de ses lettres, le regret de ne pouvoir m'écrire « dans notre vieille langue de Breiz, je ne la possède pas encore assez à fond, pour lui faire exprimer toutes les nuances des pensées que je veux dire. »

Au cours des grandes vacances de 1905, lors d'un voyage à Lorient, il achète le *Barzaz Taldir* de Jaffrennou : « J'ai lu ce livre, me raconte-t-il, et j'en ai été charmé. Il y a là-dedans, les banalités de la littérature française qui ont le mérite d'être traitées en langue bretonne. C'est le petit nombre. Le reste du livre est essentiellement celtique, pour le fond et la forme. C'est la partie intéres-

1. Loup de mer.

sante de l'ouvrage. J'ai lu, avec beaucoup d'intérêt, les deux préfaces d'en-tête. Celle de Le Goffic me·plaît davantage, elle a paru dans la « Quinzaine. » Les traductions en vers français sont, sauf une ou deux, assez... hum!... hum!... » Il étudiait le breton avec plus d'ardeur que jamais : « J'ai déjà récolté, depuis mon arrivée en vacances, une trentaine de chansons, dans mon île, et j'en écris, pour *Dihunamb*. »

J.-P. Calloc'h ne se contentait pas d'étudier lui-même la langue bretonne, avec son tempérament d'apôtre, il se faisait le défenseur des idées bretonnes et se livrait à une propagande active en faveur de *Dihunamb* et de l'enseignement du breton.

Nous en trouvons la preuve dans les lettres qu'il adresse, à cette époque, à M. l'abbé Corignet, son bienfaiteur temporel et spirituel que Dieu mit sur son chemin, en 1903, et auquel il témoigna, jusqu'à ses derniers jours, la plus grande confiance et la plus vive reconnaissance.

Un timbre breton qu'il a mis sur une de ses lettres, lui est une occasion de parler de la Bretagne. « Il est bien gentil, n'est-ce pas ce timbre breton ? bien plus que l'horrible Marianne qui sème au couchant dans un sillon déjà vert. La harpe celtique, deux hermines surmontées de la croix flamboyante du Christianisme, une couronne de chêne, une autre de gui, les trois signes bardiques /|\ de la puissance divine qui crée /, qui conserve |, qui détruit \, les inscriptions et c'est tout. C'est un symbole, que voulez-vous ? Quand on aime sa Bretagne, on en met sur ses lettres, après avoir refoulé la Semeuse jusqu'aux extrêmes confins postérieurs de la lettre...

Vous n'êtes pas, sans doute, *encore* abonné à *Dihunamb*, si vous voulez vous édifier sur le compte de cette revue, les deux premiers numéros sont chez moi. Vous ne croyez pas à ces choses-là. Et pourtant c'est une œuvre éminemment catholique que celle de la conservation du langage et des traditions de la Bretagne. Si le mouvement, qui se dessine aujourd'hui pour eux, n'est pas soutenu par les prêtres, il n'aboutira à rien, car les prêtres sont encore chez nous, Dieu merci, ceux qui ont le plus d'influence. Et de vrai, si l'irréligion a pénétré chez nous et pénètre de jour en jour davantage, c'est un peu la faute des presbytères et des écoles libres qui n'ont pas assez appuyé sur ce côté-là. Ils sont rares, en effet, les

Bretons bretonnants non-catholiques, et l'incrédulité est affichée chez nous, par de faux-Bretons qui ne savent ou ne parlent pas leur langue. Et il serait temps aussi de dire à ceux qui sont jusqu'ici restés fidèles aux traditions de la vieille patrie, qu'ils ne sont pas pour cela inférieurs aux autres et qu'ils ne doivent pas avoir honte et se laisser moquer. Sous ce rapport-là, il y aurait un bien immense à faire à ma pauvre île, d'où le vieux parler disparaît de plus en plus et la foi avec... Un programme? Ce n'est pas bien difficile d'en tracer un ; le tout serait de l'exécuter. Apprendre aux enfants des écoles libres à lire et à écrire le breton serait un grand pas de fait, hélas ! quand verrons-nous cela? Pour revenir à *Dihunamb*, je tâcherai de lui trouver des abonnés dans mon pays, mais je n'ai pas grand espoir de succès. Si M. Noël[1] se mettait de la partie, tout irait comme sur des roulettes, mais il a déjà tant à faire. Cependant une chose que vous et ces messieurs peuvent toujours maintenant, c'est de vous abonner à la revue de Loeiz Herrieu (*Le Bugul Gunthiern de la Croix du Morbihan*). Vous lui feriez beaucoup de plaisir en vous y abonnant et j'en serais heureux. Je lui ai trouvé ici 40 abonnés. Il m'a écrit pour m'en remercier, en breton, naturellement... [2] ».

A son bon correspondant qui le félicite, avec une pointe d'ironie, de son intrépide campagne, en faveur de *Dihunamb*, il répond : « Assurément, en vous demandant de vous y abonner avec ces messieurs, je n'ai jamais pensé que le salut de la France fut à ce prix, mais je maintiens, tout de même, deux choses : 1° que cette petite revue a sa raison d'être, quoique vous la méconnaissiez ; 2° que vous êtes aussi peu encourageant que possible. Et cependant Loeiz m'a dit que j'étais dans le bon chemin, et je crois avec lui. Le *Sillon* vous laisse indifférent, vous me raillez quand j'ai foi aux Rois ou à la Bretagne, à quoi voulez-vous donc que je croie, et à quoi croyez-vous, qui riez de tout cela? Pauvre de moi! Je pensais pourtant que mon sermon en quatre pages était éloquent et vous aurait convaincu. En fait de succès, cela paraît plutôt maigre, et j'espère bien que les Sauvages ne seront pas aussi durs à convertir à la Foi catholique que vous à la Foi bretonne... »

1. Le Directeur de la *Croix de l'Ile de Groix*.
2. Lettre à M. l'abbé Corignet, 26 mars 1905.

On voit, par cette dernière lettre, que J.-P. Calloc'h ne se laissait pas détourner de sa vocation par ses travaux littéraires ou ses études bretonnes et même qu'il rêvait d'être missionnaire.

S'il nourrissait son esprit de sciences profanes, son âme s'ouvrait, de jour en jour, à la lumière et à la vérité. Le mysticisme celtique prédomina toujours dans son tempérament. Le désir qu'il avait de se consacrer à Dieu n'avait fait que croître, pendant son séjour au Petit-Séminaire, aussi comprenait-il la nécessité qu'il y avait pour lui, de se pénétrer des vérités de la Religion, de fortifier sa foi par une solide instruction religieuse. Il recherchait les livres où la Doctrine Catholique est exposée d'une manière complète et il s'appliquait avec ardeur à l'étude de la théologie ; il occupait la première place en science sacrée. Cette connaissance approfondie des vérités de la foi fut pour lui, non seulement, une source des plus pures joies, mais aussi une force qui le soutint aux heures nombreuses de douleur et de désespoir.

L'*Evangile* [1] et plus tard la *Bible* en latin furent ses livres de chevet ; il se les assimilait, aimait à les commenter, en citait, de mémoire, des passages dans ses poèmes. [2]. L'*Imitation* était un de ses livres préférés. En février 1905, il écrivait à M. l'abbé Corignet : « Un livre que je n'ai pas, que je voudrais avoir, que je vous serais reconnaissant de me procurer, c'est l'*Imitation de Jésus-Christ*. Je suis persuadé que sa lecture me ferait du bien. » Plus tard, il lui écrira : « Merci pour votre bon petit livre ; je l'aime bien. Nous sommes déjà de vieux amis, tous les deux. Une lec-

1. Il possédait le petit volume des *Saints Evangiles* traduction annotée par l'abbé L. Cl. Fillion.

2. Les Livres Saints furent une des grandes sources de son inspiration. Dans un des premiers poèmes bretons qu'il a écrit et qu'il m'a dédié : *Diougan Ezéchiel* (La Vision d'Ezéchiel) (voir *Ar Vro*, février 1906), il paraphrase la Bible ; l'Evangile, selon saint Marc, dans *Talitha Cumi* mots araméens ou syro-chaldéens qui signifient « Lève-toi jeune fille ! » le psaume XLII dans *Judica me* ; le psaume IV, dans *Miserere* (voir « A GENOUX ». Il est tellement imprégné de l'Ancien et du Nouveau Testament qu'il écrit quelques-uns de ses poèmes en versets : *Tri Neved, Ter Beden* et *Deit Spered Santel* (voir « A GENOUX », id.). La rime n'y existe pas et pourtant ces strophes ne sont pas de la prose, car on y découvre une musique, une harmonie, un rythme remarquables.

ture d'un chapitre de ses conseils, au début de chaque étude, ne m'est pas inutile. »

Il priait avec ferveur à la messe du matin, s'approchait fréquemment de la Sainte-Table, souvent, pendant la récréation de midi, il se rendait à la chapelle, pour y adorer le Saint-Sacrement.

Grande était sa dévotion à l'égard de sainte Anne et de la Vierge. Il demanda à faire partie de la Congrégation de la Sainte-Vierge où l'on n'admettait que des élèves très pieux et de conduite irréprochable ; il fut membre de la conférence de Saint-Vincent-de-Paul, et chaque dimanche, après Vêpres, il s'en allait, avec quelques-uns de ses condisciples, distribuer des secours aux pauvres du hameau, s'exerçant ainsi à la charité.

Son bienfaiteur désire qu'il lui écrive tous les huit ou dix jours. Il tâchera d'acquiescer à son désir : « Quant à le faire longuement, je ne sais pas si je réussirai. On dit que la bouche parle de l'abondance du cœur, que l'on trouve toujours quelque chose à dire à ceux-là qu'on aime. Mais j'ai peur, cependant, de me trouver trop vite à sec. Enfin cela ne coûte rien d'essayer. »

Dans chacune de ses lettres, il lui fait part de ses notes de conduite et de travail, généralement très bonnes. C'est l'année de sa philosophie, c'est aussi l'année où se décide la vocation, il y pense depuis longtemps et il a besoin de prières afin que Dieu l'éclaire. A ce sujet, il écrit, en février 1905, à son bienfaiteur : « M. Leroux (son premier professeur à Groix) qui m'a écrit, m'a posé la question de ma vocation, et je lui ai répondu comme je vous le dis, sans crainte de m'engager à tort : mon intention a toujours été de me faire prêtre. Je n'ai jamais eu d'autre idéal en vue, à part quelques rêvasseries comme tout le monde en a, et dont je n'ai jamais tenu aucun compte ; j'appelle cela des bouffées et j'y ajoute la qualification diaboliques. Depuis ma seconde, où j'ai pris une conscience nette de mes aspirations, elles sont toujours allées au sacerdoce. Mais il y a autre chose : il y a que je ne sais pas si je dois aller au Grand-Séminaire ou dans une Congrégation de Missionnaires. Dans les meilleurs états de mon âme, c'est à cette vocation particulière que vont mes pensées. Mais des écueils sont sur ma route. Ma mère, à qui, comme pour rire, j'ai lancé deux ou trois mots, dans ce sens-là, m'a déclaré qu'elle mourrait, si jamais je m'en allais dans les pays étrangers. D'autre part, elle s'est imposée

bien des sacrifices pour faire de moi ce que je suis et ce que je
compte être ; elle espère en moi pour ses vieux jours. Et moi, je
me demande s'il n'y a pas quelque cruauté à l'abandonner ainsi
pour toujours. Je sais bien qu'il faut mettre Dieu avant tout, mais
vous savez la situation dans laquelle ils sont là-bas. Oh! s'il n'y
avait que moi, avec quelle joie, je me donnerais tout entier. Il
y a des moments où je voudrais être seul au monde, afin d'être libre
de toutes les attaches terrestres. Peut-être, j'y ai songé, m'arrêterai-
je à une solution en quelque sorte intermédiaire : faire un an ou
deux de Grand-Séminaire, pour étudier et mûrir ma vocation, et
m'en aller après. Si vous pouviez me donner la réponse de Dieu à
mes hésitations, comme je vous bénirais. Mais priez bien, toujours,
cher monsieur, faites prier pour moi. Je le ferai aussi de mon
côté... »

Il revient encore sur ce sujet qui lui tient au cœur, dans une
lettre du 9 avril 1905 à l'abbé Corignet : « Eh! oui! Ces chers
sauvages, j'y pense de plus en plus. Et plus je m'interroge, plus
je sens bien que c'est autre chose que l'imagination qui m'appelle auprès d'eux. Mon Directeur m'a permis de faire la
communion quotidienne, j'en suis heureux, c'est pour vous dire
que chaque matin, je me sens affermi dans mes désirs de mission. Dans la journée, quand je ne vois plus si clairement mon
idéal, je prends votre petit livre (l'*Imitation de Jésus-Christ*) et le
sang me revient au cœur. C'est à vous seul que je dis ceci, monsieur. Autrefois, je ne lisais jamais les *Missions Catholiques*,
bien que j'y fusse toujours abonné. Aujourd'hui, je les dévore de
la première ligne à la dernière ; j'ai vu, dans les aumônes écrites à
la fin, que les victimes du cyclone de Vavau ne sont pas
oubliées. Le Père Kervégan a sans doute rebâti sa hutte [1]. »
A cette occasion, il fait une collecte parmi les membres de la
Conférence de Saint-Vincent-de-Paul dont il était membre : « En
agissant ainsi, ajoute-t-il, j'ai peut-être une arrière-pensée. C'est
le désir qu'un de mes successeurs en fasse autant pour moi, dans
vingt ou trente ans, quand, à mon tour, je serai cycloné, là-bas !...

---

1. Le P. Kervégan était un de nos anciens maîtres qui s'était fait missionnaire. Un
orage venait de ravager sa mission, en Océanie. Un numéro des *Missions Catholiques*
l'avait représenté, en photographie, au milieu des ruines de sa hutte. Il était très
reconnaissable malgré sa barbe noire qui avait poussé abondamment.

La classe de philosophie 1904-1905,
au Petit-Séminaire de Sainte-Anne d'Auray.

(La croix indique J.-P. Calloc'h)

où ? Ça m'est bien égal, pourvu que je puisse travailler un peu pour le bon Dieu et gagner ma part de Paradis, unique chose, pour laquelle nous sommes en ce bas monde... »

Il apprend qu'un de ses condisciples, parti au noviciat à Chevilly, vient de rentrer chez lui, comme n'étant pas assez fort pour aller en Afrique. « J'espère bien, dit-il, qu'on ne m'arrêtera pas pour ce motif-là. Peu importe en quel pays aller, mais la Congrégation à laquelle je pense le plus volontiers, c'est la Compagnie de Jésus. »

Les vents qui soufflaient, à cette époque, dans les milieux intel-lectuels et politiques, franchissaient les murs du Petit-Séminaire de Sainte-Anne et faisaient vibrer nos âmes généreuses, passion-nées d'ordre et de justice et prêtes à se dévouer à toute noble cause. Et nous soutenions, avec feu, pendant les récréations et les prome-nades, nos conceptions politiques. Dans une lettre, Calloc'h me mettait en garde contre les idées du *Sillon* qui commençaient à s'infiltrer parmi la jeunesse bretonne. (A Sainte-Anne quelques-uns de nos jeunes maîtres avaient adhéré à ce mouvement et nous avions formé un cercle d'études où nous recevions des conféren-ciers sillonnistes.) « Ce n'est pas, sans tristesse, me disait Calloc'h, que je t'ai vu planter là le vieux compagnon de tes luttes écolières pour le Roi, mais enfin puisque l'amour de *Breiz* (La Bretagne) te reste aussi fort qu'autrefois et l'amour du Christ, nous avons encore, Dieu merci, quelques attaches communes, et de toi seul, il dépendra qu'elles soient solides. » Il m'expliquait ensuite pour-quoi il ne pouvait adhérer aux opinions de Marc Sangnier, et terminait ainsi : « D'ailleurs toutes ces questions de politique française deviennent à mes yeux d'une petitesse inimaginable, quand il s'agit de notre *Breiz* aimée : *Doue rag holl, mes Breiz warlerc'h* (Dieu avant tout, mais Bretagne ensuite) et c'est une véritable joie pour moi que de penser que, sur ce point, tu es en pleine communion d'idées avec ton vieux Jean-Pierre. »

D'autre part, voici ce qu'il écrivait à l'abbé Corignet, le 4 dé-cembre 1904, au sujet du *Sillon* : « Cher monsieur, les vacances dernières, je vous ai donné sur le *Sillon*, vous vous en souvenez, une appréciation un peu sommaire : « Ce sont des emballés ! Rien de neuf là-dedans! Car personne n'en doute. Seulement, il y a différentes façons de qualifier leur emballement. Les uns prétendent qu'ils le sont en mal ; d'autres qu'ils le sont en bien. C'est plutôt avec ces derniers que je pense pour ma part, et bien que toutes leurs idées ne me soient pas chères au même titre, rien ne m'empêche pourtant de les admirer. S'ils ne font pas le bien de la France, ils pourront, au moins très certainement, faire du bien à la France. Je les admire, mais je les aime aussi, parce que dans ces milieux-là, ils prient. Ils n'ont pas peur de se montrer franchement catholiques et c'est ce qui leur a conquis mon cœur... pas mon esprit! La démocratie, passe encore!... un tant soit peu enfin! Mais la République, ça, je n'y crois pas, je n'y croirai jamais... »

En juillet 1905, nous obtînmes le diplôme de bachelier ès-lettres ; nous arrivions au terme de nos études secondaires. Ce n'est pas sans regret, sans un serrement de cœur, que nous quittions cette maison où nous avions vécu des jours heureux, sous l'égide de maîtres aussi savants que dévoués, où nous avions contracté des amitiés durables.

La veille du départ, les élèves de philosophie s'assemblèrent et élurent Jean-Pierre Calloc'h, comme président de leur classe. Et le soir, au cours de la cérémonie si touchante, si impressionnante des adieux [1], après un cantique de circonstance, chanté, à plusieurs voix, aux pieds de la statue de sainte Anne à laquelle nous exprimions notre reconnaissance et notre confiance, lorsque nous nous embrassâmes, nous jurâmes, tous deux, devant la statue de la patronne des Bretons, d'être fidèles à cette amitié née au collège et nous tînmes parole.

En quelque lieu que le destin nous conduisit, l'oubli ne se dressa jamais entre nous. Calloc'h m'adressa fréquemment des lettres, chaque fois que les circonstances nous éloignèrent l'un de l'autre. Il me faisait part de ses pensées, de ses désirs, de ses joies et de ses peines. C'est en puisant dans ces souvenirs, c'est en consultant

---

1. Voir *Histoire d'un Village*, Sainte-Anne d'Auray, t. III, *Le Petit-Séminaire*, par J. Buléon et E. Le Garrec.

les nombreuses lettres écrites, par lui, à des amis qui ont bien voulu me les communiquer, que j'apporte ma modeste contribution à l'histoire de sa vie. Il faut avoir lu ces lettres, pour le bien connaître, pour comprendre surtout à quel point son œuvre est l'expression sincère de ses sentiments. Combien elles sont vraies, ces lignes de M. Loth : « Vous n'avez qu'à parcourir, d'un bout à l'autre le recueil de ses poésies, pour avoir de lui un portrait fidèle. Il vit et respire dans chacune de ses pages ; il s'y montre tel qu'il était [1]. »

C'est en 1905 qu'il écrivit *Tristé ar Helt* (La Tristesse du Barde) où revient, à la fin de chaque strophe, comme en refrain, ce vers :

Doué lakas en dristé é kalon er Breton [2].

Il y a, en effet, des sanglots, dans un grand nombre de ses premiers poèmes ; il les a écrits avec son cœur qui a déjà aimé et souffert. Son âme s'émouvait facilement, était prompte aux larmes. Il était bien de sa race :

Allaz ! ar Vretoned zo leun a velkoni [3],
(*Le Mal du Pays:* Barzaz-Breiz de la Villemarqué).

Mais le trait le plus frappant de tous ses écrits, c'est qu'ils ne contiennent pas un seul mot de révolte contre la Providence, même aux jours les plus mauvais qu'il traversa et ils furent nombreux. Il se soumet toujours avec résignation aux épreuves que le Maître lui envoie et ne cesse de répéter :

Revo arnan greit Hou ivoul abeh [4].
Fiat. (A GENOUX).

Je rends grâce à Dieu de l'avoir mis sur mon chemin ; son amitié me fut d'un grand réconfort aux heures sombres, elle fut aussi ma sauvegarde bien souvent ; c'est en y songeant que j'écrivis un jour :

1. Préface « *A GENOUX*».
2. Dieu mit la tristesse dans le cœur du Breton.
3. Hélas! les Bretons sont pleins de mélancolie.
4. Que sur moi soit faite votre volonté entière.

Yann Kalloc'h ! Da galon oa leun a garantez,
Ha da ene henvel ouz garreg da enez,
Enni a lugerne eur sklerijenn dispar,

En eur sellet outi, va spered, en arvar,
War vor diroll ar bed, a dec'has aliez
Diouz ar gerreg a laz gant braz trubarderez [1].

II. — AU GRAND-SÉMINAIRE DE VANNES

Au mois d'octobre 1905, J.-P. Calloc'h m'annonce son entrée au Grand-Séminaire de Vannes et me demande de ne pas l'oublier dans mes prières.

A son arrivée à Vannes, il éprouve un certain dépit. Pendant une huitaine de jours, il avait occupé une chambrette confortable au premier étage, d'où il avait une belle vue sur la ville, il a dû la quitter « ascende superius », lui a dit le Supérieur, pour monter sous les combles. Là, il a une table trop basse, sans tiroir, à moitié pourrie ; cela ne l'empêche pas de s'y installer et d'écrire une très longue lettre à M. l'abbé Corignet, où il lui raconte, avec un enthousiasme juvénile, l'inauguration de la statue d'Arthur III de Bretagne, à Vannes, fête à laquelle la présence de Mgr Touchet, évêque d'Orléans a donné un éclat particulier. Le panégyrique du duc de Richemont a été prononcé, à la cathédrale, par cet éminent orateur qui a salué, en son héros : le parfait honnête homme, le grand soldat, le grand chrétien. A la fin du banquet qui a eu lieu au réfectoire du Grand-Séminaire, on a fait entrer les séminaristes dans la salle et ils ont entendu les toasts. Mgr Touchet s'est levé le dernier : « Il a remercié tout le monde : les membres du comité, le sénateur-maire de Vannes, les Vicaires capitulaires, le Supérieur du Grand-Séminaire, « pour avoir fait entrer cette jeunesse qu'il

---

1. Jean Calloc'h ! Ton cœur était plein d'amour, — Et ton âme ressemblait au rocher de ton île, — En elle brillait une lumière divine.

En la regardant, mon esprit dans le doute, — Sur la mer déréglée du monde, évita bien souvent, — Les roches qui tuent avec grande traîtrise.

aime plus que les vieux qui l'entourent, parce qu'elle est l'avenir. On a applaudi, nous les premiers. Il est parti, ensuite, en guerre, sur ce mot d'avenir : « Deux routes, a-t-il dit, en substance, s'ouvrent, aujourd'hui, devant l'Eglise de France; elle peut essayer de s'accommoder avec la loi nouvelle, elle peut repousser la loi et se faire persécuter. Les circonstances présentes ne permettent pas de dire encore, avec certitude, dans laquelle de ces deux voies, elle s'engagera. Les évêques de France réunis décideront, et quelle que soit cette décision, l'union sera entre eux. S'ils décident la résistance, ce n'est pas la Bretagne, ni le clergé breton qui reculera devant la lutte. Les prêtres sont les fils de « ceux qui ont dit la messe sur la lande » (expression employée, tout à l'heure, par le comte de Lanjuinais). Ils portent, dans leurs veines, le sang de ces hommes-là, et ils savent que ce sang sait se verser? » Cette dernière proposition, arrivant sous la forme interrogative, a soulevé des « oui ! » enthousiastes et a provoqué un tonnerre d'applaudissements... Le discours a continué : « Je me suis toujours, déclare Monseigneur, représenté la Bretagne comme un vaisseau à l'ancre, à côté d'un autre vaisseau plus grand : la France. Et quand ce grand navire est en danger, c'est au petit que l'on s'adresse pour l'en retirer : la Bretagne est le bateau de sauvetage de la France, » et l'orateur rappelle un mot d'un de ses prédécesseurs au trône d'Orléans, le cardinal Bernis : « Sans la Bretagne, jamais le Concordat de 1801 n'eût été signé. » Eh bien ! Messieurs, peut-être un jour, pourra-t-on dire encore : « C'est grâce à la Bretagne qu'un nouveau concordat aura été resigné... ». Mgr Touchet nous a adressé la parole, à nous seuls, hier soir dimanche, à la salle des exercices. Il nous a dit ce que devait être le prêtre de l'avenir : il portera sur ses épaules tout le poids du sacerdoce et ne trouvera plus ses aises que la situation passée lui procurait parfois. Il importe donc que le séminariste se prépare à cet avenir, en s'appliquant davantage à deux actes surtout, dans sa journée : à la méditation et à la visite du Très-Saint-Sacrement, en tâchant de comprendre et d'apprendre toutes les sciences ecclésiastiques enseignées au Séminaire. Cela me consolait un peu, de la perte de mes pauvres sauvages, et cela m'avait rafraîchi les idées d'entendre un évêque prédire cet avenir de lutte à l'Eglise de France. Mais, voilà-t-il pas que ce matin, nous arrive un évêque mariste, vicaire

apostolique des Nouvelles-Hébrides. Il nous a parlé naturellement de ses missions et nous a engagés à y aller ; il ne demandait
qu'une douzaine... Il y a, dans ce pays, toutes les attractions possibles : la fièvre, les cannibales, les volcans, les cyclones, les bêtes
fauves !... C'est tout de même un peu triste d'être soutien de famille
à 17 ans...! »

La persécution que prédisait Mgr Touchet éclata bientôt. Les
lois antireligieuses, en discussion à la Chambre des Députés, préoc-
cupent les séminaristes et sont l'objet principal de leurs conversations. Tous sont d'avis de résister à ces lois, Calloc'h ne semble pas
s'en inquiéter : « Dieu sait bien apparemment mieux que nous ce
qu'Il fait! »

Et il entretient son correspondant habituel de l'ordination qui
vient d'être prêchée par le R. P. Lemnius des Oblats de Marie.
Le Prédicateur « au dire des vieux est un « merle », très bon orateur et avec ça, apôtre du Sacré-Cœur qui lui a donné, comme il le
dit d'ailleurs, lui-même, avec sa foi solide en les douze divines
promesses, le « talent de toucher les cœurs ». Pas pessimiste, lui!
La France sera certainement sauvée par le Sacré-Cœur... »

Bientôt cet optimisme n'est plus de mise. Calloc'h délaisse alors,
pour un instant, la *Thesis Quarta* de M. D..., sur la Sainte-Trinité,
il exprime son contentement d'apprendre que les catholiques sont
décidés à s'opposer énergiquement à l'inventaire de leurs églises.
« Si j'étais à Groix, déclare-t-il, je ne serais pas le moins grand des
manifestants du Bon Dieu », et il fait à M. l'abbé Corignet des
confidences qui dénotent un tempérament courageux et au besoin
batailleur : « Nous sommes sortis, trois fois, depuis dimanche dernier et trois fois, nous avons été insultés. Dimanche même, les
deux jeunes « apachons », qui nous poursuivaient, ont trouvé plai-
sant de nous jeter des pierres. La majorité des abbés a filé devant,
nous sommes restés derrière, une dizaine, qui, dame! les avons
poursuivis également à coups de pierre, à l'ébahissement d'un
groupe de militaires qui se figuraient, sans doute, que nous allions
nous mettre à dire notre chapelet, pour prier le Bon Dieu de détourner les pierres de nos têtes. Ce n'était guère ecclésiastique, mais
c'était cas de légitime défense. » Puis, il raconte la résistance que
les Vannetais ont faite à l'inventaire, à Saint-Patern. « Trente
hommes seulement ont pu s'enfermer dans l'église et ont résisté

aux agents du gouvernement. » Le soir, les cloches de la cathédrale se sont mises à carillonner, et, de son lit, il a perçu des « Hou ! Hou ! » des « A bas le Préfet ! », sur l'air des lampions et des coups de sifflets stridents : « C'était magnifique à entendre dans la nuit, de notre calme maison. On eût dit la rumeur lointaine d'une révolution. Le matin nous eûmes quelques détails ; c'étaient deux mille hommes et femmes qui manifestaient devant la Préfecture gardée par la troupe... Les Vannetais se montrent bien. J'espère que les Groisillons les imiteront. Je comprends bien que les prêtres, ministres de paix, prêchent le calme à leurs ouailles, mais pas trop n'en faut, de paix ! Chanter des *Miserere* et des *Parce Domine*, c'est fort bien, mais dans les circonstances actuelles, il y a mieux à faire. » Mettant ses idées en pratique, au cours de l'inventaire du Grand-Séminaire, il a résisté à un gendarme qui l'a égratigné, un de ses professeurs a dû l'arrêter et l'entraîner dans la chapelle, pour l'empêcher de se livrer à des voies de faits contre ces représentants soi-disant de l'ordre. « Ce doux abbé était effrayé de mes propos révolutionnaires, il les a rapportés au Supérieur qui en a beaucoup ri. »

C'est au lendemain de cet inventaire que, Calloc'h, encore sous le coup de l'indignation dont débordait son cœur, au souvenir du sacrilège commis, écrivit cette poésie qui a pour titre : « Au Grand Outragé [1] ».

1. AU GRAND OUTRAGÉ.

C'est fait. Ils ont souillé ton seuil de leur présence ;
Le képi sur la tête et le fusil au poing,
Ils ont vaincu, puis insulté notre impuissance :
Le ciel était trop haut et les Chouans trop loin !

Quand nous les avons vus courir vers ta chapelle,
La colère a grondé dans nos cœurs de Bretons
Et nous avons formé la garde devant elle !
Mais ils étaient soixante avec leurs mousquetons,

Mais ils étaient soixante avec des airs féroces,
Pauvres et faibles clercs, que pouvions-nous contre eux ?
Sous leurs brutalités et sous leurs coups de crosses,
Nous avons reculé, les larmes dans les yeux.

Ils ont dit, dans le chœur, de grossières paroles,
Leur regard insolent a sali tes autels ;
Ces sbires de Satan ont bien rempli leurs rôles,
Comme il doit ricaner qu'ils se soient montrés tels !

Mais voici que des bruits d'expulsions prochaines des séminaristes de leur maison viennent l'attrister de nouveau. Ces bruits
se confirment et, au début de l'année 1907, les jeunes clercs sont

Nos luttes, et chacun le savait, seraient vaines,
Mais fallait-il laisser assaillir ta maison ?
Le vieux sang des Aïeux bouillonnait dans nos veines,
Le fier élan du cœur a trahi la raison.

Nous nous sommes battus, nous presque tes ministres,
Nous qui devrons prêcher douceur et paix à tous,
Nos poings ont labouré leurs figures sinistres,
Robustement, nos doigts ont enserré leurs cous.

Pardonne, si l'injure a jailli par nos lèvres,
Si nos clameurs de haine ont profané ton toit,
Mais tout notre être était brûlé d'ardentes fièvres,
Mais ils nous provoquaient, et puis... c'était pour Toi !

Et Toi, Grand Outragé, de ta prison étroite,
— J'en suis sûr, et dans ce moment tous le sentions, —
Tu voyais, n'est-ce pas, que notre âme était droite
Et Tu nous souriais, à nous qui combattions.

Aussi d'avoir lutté, nos cœurs sont dans la joie ;
Mais cependant, au fond, il nous reste un remords :
Comme le grain que, pour le faire Hostie, on broie,
Pourquoi n'as-Tu pas fait que nous y soyions morts ?

C'eût été doux, pourtant : mourir dans la bataille
En défendant ton temple attaqué par Satan,
De tomber là, front haut et redressant la taille,
Oui, c'eût été très doux : mourir en cet instant !

Mais Tu n'as pas voulu... Cela vaut mieux, peut-être !
Qui sait quels fiers combats nous attendent plus tard,
Et dans quelles douleurs, Bretagne doit renaître,
Et jusqu'où dans nos cœurs doit s'enfoncer le dard ?

Du moins Tu l'as bien vu : hier, notre âme était prête,
Elle l'est aujourd'hui, le restera demain
Nos corps, cela nous est égal qu'on les maltraite !
Pour Toi nous combattrons par la voix et la main.

Qu'ils renouvellent, va ! leurs sanglantes orgies,
Pour nous, comme jadis, qu'ils dressent l'échafaud !
Du sang de nos Aïeux, nos landes sont rougies :
Nous, leurs fils dignes d'eux, mourrons comme eux, s'il faut !

BLEIMOR.

<table>
<tr><td>Samedi, 10 mars 1906.</td><td align="right">Lendemain de l'inventaire
du Grand-Séminaire de Vannes.</td></tr>
</table>

expulsés du Grand-Séminaire de Vannes, par un gouvernement issu du combisme. L'ancienne abbaye bénédictine de Kergonan, (Plouharnel-Carnac), leur donne asile. Jean-Pierre a sa chambre au troisième étage d'un beau bâtiment de construction récente. De là, la vue s'étend au loin, il a celle réconfortante de l'île de Groix, « la petite patrie aimée, perdue là-bas, au milieu des eaux. Ma fenêtre ne donne pas de ce côté-là, mais chaque fois que nous montons le superbe escalier de granit, aux marches monolithiques, je jette, à travers la fenêtre, un regard rapide, par-dessus le bourg de Plouharnel, et je vois mon bon pays, où ma mère et tous les miens sont, où vous êtes. Et penser à tout cela me fait du bien... »

Ainsi, sa pensée s'envole fréquemment vers sa terre natale :

O mem broïg a Hroé, pen don pèl ahanout,
Klanù on, ha me halon hemb éhan e hirvoud [1].

Par discipline, par devoir, il s'efforce de refouler cette nostalgie qui le fait beaucoup trop rêver et l'empêche de travailler.

Pourtant sa joie éclate, quand les vacances de Pâques approchent: « Voici venir les cérémonies de la Semaine Sainte, les joies de Pâques, celles du lundi plus fortes que celles du dimanche. Dans huit jours, nous aurons touché au terme de ce long quartier de six mois et demi, revu Groix et vous avoir revu. J'en ai bien hâte... »
A cette pensée, il écrit une ode en l'honneur de sa petite patrie [2].

---

1. O mon petit pays de Groix, loin de toi, je suis malade et mon cœur ne fait que soupirer.
2.

MA PATRIE

Elle est là-bas, mon Ile-Reine,	Elle est là-bas, l'Ile que j'aime !
Les flancs bardés de rocs géants,	Epis et fleurs, quand vient l'été,
Bravant, dans sa fierté sereine,	La parent d'un beau diadème,
La colère des Océans,	Les oiseaux chantent sa beauté !
Vaisseau qui jamais ne chavire,	La mer apaise sa colère,
A l'assaut des flots qui la bat,	Ne soufflent plus les vents méchants,
Tranquille, elle semble sourire,	Et les chevaux tournent sur l'aire,
Ma Patrie aimée est là-bas !	Parmi les rires et les chants.

D'ailleurs, il aime tout ce qui tient à la Bretagne. Le père Dom Marsille, bénédictin, prêche la retraite de l'Ordination ; le soir, en guise de lectures spirituelles, il fait aux séminaristes des « conférences très spirituelles », — dans les deux sens du mot — sur l'intégrité de la Doctrine. « Ces conférences ont été très goûtées. Dès la première, il a conquis son auditoire, en général, et votre serviteur, en particulier, car ne s'est-il pas avisé (en vrai original, mais en vrai Breton) de placer la retraite sous la protection spéciale des vieux saints qui ont fait la Bretagne : saint Gwènolé, saint Malo, Budok, Gunthiern, Gildas, Kado qui, raconte-t-il, se retira dans l'île de Groix où il rencontra, un beau jour, saint Gildas lequel lui conseilla, comme demeure érémitique, les abords de la rivière d'Etel... »

J'avais l'intention d'aller lui rendre visite à Groix, à la fin du

Jadis, elle était l'Ile Sainte
Chère au dieu Bel, elle cachait
Une forêt, dans son enceinte
Où le gui sacré se fauchait.
La forêt sombre et son mystère
Et les Druides ne sont plus,
Mais l'on voit encor sur sa terre,
Menhirs, dolmens et tumulus.

Aujourd'hui, mon île restée
Bonne et fière, comme jadis,
Est toujours la fille entêtée
De Gunthiern et de Tudi.
Elle met, chaque année au monde,
Des hommes dont fort est le bras,
Des femmes à la foi profonde
Et robustes comme ses gas.

Puis, quand les bons Saints de l'Irlande,
Fendant les flots, vinrent chez nous,
Fleurirent soudain dans sa lande,
Des monastères et deux *plous*.
Maniant haches, pioches, pelles,
Taillant dans la pierre et le bois,
Les moines firent des chapelles
Dont nous gardons encore trois

En vain donc, mers échevelées,
L'assaillez-vous de toutes parts
En vain, fondez-vous affolées
Sur les rochers de son rempart.
De saper sa côte-montagne,
Vous ne viendrez jamais à bout,
Mon île est fille de Bretagne
Et Bretagne résiste à tout !

Mon île, ô mon île adorée,
Quand reverrai-je tes rochers,
Tes champs pleins de moissons dorées
Et tes vallons et tes clochers ?
Quand humerai-je, ô Groix bénie,
Le souffle âpre et sain de ta mer ?
Quand sera ma peine finie
Quand fini, mon exil amer ?

J.-P. CALLOC'H.
1906

mois d'août, il m'en dissuade : « Koll a ri da boan, o vont d'am c'hlask en Groe. E Sant-Mikel a Gergonan emoun brema ha M... ivez, o n'em brepari evit ar « Brevet ». Sethu eiz teiz dilun diweza emomp erru er c'hloerdi, ha jom a roimp ebarz, beteg en 21 a viz gwengolo, eur zadorn. Neuze, *marteze*, e ielimp endro d'an enez karet, kuzet duze en dremwel etouez ar wagennou. Mez araog, dic'hallus eo.

Plijadur braz em bije bet koulscoude o welet ac'hanout, o komz ganid deus an traou a garomp kement hon daou, gantholl nerziou hon c'halonou. Eun hanter-eur-zo, sel, e teuomp holl (pevar war' n'ugent Gallaoued ha Bretoned) o kana, a bouez hon fenn, e kreiz eur c'hoat-sapin, ar « Bro Goz va Zadou ». Da vignon a gane ar poziou, holl ar re-all a gemere an diskan, Pegen kaër !...[1] »

Notre ami continue sa propagande en faveur de *Dihunamb*. Il insiste toujours pour que son aimable correspondant, M. Corignet, s'abonne à *Dihunamb*. Ce dernier alléguait, avec humour, comme raison de son apathie envers la petite revue que « ça ne coûtait pas assez cher ». Le prix de l'abonnement venant d'être doublé, cette raison n'existe plus. « Donc, lui dit-il, si vous voulez m'offrir d'agréables étrennes, envoyez vos 20 sous à M. Mellac et à moi la nouvelle que vous les avez envoyés. Vous ferez ainsi deux heureux.» Et devant cette insistance toute bretonne, le bon abbé s'abonne à *Dihunamb*. Jean-Pierre l'en remercie, en lui souhaitant « une joyeuse et sainte année. Que durant tout le cours de cette année qui vient, Dieu vous soit bon et propice, comme vous êtes bon pour moi. Je prierai pour qu'Il vous conserve en santé et vous donne, mais pas tout de suite, les gloires de son Paradis... »

Comme je lui avais manifesté le vif désir que j'avais, à Rennes, où je commençais mes études médicales, de faire partie des Asso-

---

1. Tu perdras ta peine, en allant me chercher à Groix. Je suis, à l'heure actuelle, à Kergonan et M... aussi, me préparant au « Brevet ». Voici huit jours, lundi dernier, que je suis rentré au Séminaire, et j'y resterai jusqu'au 21 septembre, un samedi. Alors, peut-être, retournerai-je à mon île aimée, cachée, là-bas, à l'horizon, parmi les va gues. Avant cette époque, il me sera difficile d'y aller.

J'aurais eu, ce endant, grand plaisir à te voir, à te parler des choses que nous aimons tous les deux, avec toutes les forces de nos cœurs. Il y a, à peine, une demi-heure, vois-tu, que nous venons tous (quatre-vingts Gallos et Bretons) de chanter à tue-tête, au milieu d'un bois de sapin le *Bro Goz va Zadou* (Vieux Pays de mes Pères). Ton ami, chantait les couplets, les autres reprenaient au refrain. C'était très beau !

ciations d'étudiants s'occupant de questions bretonnes, après m'avoir souhaité, le 1er janvier 1907, une bonne et heureuse année couronnée par un succès, il m'engage à adhérer à ces groupements et à tâcher de leur imprimer « le caractère catholique qui est le propre du *Sillon*. C'est ce qui nous manque à nous autres régionalistes, de n'avoir pas compris quel puissant et tout naturel levier, nous trouvons dans la Foi de nos Pères, pour soulever nos compatriotes et les faire marcher « *in sæcula sæculorum* » dans le chemin breton. Si nous étions plus *catholiques*, saisis le mot, tout le clergé serait avec nous, et quand le clergé marche, le peuple breton marche. C'est pourquoi, autant j'approuve l'indifférence absolue de l'*Union Régionaliste Bretonne*, sur la bagatelle stupide qu'est la politique, autant je blâme et je déplore sincèrement pour elle, la neutralité religieuse qu'elle prétend sereinement garder. On n'est pas neutre sur des questions si importantes, on est pour ou contre : *Qui non est mecum, contra me est*, a dit le Christ, Lui-même et Il s'y connaissait mieux que nous tous... »

La langue bretonne l'intéresse plus que jamais. « Je te promets bien que si le Bon Dieu me fait, un jour, la grâce d'être prêtre, il n'y aura pas beaucoup de prêtres à aimer Breiz-Izel autant que moi... »

Il songe à écrire, en breton, une pièce de théâtre pour l'île de Groix.

Au mois d'octobre 1906, il m'écrivait : « War *Ar Bobl* (journal bilingue paraissant à Carhaix, sous la direction du barde Jaffrennou-Taldir), war *Dihunamb*, war *Kroaz ar Vretoned* n'ameus gwelet nemet keleier mat diwar benn pez hon mignon Job an Drouz-Vor : *Evid ar Vro!* Daoust hag ar memes tra a vezo gret evit ma hini-me : *Evid ar Feiz!* hag a vo hoariet en Enez ar Groac'h aben miz du ? *Labourat a ran start warni!...*[1] » Cette pièce demeura en chantier et ne fut pas terminée.

Trois mois plus tard, il achève une autre pièce qu'il m'annonce en ces termes : « Je viens de terminer une manière de drame, sur la descente des Anglais-Hollandais, à Groix, en 1696, le 14 juillet,

---

1. Sur *Le Peuple*, sur *Eveillons-nous*, sur *La Croix des Bretons*, je n'ai lu que des critiques favorables relatives à la pièce de notre ami « Joseph Bruit de Mer » : *Pour Dieu et le Pays!* Les mêmes choses seront-elles dites au sujet de la mienne : *Pour la Foi!* qui sera jouée à l'île de Groix, au mois de novembre ? Je travaille ferme à l'écrire.

au soir (c'est de l'histoire). Duguay-Trouin y joue le rôle de libérateur d'une famille groisillonne livrée par un traître juif aux ennemis de la foi. Ma pièce est *populaire* dans les grandes largeurs, sans
purisme et sans emphase. Je vais tâcher de la faire représenter à
Groix, à Pâques prochaines, mais je crains bien de ne pouvoir
réussir, faute d'acteurs. Je ne t'en promets pas un exemplaire,
ma pièce ne sera pas imprimée et ne sortira d'ailleurs pas de Groix.
Job (Joseph Larboulette) veut à toutes forces la faire jouer chez
lui. Ça le regarde. Je doute, quant à moi, qu'elle y soit comprise
et y ait du succès. Kenavo... »

Il annonce aussi à l'abbé Corignet l'achèvement de sa pièce :
« J'ai tâché, dit-il, d'y faire voir que Notre-Dame de Plasmaneg
n'abandonne jamais ses serviteurs, même réduits à la dernière
extrémité... » Il serait heureux qu'elle soit jouée, une première
fois, le dimanche de Quasimodo, pour les femmes, et dans le cours
du mois de mai, pour les hommes. « Je voudrais que par ma pièce,
la Bretagne et le breton aient leur rentrée à Groix. »

Dans une autre lettre, il expose le schéma de sa pièce, à son
correspondant, et bouleverse, déjà, en idée, la salle de l'Ecole des
Frères où elle sera représentée : « Il me faudrait même une manière de toile représentant quelque chose comme la place de Locmaria, au XVIIe siècle, avec l'église brûlée, abattue, au milieu, et
des maisons non moins brûlées, tout autour. C'est le décor du
second acte. Le Ier et le IIIe acte représentent un intérieur groisillon
de l'époque, pas de toile par conséquent. J'ai sept personnages :
un vieux matelot groisillon de l'époque, son jeune fils qui habite
avec lui, son aîné qui est corsaire avec Duguay-Trouin, Duguay-
Trouin en personne, le chef des Flamands que j'appelle Ruter,
enfin un jeune gâs de l'île, ami du vieux marin et de son fils aîné,
et puis (couronnement), un marchand juif qui joue le rôle de traître.
Avec ça, corsaires et Flamands. Tous mes personnages antipa-
thiques sont exterminés, à la fin de la pièce, par les corsaires et par
la tempête. C'est d'une grandeur épique, je ne vous dis que ça [1]... »

Sa pièce bretonne *Ar Flamanked* (Les Flamands) sera jouée,
par les jeunes gens du patronage de Saint-Tudi, à Quasimodo.

---

1. Nous avons retrouvé le manuscrit de cette pièce, et nous comptons la publier prochainement.

Il voudrait que l'abbé Noël, directeur de *La Croix de l'Ile de Groix,*
lance, dans un prochain numéro de son journal, un appel dans ce
sens-ci : « Jusqu'ici les vieux et les vieilles n'ont pu assister aux
pièces parce qu'ils ne les comprenaient pas, mais leur tour est
venu et ils pourront jouir, comme les autres. Qu'ils prennent donc
des billets pour la prochaine séance [1]... »

Sa pièce eut un gros succès, dans son île natale, mais ce succès
ne le satisfait qu'à moitié, il se lamente, tout en plaidant la cause
de la langue bretonne : « Oui ma pauvre pièce a été jouée, bien jouée
mais où est le résultat que je désirais ? M. le Recteur a eu quelques
sous pour ses écoles, M. Riguidel a fortifié son patronage, mais le
breton, quel profit a-t-il retiré de cette représentation ? Je n'avais
travaillé que pour cela et pour la Vierge, et il n'y avait que moi
à penser à lui et j'étais impuissant. Et l'on ne jouera plus de pièce
bretonne à Groix et ma vieille langue s'en ira de mon pays. La
vieille foi lui survivra-t-elle ? Je le souhaite sans l'espérer. Un jour,
qui n'est peut-être pas très lointain, les prêtres et les maîtres d'école
libres se repentiront de leur incurie et de leur insouciance à l'égard
de cette question du breton, et il sera trop tard alors. Je sais
bien que vous n'êtes pas convaincu, que mes airs de prophète vous
prêtent à rire, mais ayez patience : vous verrez peut-être cela, au
moins à Groix. Loeiz Herrieu m'écrivait, le dernier quartier, que
sans les écoles, il n'y a rien à faire. Nous n'aurons pas les écoles,
parce que nous n'avons pas les évêques, ni les prêtres, parce qu'ils
n'osent pas se lancer de peur de se donner de la peine : « Après eux
le Déluge ! » Mais, laissons-là Jérémie, j'aime mieux pour ma part
Ezéchiel. Et si, par hasard, la Bretagne ressuscitait, le clergé pourrait se frapper la poitrine et se dire : *Non mea culpa !* »

1. Voici l'invitation adressée par M. le Recteur de Groix, à la population groisillonne, à
l'occasion de la représentation de cette pièce : « J'ai l'honneur de vous prier d'assister à la
Soirée Récréative qui sera donnée au bénéfice des Ecoles chrétiennes de Groix, le dimanche 22 avril 1906, à l'issue des vêpres, et le lundi 23 avril 1906, à 7 h. 1/2 du soir, à l'école
Saint-Tudi, près Landost. Places réservées : 1 fr. ; première : 0 fr. 50 ; seconde : 0 fr. 25.
                                                      Signé : LE DORZ, recteur. »

PROGRAMME

Intron-Varia-Plasmaneg, er Flamanked é Groé.
(Notre-Dame-de-Plasmaneg, les Flamands à Groix).
Drame breton, en 3 actes, par un Groisillon.

Il ne cessera pourtant pas d'être l'avocat de la cause bretonne et il écrira, plus tard, une nouvelle pièce de théâtre, en prose bretonne : *En Neu Veuer* [1] (Les Deux Ivrognes). Elle est encore jouée, par les jeunes gens du patronage de Saint-Tudi, le 31 mars 1907 et le 5 mai 1907. A un compatriote qui lui écrit pour le féliciter du succès qu'a obtenu son œuvre, il répond : « Je te remercie pour l'encensoir que tu as cru devoir me promener sous le nez, à propos de mes *Deux Ivrognes*. Pauvres ivrognes! s'ils pouvaient encore servir la Cause bretonne!... »

J.-P. Calloc'h ne songe pas qu'au théâtre. Il a bien d'autres projets en tête. Lorsqu'il reçoit *La Croix de l'Ile de Groix* qui contient l'ode écrite par lui, en l'honneur de son île, il confie à son correspondant : « Il y a de la malice un brin, chez M. Noël, à publier mes humbles vers, avec leur fervente apostrophe finale, juste au moment où Monseigneur nous interdit — sans injustice du reste — la traditionnelle rentrée pascale dans nos foyers... Si M. Noël voulait autre chose pour remplir le vide de ses colonnes, j'ai là une gwerze bretonne (air de Plasmaneg) sur les marins qui pourrait servir. A sa volonté... »

Et dans une autre lettre, après avoir critiqué un cantique à la Vierge qu'on lui a soumis : « Il ne m'a pas dit grand'chose comme paroles, c'est une suite de lieux communs très ordinaires. L'air, je le trouve, comme vous, très beau ; je l'ai pris, et les vacances prochaines, car je n'ai pas le temps, à présent, je vous ferai, peut-être, là-dessus, puisque vous l'aimez, un cantique des marins à Notre-Dame de Plasmaneg... » Calloc'h fait part de ses projets littéraires : « Pauvres vacances prochaines! Que de choses ne me promets-je pas de faire pendant elles! Ce cantique-ci, une infinité d'autres, deux noëls, et enfin un grand drame breton sur « Saint-Tudi », en cinq actes et en vers. Je vous le dis, parce que j'en ai fait le plan scène par scène, à Pâques. Mais ne sortez pas pour cela de vos habitudes de discrétion. Il dort à présent, au fond de ma malle... »

Il collabore aussi au *Fureteur Breton* de M. le Dault et demande, à M. Corignet, des renseignements sur les découvertes archéologiques faites à Groix, pour les communiquer à cette revue : « Je

---

1. Nous possédons le manuscrit de cette pièce que nous publierons.

serais curieux de savoir quels sont les *objets précis* de grande valeur historique trouvés sous les dolmens et menhirs de Groix. Si M. Noël le sait, dites-le-moi et je vous serai reconnaissant... » Son correspondant le renseigne, mais insuffisamment peut-être : « Votre phrase mystérieuse sur les fouilles de Locmaria m'a fort intrigué. Je les ignorais. Celles dont je voulais parler ont été faites, un peu partout, dans l'île, du temps que j'étais à l'école des Frères, et je me souviens fort bien du gros monsieur et des ouvriers qui pratiquaient l'opération, au tumulus Saint-Sauveur, près du menhir. Une autre chose que j'aimerais savoir : c'est depuis quand et pourquoi Lok-Mikelig s'appelle ainsi, et pourquoi son église est-elle dédiée à saint Michel ? Mais vous n'êtes pas professeur d'archéologie ; ma mère, que j'ai consultée, me renvoie à M. C..., *antiquier*, ancien recteur de Riantec et moi qui ne le connaît point... »

De cette époque date aussi une des pièces les plus touchantes d'« *A GENOUX* ».

Vers la mi-juin 1907, deux mauvaises nouvelles lui parviennent : le départ du recteur de Groix qu'il aimait beaucoup, il vient d'être nommé curé de Saint-Patern, à Vannes, et la grave maladie de l'abbé Noël, directeur de la *Croix de Groix*, l'un de ses bienfaiteurs. « Qu'on lui écrive, demande-t-il avec instance, pour le consoler, et s'il est possible pour le rassurer, sur l'état de santé du cher malade, pour qui il a prié avec ferveur, le matin à la messe. Comment va-t-il à présent ? Y a-t-il danger vraiment sérieux ? » La réponse à sa lettre lui apporte la nouvelle attristante de la mort du bon prêtre groisillon ; il souffre de cette disparition : « J'avais pour M. Noël, une affection de fond que je ne soupçonnais pas, et en apprenant sa mort, j'ai été presque surpris de me trouver si profondément attaché à lui et, comme vous, j'ai pleuré. Que la *Semaine Religieuse* a bien raison de dire que c'est une perte immense ! Elle est irréparable pour ma pauvre île, il s'en va juste au moment où il allait être le plus nécessaire. Mais Dieu savait cela et Il l'a rappelé quand même. Que sa sainte Volonté soit bénie ! »

Sous l'impression de la douleur que lui cause cette mort, il écrit, le soir-même, l'émouvante *Complainte de M. Noël*[1], tirée de

---

1. *Guerzen en Eotrou Nouel* (Complainte de Monsieur Noël). Voir « *A GENOUX* », p. 136 et suiv.

Communiqué par M. Le Gall de Lorient.

La maison du barde.
Mme Calloc'h mère reçoit la visite, à Kerclavezig,
de deux camarades de combat de son fils,
M. l'abbé Le Cam et le sergent P. Le Clec'h.

son cœur, comme il le dit, « get dareu » (avec des larmes). « Le chant de reconnaissance de mes compatriotes à celui qui fut le meilleur d'entre eux et qui a tant aimé ses frères [1] ». Il prie son correspondant de la répandre dans Groix, afin que le souvenir du disparu se garde aux foyers groisillons et que les pères et les mères disent à leurs enfants ce qu'il a fait pour le bien de l'île.

Parallèlement à ces travaux littéraires, J.-P. Calloc'h poursuit ses études au Grand-Séminaire. Peut-être, n'y apporte-t-il pas toujours toute l'ardeur désirable, si l'on en juge par cette réponse à un ami qui le prie de ne pas l'oublier dans ses prières, à l'heure d'un examen qu'il a à subir : « Tu peux être certain, lui dit-il, que je ne manquerai pas de faire un bout de prières pour ton succès. Je sais trop bien, par expérience, combien « cet atout-là » est fort dans l'affaire des examens, et puis t'avouer, en toute franchise, que l'année de ma philosophie où, *mea culpa !* je n'avais pas précisément fourni des excès de travail, j'ai passé, seulement, grâce aux prières que de bonnes âmes, Bonnes Sœurs ou autres, faisaient pour moi. Je promis même, et je fis en effet, un pèlerinage à Sainte-Anne, pendant les vacances. Pourquoi ne le ferais-tu pas, si tu ne l'as déjà fait ! Prie aussi de ton côté, c'est une des conditions requises... » Et il termine sa lettre par cette prose humoristique :

> « Cur dormiebas vespere,
> Dum dictabatur chimia
> A perito professore ?
> — Quia est in ea virtus dormitiva !...
> Cur aperis os immensum
> Dum studes in casa tua
> Proprietates gazorum ?
> — Quia est in ea virtus haillitiva !... »

Ris en récréation, travaille en étude et prie à la chapelle. Ainsi tu ne manqueras pas d'être reçu... » (Lettre à F. Davigo).

1. Lettre du 23 juin 1907.

Sa correspondance avec M. l'abbé Corignet nous permet de le suivre pendant toutes ces années d'études.

Dans chacune de ses lettres, il se fait un plaisir d'exprimer sa reconnaissance émue à son bienfaiteur : « Je n'oublierai jamais que, sans vous, je serais, peut-être, un malheureux comme mes compatriotes, d'autant plus malheureux que l'éducation que j'avais reçue, jusqu'à ma seconde, était en disproportion avec le métier qui m'était alors destiné. Je n'oublierai pas, non plus, tout le bien dont vous ne vous doutez peut-être pas, que votre correspondance m'a fait... » Et ici, reparaît de nouveau, ce fond de tristesse profonde qu'il y avait en lui, même aux heures où il était, où il semblait être heureux : « Dans mes détresses de cœur même les plus grandes — et Dieu sait si j'en eus souvent, au cours de ma vie de collège! connues de Lui et de moi seul — vos lettres m'ont toujours été consolantes et bonnes. Je vous en remercie très sincèrement et prie Dieu de tout mon cœur pour qu'Il vous rende au centuple tout ce que vous avez fait et faites encore pour moi, sans que mes étourderies et mes inconsciences vous aient jamais lassé. Là où Dieu m'a placé, je suis, vous le dites. Il sait bien que je n'aurais pas demandé mieux que de Lui offrir mes sueurs et mon labeur, le dur labeur de missionnaire et mon sang aussi avec joie. Il m'a refusé, pour le présent, cette grâce. Peut-être l'obtiendrai-je plus tard, peut-être jamais. Que sa sainte Volonté soit faite! Je l'adore et vais, en attendant, comme vous me le conseillez, me faire une devise de la maxime « *Age quod agis* », pour Lui plaire et vous plaire. Demandez-lui bien qu'Il me donne la force... »

Il avait, en effet, besoin d'une grande force pour lutter contre le découragement qui l'envahissait si souvent. Il savait sa sœur aînée malade et sa mère inquiète. En novembre 1906, l'état de sa sœur s'aggrava, Jean-Pierre alarmé, insiste auprès de son correspondant pour avoir des nouvelles que sa mère craignait de lui donner. Il prie, fait, chaque matin, la communion aux intentions qui lui sont recommandées.

Ayant appris que sa sœur allait un peu mieux, mais que la maman désirait la faire soigner dans une clinique de Lorient, il écrit : « S'il s'agit de l'hôpital tenu par les Bonnes-Sœurs, à la Nouvelle-Ville, je consens volontiers à ce qu'on y fasse entrer Marie. S'il s'agit de l'hôpital civil et laïcisé de la ville même, *je ne veux pas* confier ma sœur aux soins d'infirmiers et d'infirmières... »

Sa sœur n'ayant pas été hospitalisée, M. le Recteur de Groix voudrait le soustraire, pendant les grandes vacances, à la vue si navrante de la pauvre malade, il désire lui procurer une chambre, au bourg de Saint-Tudi. Lui, aimerait mieux rester à la maison de Kerclavezig, parce que son absence causera du chagrin à sa mère qui en a déjà assez et que sa sœur sera peinée de le voir éloigné à cause d'elle. Cependant, il obéira à ses maîtres. Ceux-ci tâchent d'arranger les choses et lui proposent un poste de précepteur. Il leur avoue sa timidité : « Je suis très gauche et parfaitement ignorant du genre de vie et des manières des gens qui prennent précepteur. Dans tous les cas, je suis sûr que vous ferez pour le mieux et me soumets d'avance à tout ce que votre sagesse décidera sur moi. Je prierai Dieu qu'Il fasse sa Volonté et rien que cela... »

Un préceptorat lui est offert à L...., dans une famille de gens très riches qui demandent un compagnon de vacances, « un petit séminariste pour un jeune homme faible d'esprit ayant besoin d'un ami plein d'entrain et de gaieté. » Il réfléchit avant d'accepter cette offre, et se demande s'il remplit exactement les conditions désirées. Il est grand-séminariste, ne voudrait pas être imposé : « L'entrain et la gaieté, vous savez que je ne possède ces deux qualités qu'à un degré très ordinaire, surtout avec des étrangers, surtout avec des gens de la haute classe. Puis, l'on propose à ce compagnon rien du tout à faire, sinon se promener en voiture avec le malade et « partager ses jeux. » Je voudrais avoir quelque ouvrage à accomplir et « partager des jeux » ne me dit pas grand'chose... »

Etre, pendant les vacances, le précepteur d'un *minus habens* ne lui plaisait donc qu'à demi. Ses maîtres le sentirent et lui proposèrent un poste de surveillant à l'école professionnelle de Saint-Michel-en-Priziac, voisine de l'abbaye de Langonnet (Morbihan).

Et c'est juste, à ce moment, au début de son séjour à Priziac, que survint un événement malheureux qui changea sa destinée.

Depuis quelques années, sa sœur aînée souffrait de troubles pathologiques qui allaient en s'aggravant ; pendant les quelques jours qu'il demeura sous le toit familial, il cru découvrir, chez sa sœur cadette et chez son frère, des particularités morbides qui l'inquiétèrent, lui inspirèrent la crainte d'être atteint des mêmes troubles, crainte qui ne cessa pas de l'obséder et que le moindre accident devait transformer en certitude.

Cet accident eut lieu le premier dimanche de son arrivée à Priziac. Ce jour-là, en compagnie de l'Econome et du Préfet de discipline du Patronage de Saint-Michel, il se rendit, en voiture, au Faouet, et alla visiter la célèbre chapelle de Sainte-Barbe. Au moment où il arrivait devant la chapelle, après avoir franchi, à pied, deux kilomètres, par des sentiers très durs et montueux, sous une chaleur accablante, il eut un étourdissement, tomba, se faisant, à la tête, une plaie profonde qui l'obligea à garder la chambre, pendant quelques jours. Ce choc détermina, chez lui, un ébranlement émotif intense, il s'imagina être malade, sans appel, d'où le découragement le plus grand, le désespoir le plus profond : « Fini pour le Séminaire, fini pour ailleurs aussi, s'écri-t-il, la main de Dieu est terrible, Monsieur ! Et ma pauvre mère que va-t-elle dire, quand elle saura que moi, sa dernière consolation, ne vaut plus mieux que les autres ? Qu'allons-nous devenir tous, dans notre pauvre famille !... Si vous saviez comme c'est épouvantable de voir ceux-là qu'on aime, au paroxysme de la souffrance, en se sentant soi-même impuissant à apporter un remède quelconque à leurs maux... Je n'ai plus la force de penser, de vivre... Un nuage affreux obscurcit l'horizon de ma vie, si clair jusqu'ici. Où vais-je, où allons-nous tous ? Je ne sais pas, je suis aveugle... »

Il a un grand besoin d'être consolé, d'être réconforté, il se tourne vers son bienfaiteur, l'appelle, le prie de venir lui rendre visite : « Je vous attends... Je serais si heureux de vous voir, de vous parler afin que vous me consoliez dans ma peine, étant le seul à qui je veux et puis la confier... »

Du fond de cet abîme de détresse, ses regards se lèvent aussi vers le ciel : il implore l'assistance de la bonne Vierge qu'il a toujours aimée : « Quand vous serez à Lourdes, priez la Mère des Miséricordes, de jeter un regard de pitié sur le monceau de ruines qu'est ma malheureuse famille. Je sais que vous m'aimez, priez-la pour moi, pour ma mère surtout. C'est la Vierge de Lourdes, ma dernière confiance, mon dernier refuge, car j'espère, et toujours, et malgré tout, j'espère en Elle... »

A ce propos, voici un trait qui marque bien sa délicatesse d'âme. M. l'abbé Corignet lui propose d'aller en pèlerinage à Lourdes ;

il exprime au bon prêtre, son regret de lui causer une peine très vive, par sa décision irrévocable à ne pas répondre à son charitable désir. Il ne peut accepter cette faveur, lui le plus valide de la famille, alors que sa mère et ses sœurs auraient plus besoin que lui d'aller à Lourdes, demander secours à la sainte Vierge : « Ce n'est pas que je reste insensible à ce nouveau bienfait : non, vous savez bien que si je n'ai que ma reconnaissance à vous donner, en échange de tous les sacrifices auxquels vous voulez consentir pour moi, du moins vous l'avez pleine et entière. Ce n'est pas non plus que ce voyage, au pays de la Vierge, me soit indifférent : Elle est ma mère très aimée, Elle le sait bien aussi. ..J'aurais une joie infinie d'aller prier là-bas. Eh bien! je vous assure que la privation que je ressens de ce chef n'est rien au prix du chagrin que je ressens de votre propre peine. Je ne sais comment vous dire cela, vous comprenez bien que je suis navré de vous désobliger : s'il était possible de me faire hacher pour le prouver, je le ferais. Il m'en coûte énormément de prendre ce parti. Mais, je vous le dis bien franchement, encore une fois, une dernière fois, c'est plus fort que moi, je ne puis pas, moi le moins malade de tous, ce serait une égoïste cruauté que de m'en aller là-bas tout seul, laissant les malheureux autres se débattre contre leurs maladies, pour lesquelles, de Lourdes seul, on peut espérer la guérison... Puisque vous voulez bien m'aimer, souffrir un peu ce que je souffre, vous ne m'accuserez pas d'excessive délicatesse. Je vous dis donc merci, du fond du cœur et les larmes aux yeux, mais je refuse votre offre... de vrai, je ne puis l'accepter... »

La visite de son bienfaiteur lui apporte un peu de calme, son état de santé s'améliore, mais l'obsession le harcèle continuellement et pour penser, le moins possible, « aux terribles conséquences que cette aventure va attirer sur sa famille, » il prie avec ferveur : « Si je n'avais pas dans l'église, un lieu où me retirer, quand mes accès de désespoir me prennent — j'en ai de véritables — je ne vois vraiment pas comment je pourrais aller de l'avant. Sans le Bon Dieu et les solides espoirs qu'Il vous plante au cœur, la vie serait bien triste. »

Il s'ennuie dans ce pays de Priziac. Pour « s'étourdir », il écrit de longues lettres à ses amis, il en reçoit des réponses « qui lui sont des distractions. » A l'excellent abbé qui s'efforce de le remonter, en lui disant qu'il s'est trompé sur son état, il répond : « Que je me suis trompé ? Hélas !... Après la mort de mon père, j'ai été huit jours, dans cet étrange état d'âme, me répétant que ce n'était pas possible, qu'il allait nous revenir bientôt... Les grandes calamités, quand elles sont inattendues font naître ordinairement, dans le cœur, ces incroyances au malheur... » Loin de maudire la Providence, il se soumet à la volonté de Dieu : « Il fera comme Il voudra, ce sera toujours bien, en quelque façon que les choses tournent, puisque c'est Lui qui les aura conduites ainsi. » Il regrette d'avoir donné, à son meilleur ami, la moitié de son fardeau à porter : « C'est si lourd ! Mais aussi, il était trop lourd pour moi seul, et vous êtes le premier à qui j'aime à recourir... Je pleure en vous écrivant, mais vous m'aimez et j'en suis heureux... »

A la fin de septembre, après avoir embrassé sa mère à Groix, il regagne le Grand-Séminaire. Avant de se remettre au travail, il passe quelques jours en retraite : « Elle m'a violemment secoué et je me suis demandé, tous ces jours-ci, avec une insistance inconnue, si j'étais bien ici, à ma place. Aujourd'hui, le calme est à peu près revenu, mais pas pour longtemps, peut-être, et plus que jamais, je me recommande à vos saintes prières. Si Dieu ne me soutient et ne m'éclaire, je suis sûr de défaillir... Je ne vous ai rien caché de mon âme et vous êtes le seul et bon confident de ses douleurs secrètes... » Ce calme relatif est dû, en partie, aux nouvelles rassurantes que lui donne son frère, sur l'état de santé des siens.

Pour ce qui est de sa vocation, « il est plus tranquille », déclare-t-il, et « moins assailli de pensées noires », quoiqu'il ne voie pas encore où il va. Il se remet à penser à ses pauvres nègres et désespère d'aller leur porter l'Evangile. Mais il se dit qu'il a encore le loisir d'agiter toutes ces questions jusqu'après sa caserne, avant laquelle, rien de définitif ne pourra se faire.

Le jeudi saint de l'année 1907, Mgr Gouraud rend visite aux séminaristes. Après un discours de vingt minutes, il préside à la distribution des prix du « Concours de Pâques » : « Il a bien voulu me donner, comme premier prix de Droit Canonique et d'Histoire Ecclésiastique, le petit bouquin de Sa Grandeur sur l'Apologétique avec un magnifique volume flambant neuf sur *Le Crucifix* orné de superbes gravures. Un de ses amis, pour ne pas rester en arrière, m'a remis, en guise de premier prix d'Ecriture Sainte, deux *in-quarto* de *Cornelius a Lapide* sur les Quatre Evangiles et l'inévitable *Preuves de l'Existence de Dieu* par Th. D... Si cela peut vous faire plaisir, j'en serai bien content... »

Il y avait quelques mois que je ne lui avais écrit, lorsque je reçus, le 14 avril 1907, cette lettre rédigée en breton : « Sethu eul lizer, 'vit roi d'id da ziski penaoz n'ankouan ket va mignoned koz. Euruz a vin ma d'out te ar memez tra. Goaret a peus moarvad e omb bet laket, tri miz-so, er mez deus hon kloerdi e Gwened, hag em'omb brema en eun ti-all, d'an adress, a roan d'id e penn va lizer (Kergonan en Plouharnel). Avel ar vuez en deus da gaset te ivez, siouaz! pell deus da vroïg Clohars, pell memb deus Breiz-Izel, rag Naoned dija n'eo ken Breiz-Izel. An esper am eus koulscoude e karez c'hoaz da vro 'vel araok, hag en abeg d'an dra-se e skrivan d'id, evit ma teuimp da vout, e karantez Breiziz, mignoned start, evel kent. Fizians am eus ennout, da glevez va mouez ha da reskond d'ezi.

Digas a ran d'id, gant al lizer-ma, leor Erwan Berthou, *Dre an Delen haz ar C'horn-Boud*. Brao-tre eo, évidoun-me atao. Te hen miro en envor deus da vignon koz Bleimor.

Pegouls a vezo roët d'imb hum gwelet, n'ouzoun ket. D'ar 25 a viz gourhelen, a vo goueliou kaer e Santez Anna, gant pevar eskob Breiz, dindan renadur an Aotrou Dubourg, arc'hescop Roazon. Marteze e c'hellfemp, d'ar mare-ze, monet da ober eun dro warzu Iliz hor mam-goz karantezus? [1]... » Trois de ses condisciples du

---

1. « Voici une lettre pour te montrer que je n'oublie pas mon vieil ami. Je serai heureux si tu es dans les mêmes sentiments que moi. Tu as sans doute appris, que nous avons été mis, il y a trois mois, à la porte du Séminaire de Vannes, nous sommes maintenant dans une autre maison, à l'adresse que je te donne en tête de cette lettre (Kergonan en Plouharnel-Carnac). Le vent de la vie t'a emporté aussi, hélas! loin de ton petit pays de Clohars, loin même de la Basse-Bretagne, car Nantes n'est plus la Basse-Bretagne. J'espère cependant que tu aimes ton pays comme jadis, et c'est avec cet espoir que je t'écris, afin que nous demeurions, dans notre amour pour la Bretagne, des amis fidèles comme naguère. J'ai confiance que tu entendras ma voix et que tu lui répondras.

« Je t'envoie, en même temps que cette lettre, le livre d'Yves Berthou *Par la Harpe et le Cor de guerre*. A mon avis, c'est un très beau livre. Tu le garderas, en souvenir de ton vieil ami Bleimor.

Quand nous sera-t-il donné de nous voir? je l'ignore. Le 25 du mois de juillet, il y aura de belles fêtes à Sainte-Anne, avec les quatre évêques bretons, sous la présidence de Mgr Dubourg, archevêque de Rennes. Peut-être, pourrons-nous, à cette époque, nous diriger vers l'église de notre affectueuse grand'mère? »

Grand-Séminaire, viennent de faire leur service militaire, etce fait lui inspire les lignes suivantes :

« Ha me, na c'hellin ket beza diwallet deus an dra-vrein-ze, araok daou vloa, hag e vo red d'in c'hoaz gober daou vloa kloerdi warlerc'h va daou vloa servich, ar pez a ra c'houech vloa araok beza « sous-diakr. » Mez bolonte Doue ra vezo gret!

Ar bloa ma-za eta ne d'inn ket endro da Gergonan. Klasket e vo d'in eul lerc'h bennak. Kab e oun da vont da Bariz... Da c'henta sadorn miz ere, receo a rin, moarvad, an urziou vihanna. Eur beden tom an deiz-ze, va Leon ker, vit an neb n'ankoua ket dirag Doue e vignon. Da viken en hor Zalver J. C. Bleimor [1]. »

Comme les grandes vacances approchent, il s'inquiète de l'avenir. Ne pouvant recevoir les « ordres majeurs », avant d'avoir fait son service militaire, — deux années le séparent encore de la caserne — il ne peut d'ici là, demeurer au Grand-Séminaire. Il fait part de ses inquiétudes au Supérieur qui est aussi son Directeur, le renseigne sur son état de fortune, sur l'état de santé des membres de sa famille, le *sien* compris. Dans le diocèse, il ne gagnerait, au maximum, que 400 francs par an ; son rêve serait d'être pédagogue dans une paroisse bretonne, mais l'insuffisance du gain ne lui permet pas de le réaliser. En allant à Paris, il pourra gagner 1.200 fr. et aider un peu sa mère. Mais il tient à suivre les conseils de ses maîtres, sur une matière si épineuse. Son Directeur lui conseille d'écrire à un de ses amis de Paris, afin que ce dernier tâche de lui trouver une place, dans un collège de la capitale.

Pour lui éviter, pendant les vacances, d'être trop en contact avec les pauvres malades de Kerclavezig, M. l'abbé Corignet lui fait part de l'offre très obligeante des dames N..., de lui accorder la plus large hospitalité, pendant son séjour à Groix. Cette proposition lui a fait venir, aux yeux, des larmes de chagrin ; elle lui

---

1. Et moi, je ne pourrai pas être préservé de cette pourriture avant deux ans, et j'aurai encore deux années de séminaire à faire après mon service militaire, ce qui fait six ans avant d'être sous-diacre. Que la volonté de Dieu soit faite!

Cette année, je ne retournerai pas à Kergonan. On me cherchera une place quelconque. Il se pourrait que j'aille à Paris. Le premier samedi du mois d'août, je recevrai probablement les ordres mineurs. Une chaude prière, ce jour-là, mon cher Léon, pour celui qui n'oublie, pas devant Dieu, son ami. Pour toujours en Notre-Seigneur Jésus-Christ

BLEIMOR.

a rappelé toute une foule de nombreux souvenirs qu'il croyait endormis au fond de son cœur. Il lui faut se faire violence pour l'accepter. Il a pour ces aimables personnes, le plus sincère et le plus profond respect doublé de reconnaissance, mais il n'est pas familier avec elles, il craint surtout d'éprouver des malaises en leur compagnie, de troubler leur tranquillité. Il acceptera, pour leur faire plaisir, de coucher chaque nuit, sous leur toit, mais quant à prendre ses repas chez elles, cela l'embarrasse fort, il ne peut rien promettre, sans en avoir avisé sa mère. Jamais, elle ne lui a reproché de rester dîner où que ce fut, elle l'engageait même à accepter les invitations qui lui étaient faites, mais il voyait bien qu'elle le faisait à contre-cœur et presque en pleurant. Elle était si heureuse de l'avoir, quand il était à la maison, que son amour filial ne peut se résoudre à lui enlever cette joie.

A la fin de juillet, il revoit avec grand plaisir son île, ses bons amis du presbytère dont le commerce lui est si agréable, il tient compagnie à sa mère, pendant de longues heures, lit, écrit dans sa petite chambre de Kerclavezig et le soir, il est l'hôte des dames N..., dont l'accueil si cordial le touche profondément.

De retour à Kergonan, à la fin d'août, il s'empresse de prier son meilleur ami, de remercier pour lui Mme A... « Je ne sais, dit-il, si elle connaît l'adage : « La façon de donner vaut mieux que ce qu'on donne », mais toujours est-il, qu'elle l'applique avec perfection. Ce n'est pas des banalités que je dis là, ce sont des vérités senties. Si je n'avais à la remercier que de ce dernier témoignage de bienveillance, je serais moins embarrassé, mais tant d'autres déjà l'ont précédé, que je ne sais, en vérité, comment m'y prendre. D'ailleurs, si être reconnaissant, c'est donner le meilleur de son cœur à ceux-là qui vous font du bien, c'est très facile et très doux et... depuis longtemps c'est déjà fait... »

Maintenant, l'examen du brevet le préoccupe. Son supérieur lui a déclaré que s'il obtient ce diplôme, il ne sera pas embarrassé pour lui trouver un poste dans le diocèse, s'il échoue, « ce qui a les allures d'une considérable probabilité », avoue-t-il, ce sera plus difficile, il lui faudra s'exiler, s'en aller à Paris, comme professeur ou surveillant. Et devant son sort qu'il voit sans issue, une tristesse l'envahit, des tentations de désespoir lui troublent l'âme, il souffre du regret de contrister toujours ses meilleurs amis.

A son bienfaiteur, il écrit : « Je me le suis déjà demandé devant vous : pourquoi Dieu m'a-t-il jeté ainsi au travers de votre vie toute tranquille, pour vous faire de la peine, depuis que vous avez bien voulu vous occuper de ma pauvre personne? S'il est une chose qui m'est cruelle, c'est bien celle-là, de voir des êtres très bons et très aimés me couvrir de bienfaits, et être réduit à me dire devant les réalités qui me frappent : « Leurs efforts sont inutiles, et je ne réussis et ne réussirai qu'à les faire souffrir et pleurer! » De toutes mes souffrances, voilà une des plus cuisantes ; c'est une des choses qui me font pleurer moi-même, — car quand je pleure c'est sur les autres toujours — mes malheurs à moi seul ne me touchent plus jusque-là, et il ne me reste déjà plus tant de larmes, au fond de mes yeux, pour que je les gaspille égoïstement en ne regardant que moi.

Pourquoi, je vous dis ces choses? Je ne sais pas. Besoin d'épanchement, peut-être, et vous savez bien que mes épanchements ne peuvent aller à d'autres qu'à vous.

Et de ceci encore, je ne me lasserai jamais de vous remercier. Si vous n'étiez pas venu là, sur mon chemin, provoquer mes confidences et prendre mon cœur, qui sait, où, pauvre et vagabond, il serait allé sans cela ? Non, votre œuvre n'a pas été inutile : le meilleur de moi-même, c'est à vous, après ma mère, que je le dois. Et certainement devant Dieu, vous avez le droit de penser et de vous dire cela.

Quand le diable veut me tenter, c'est bien facile. Il n'a qu'à heurter mes plaies, pour les rouvrir, qu'à me forcer à regarder ma vie telle qu'elle est, a été et s'annonce, pour me faire envahir par le désespoir. C'est alors, dans ma pauvre tête, une folle sarabande, une tempête navrante ; et pour y échapper, il y a des moments où, je me tirerais, avec délices, un coup de pistolet dans le crâne, si la foi forte et éclairée que vous m'avez fait donner n'était là pour m'arrêter. Vous penserez que c'est un assez mince résultat de toutes vos fatigues, d'être arrivé seulement à m'empêcher de me suicider. Pas si mince que cela, peut-être, si c'est réel!

Dans tous les cas, si mon horizon est noir pour le présent, le soleil de Dieu peut, quand il voudra, l'éclairer. Et s'Il me permet d'être moine ou missionnaire, je vous assure que je prierai tellement pour vous, que vous irez certainement au Paradis. Bien sûr que

vous n'avez pas besoin de moi pour y atteindre, mais je vous dis cela, pour signifier la toute profonde et respectueuse affection qu'aura toujours pour vous,
Votre reconnaissant JEAN-PIERRE. »
(Lettre du 24 août 1907.)

La clôture des cours préparatoires au brevet a lieu le 27 septembre, l'examen est fixé au 1ᵉʳ octobre. Il ne s'y présentera pas. Son Supérieur désire qu'il le passe à Paris, en novembre ; cette proposition ne lui sourit guère. Il a accepté un poste de surveillant dans une institution libre de la capitale, il s'y rendra le 6 octobre et il demande à son ami de continuer à lui accorder le secours de ses puissantes prières. Quand il sera là-bas, pour une foule de raisons, dit-il, il en aura plus besoin qu'auparavant : « Si le Bon Dieu ne me soutient pas à chaque pas, comment voulez-vous que je fasse ? Si l'on ne prie pas pour moi, comment voulez-vous qu'Il me soutienne ? et si vous ne priez pas pour moi, qui le fera ? la tournure de mes affaires, là-bas, dépend donc presque uniquement de vous. Mais je sais bien que je puis compter là-dessus... » Et ses idées noires reparaissent : « Ce diable de gaphologue avait pourtant raison ! Plus je m'inspecte et plus je vois que le cœur et le sang vont tout à fait petitement. Si au moins cela pouvait vivement m'expédier au pays de Dieu !

« Pegours e troei éndro me hig de vout ludu ? »
(Quant retournera-t-elle ma chair en cendres ?)

(Lettre du 17 septembre 1907).

III

PREMIER SÉJOUR A PARIS

Jean-Pierre Calloc'h arrive à Paris, le 5 octobre 1907. Il a voyagé, sans encombre, en « chapeletant », la nuit entière, pour tous ceux qu'il aime. Au quai d'Orsay, il a pris un fiacre qui l'a conduit à sa nouvelle demeure, rue Saint-Lambert. Il pleuvait à torrents, ce qui, avec bien d'autres menues circonstances, contribuait à l'entretenir dans la mélancolie. Dans l'après-midi, il s'est rendu à Notre-Dame des Victoires : « Il fait bon là ! raconte-t-il... Pour y arriver, il a fallu passer devant la Bourse. L'entrée et la façade étaient pleines de gens qui hurlaient confusément.

« Ils n'ont plus de patrie et l'argent est leur dieu. »

« J'ai remarqué, avec indifférence, quelques nez israélites qui se mouvaient dans le tas. C'était assourdissant, effrayant, écœurant... » Continuant sa promenade, il est allé à pied, jusqu'à l'Institut Catholique ; au secrétariat, il a demandé et reçu un horaire des cours. S'il veut suivre un cours quelconque, il lui faudra payer une inscription de 25 francs. Il lui est impossible d'y assister régulièrement, d'ailleurs, le détail des Conférences ne « lui dit pas grand' chose. »

En revenant, il a dû se renseigner sur son chemin. Mais il a « tellement pris l'air du pays », que peu après, les Parisiens eux-mêmes viennent lui demander leur route : « Voyez-vous ça ! Et à l'Institut Catholique, on m'a pris pour un prêtre du diocèse [1]. »

1. Lettre à M. l'abbé Corignet, 5 octobre 1907.

La pension où il occupe son poste de surveillant ne compte que six élèves, la plupart à particule :

« C'est un monde si différent de celui dans lequel j'ai été élevé ! Les Pères sont extrêmement bons pour moi, m'exhortent sans cesse à secouer mon « mufflisme ». Que voulez-vous que je dise, quand ils parlent d'autos, de motos, d'« agro », de « pipo », de Saint-Cyr. Il faudra que je m'y mette. Dieu m'aide ! »

Pour se distraire, en compagnie de ses élèves, il se promène, en canot, sur les lacs du Bois de Boulogne, à pied, sur les boulevards, va entendre le phonographe chez Pathé Frères, se rend au cinématographe chez Dufayel, etc...

Il reçoit la visite de nombreux groisillons, les uns, comme lui, professeurs ou surveillants dans des pensions, les autres soldats, dans les casernes parisiennes. Je vais le voir, plusieurs fois rue Saint-Lambert ; nous nous promenons à travers Paris, visitons les musées et les églises, notamment Notre-Dame de Paris : « Elle est belle cette cathédrale, et il y a tout un monde de choses superbes là-dedans. » Il retourne plusieurs fois l'admirer.

Ses promenades aboutissent souvent aux quais de la Seine ; il fouille les boîtes des bouquinistes, installées sur le parapet du fleuve, il achète et expédie, au directeur du patronage de Groix, quantité de livres pour constituer une bibliothèque paroissiale. Il y trouve un volume intitulé : *Autour des Iles Bretonnes*, du D\u1d3f Caradec, où l'on parle de Groix, « assez abondamment assez étrangement parfois. Quand vous n'aurez rien à mettre dans votre *Croix*, vous pourrez citer des passages de ce qu'il dit, v. g. sur les Filles de Groix « les plus coquettes des îles... » (Lettre du 17 juin 1908).

C'est ainsi qu'un jour, tandis qu'en compagnie du Père B..., il considérait, les collections de livres d'occasion, un individu mal vêtu s'approcha d'eux et murmura « *Ego sum diaconus* ». « Un défroqué sans doute. Pariz brein ! (Paris pourri !). »

Mais il ne tarde pas à découvrir, avec étonnement et sympathie, le vrai peuple parisien.

Le cardinal Richard, archevêque de Paris, meurt, en janvier 1908, Jean-Pierre se rend rue de Bourgogne, à la chapelle ardente où est exposé le corps du saint prélat. « Voyant que beaucoup de personnes faisaient toucher leur chapelet à ses mains, j'ai donné le mien aussi. Trois ou quatre femmes, des ouvrières, qui venaient derrière, m'ont alors entouré. Elles n'avaient pas de chapelet : « Oh! monsieur l'abbé, donnez-nous le vôtre à toucher, puisqu'il a touché ses mains. » Naturellement j'ai satisfait à leur désir pieux et nous sommes partis, elles contentes, moi ému. N'est-ce pas que c'est touchant cette marque de vénération du peuple pour le saint cardinal [1] ? »

Il éprouve, un peu plus tard, une grande joie :

Pour la première fois, il lui est donné d'entendre Botrel et son épouse à la salle d'Horticulture, rue de Grenelle. Les chants du bon barde de Pont-Aven trouvent un écho dans son âme ; désormais, il aimera à chanter «ces chansons de *Chez nous*» qui le consoleront un peu dans son exil. Il retrouve le chansonnier breton, au Cercle du Luxembourg où Charles Le Goffic fait une conférence sur l'*Art en Bretagne*.

Mais, malgré toutes ces promenades, toutes ces distractions, il s'ennuie à Paris : « cette ville lumière, où le brouillard devint si épais l'autre jour, que nous fûmes obligés d'allumer les lampes, en plein midi, pour voir nos assiettes! Vive la province!... à jamais! »

Il a la nostalgie du pays breton, se désole de ne pas recevoir des nouvelles du presbytère de Groix : « Je recevais bien d'autres lettres, mais ce n'est pas, vous le savez bien, la même chose que les vôtres. Vous savez bien aussi, avec quelle impatience celles-ci sont « espérées » et avec quelle joie, elles sont reçues et quel précieux soutien elles me sont dans mon exil... »

Sa santé lui est une cause de graves soucis, ils s'ajoutent à son isolement, pour le faire souffrir. Son cœur se remplit d'amertume, lorsqu'il songe à son sort, des pensées de mort prochaine l'assaillent : « Je mange bien, je dors bien, etc... enfin j'ai toute l'apparence de me bien porter. Il n'y a que ce pauvre cœur qui bat vaille que vaille et par instants me fait sérieusement mal... » Il en déduit qu'il mourra subitement d'une affection cardiaque et avant peu : « Je serai bien content, ce jour-là, mais j'aimerais autant être à Groix, pour la circonstance. Je m'accoutumerai bien à l'idée de vivre à Paris, mais jamais à celle d'y mourir [2]. »

<hr>

1. Lettre à M. l'abbé Corignet, 31 janvier 1908.
2. Lettre à M. l'abbé Corignet, 9 novembre 1907.

A son confident qui lui dit : « Préparez votre licence, si tel est l'avis de ceux que vous devez consulter » ; il répond avec amertume : « Qui sont-ils ceux que je dois consulter ? Vous n'ignorez pourtant pas que je ne suis plus du Séminaire, que cela leur est bien égal, à eux, que je passe ou non cet examen. A la rentrée dernière, M. le Supérieur a mis le conseil des professeurs au courant de ma situation et de l'exclusion prononcée contre moi par lui et Monseigneur. Je ne dépends plus de rien, ici, moi, que de vous seul et de Dieu. Je suis comme la feuille détachée de l'arbre et poussée au loin. Oh ! c'est triste, cet isolement que j'aurai à subir pendant quatre années ! Mon cœur a froid, lorsque j'y songe, un froid de mort et de désespérance. Comment ferai-je, si vous n'étiez pas là ? Toujours larmoyant, pauvre de moi ! Mais ce n'est qu'un éclair, et devant les profanes, j'ai toujours l'air, sinon le plus joyeux, du moins le plus impassible du monde. Quant à mon « mufflisme », il reprend des proportions qui me terrifient. Adieu, je m'en vais à Notre-Dame des Victoires où vous ne serez point oublié. Priez pour moi toujours, cela me soutient... » (Lettre du 9 novembre 1907).

Sa susceptibilité est même parfois excessive, tant la blessure est encore fraîche.

A l'occasion du premier de l'an, il écrit à M. G..., vicaire général à Vannes, il en reçoit une réponse qui le plonge dans la stupéfaction et l'attriste. Cet ancien maître l'appelle « Cher Monsieur » et lui dit « vous », « lui qui toujours me tutoyait et me disait « Jean-Pierre ». Je ne pense pourtant pas qu'il soit mécontent de moi, toute sa lettre est très bienveillante et je ne vois absolument pas le « pourquoi » de ce changement bizarre. Qu'est-ce que je vais devenir, mon Dieu ! si tout le monde se met à m'appeler « Monsieur » à présent ! Bizarres aussi, je trouve les recommandations qu'il me fait : « N'oubliez jamais le pays de votre enfance, la maison où vous êtes né, et surtout l'église où vous avez reçu le saint baptême. » On dit cela à quelqu'un qui est parti pour la gloire et pour toujours. Ce n'est pas tout à fait mon cas, pas encore du moins. Lui aurait-on dit ma situation vis-à-vis du Séminaire ? Je ne crois pas, puisque je l'avais défendu (il la saura toujours assez tôt) et puisqu'il me parle de la caserne « dangereuse pour les séminaristes. » (Lettre du 24 janvier 1908.)

Un autre sujet de découragement pour lui : ses meilleurs amis ne partagent pas son enthousiasme celtique. Il a écrit *Plasmaneg* et les *Neu Veuèr*, pour susciter une renaissance de la langue bretonne à Groix, son attente a été déçue. Aussi le plan de son *Sant Tudi*, ce drame en cinq actes qu'il désirait écrire à la gloire du patron de son pays natal, dort-il toujours, au fond de sa malle. « C'est inutile, n'est-ce pas, d'essayer de mener le bon combat breton à Groix, puisque vous autres qui le pourriez faire bien plus efficacement que moi, n'en voulez rien savoir. Vogue la barque! Après tout, ce n'est pas moi qui serai responsable de la chose devant Dieu, ni devant les hommes. Croyez-vous cela intéressant, vous, de lutter contre la mauvaise volonté de ceux à qui l'on doit le respect, de ceux à qui l'on doit de la reconnaissance et qu'on aime? Mon Dieu! Je gémis souvent, peut-être, à tort et à travers, sur mon isolement d'âme et de cœur, mais, dans cette affaire-là, n'est-il pas, évident, écrasant? Vous ne m'avez jamais pris au sérieux, lorsque je vous parlais de cette chose. Et pourtant c'est vrai : j'aime ma Bretagne et sa vieille langue aussi passionnément aussi profondément que je vous aime, vous à qui je dois tout... » (Lettre du 10 novembre 1907.)

Même âpreté et même amertume dans cette réponse qu'il adresse à son correspondant qui se lamente sur le petit nombre de pèlerins groisillons, à Sainte-Anne d'Auray : « Je m'y attendais. Mon pays a vertigineusement dégringolé, depuis dix ans. A qui la faute? Ce n'est pas à moi d'en juger. Les « circonstances » y sont assurément pour quelque chose, mais il est d'autres causes. Presque tout ce que le breton perd sur le français, l'irréligion le gagne sur la foi. Regardez autour de vous, et ce fait là, vous le constaterez avec vos yeux. Il ne faut négliger aucun des moyens que Dieu nous donne pour conserver la foi au cœur du peuple. Pourquoi de parti-pris et par paresse,car la conviction ne manque pas, le clergé breton rejette-t-il celui-là...? »

Pourtant, malgré ces accès de mauvaise humeur, il ne renonce pas à ses travaux sur la langue et l'histoire bretonnes, ce sont eux surtout qui le réconfortent dans son isolement et dans sa nostalgie.

L'idée lui vient d'écrire l'*Histoire de l'Ile de Groix* ; il recherche des documents aux Archives Nationales, pendant des journées entières. Il en découvre beaucoup, quelques-uns lui revèlent la condition malheureuse de ses ancêtres au XVIIe et XVIIIe siècles : « Qu'elle est triste cette histoire de Groix ! En 1663, invasion et misère ; — en 1674, invasion et misère ; — en 1689, invasion et misère ; — 1694, invasion et ruine ; — en 1711, famine ; — en 1751 et 1752, famine ; — en l'an II de la République, famine... M. Uzel, le recteur de 1694 à 1711, n'avait pas froid aux yeux, et importunait les gens de Paris, pour avoir du secours pour ses malheureux paroissiens. Il s'attira des réponses peu agréables, mais elles ne le désarmaient pas... » Il y déniche une proclamation bilingue du général Brune, en l'an VIII : « C'est un fichu breton que celui du général Brune « Habitandits ag er Morbihan. » Misère de misère ! Figurez-vous que ces saugrenus individus colloquaient des « s » à tous nos pluriels, tout comme au pluriel du patois de Paris. Les « habitandits » du Morbihan devaient être passablement ahuris à lire des bourdes pareilles. » (Lettre du 30 mai 1908.)

En mai 1908, il a la joie de voir une de ses poésies distinguée au concours de poésies organisé par l'*Union Régionaliste Bretonne*. Il avait envoyé deux gwerzes au Congrès de Rostrenen : *Er Voraërion* [1] et *Merhed Groai* [2]. Il préférait la dernière et croyait qu'elle obtiendrait un premier prix, ce fut, au contraire *Er Voraërion* qui l'obtint. Elles parurent toutes deux dans le Bulletin de l'*Union Régionaliste Bretonne* : « Quel massacre de mots bretons font ces gallos de typographes. Hélas ! il n'y a pas que ces typographes-là à être gallos. Il y en a d'autres qui n'ont jamais occasion de massacrer de mots bretons, puisqu'ils n'en impriment jamais... »

Enfin, les vacances arrivent, à sa grande joie :

« Ce Paris ne me va décidément pas et je n'y pourrais assurément vivre dix ans :

> « Ah ! c'est une sale atmosphère,
> Les boulevards ne sont pas gais... »

Vive la Bretagne et vive la mer ! »

Une bonne nouvelle le remplit d'aise, avant son départ pour la Bretagne, M. le Recteur de Groix lui propose de le recevoir

---

1. *Les Marins* (voir « *A GENOUX* », p. 122.
2. *Les Filles de Groix* (voir à la fin de cet ouvrage).

au presbytère, pendant son séjour au pays natal : « Je suis heureux,
à tout point de vue, de cet événement. Dieu fait bien ce qu'Il fait.
Au presbytère je serai plus à l'aise, plus « chez moi », si je puis
parler de « chez moi », pauvre errant! » Il s'en réjouit, non pas
qu'il ait eu à se plaindre de l'accueil que lui ont fait, l'année précédente, les dames N..., « çà a été l'une des meilleures années de ma vie,
celle que j'y ai passée ; mais dans ma situation, que vous savez
spéciale, ma présence y était très délicate, il vaut mieux pour ma
tranquillité d'esprit, que les événements prennent cette tournure...
Et en attendant de vous embrasser, je vous laisse à vos méditations et à vos prières, en vous y demandant une toute petite place,
dans les prières, pas dans les méditations! ça porte malheur de
méditer sur mon compte.

« Mon île, mon île adorée, etc...

Vous savez le reste. Paris m'étouffe. A bientôt... »

IV

A REIMS

En Bretagne, pendant le mois d'août, il rend visite à ses anciens **maîtres** du Grand-Séminaire, et à M. l'abbé Leroux, recteur à **Damgan**, son premier professeur de latin et de grec. Il s'inquiète de **son** sort futur, ne sait de quel côté diriger ses pas : « Ne ouian **ket** c'hoaz pelec'h e vin digaset. Komzet em eus gant eun aotrou **deus** *Reims*, mes ne gredan ket e c'hello am c'hemer [1]. » Les pour-**parlers** aboutissent ; il part, au début d'octobre 1908, pour Reims ; **un** poste de surveillant lui est confié, au collège de Saint-Joseph. **Du** fond de la retraite « où il est enseveli pour trois jours », a Cor-**montreuil**, près de Reims, il écrit : « J'étais bien un peu désar-**çonné** en arrivant (naturellement!), mais cela n'a pas duré, et **le** flegme a repris le dessus, pour longtemps, je l'espère. Je me dis **que** c'est pour ma mère que je suis venu si loin et cela me relève... **Écrivez**-moi souvent, car je n'ai que vous pour me soutenir dans **ce** vagabondage à travers la vie... Ce pays est si loin de celui que **j'aime**, et je suis si seul! Vous continuerez à prier pour moi ; c'est **cela** surtout qui me rend fort... Je vous demande pardon des accès **de** « mufflisme » que vous avez, avec peine, remarqués si nombreux, **chez** moi, ces dernières vacances. C'étaient des heures très som-**bres**, faites de lassitude, de désespoir et d'une sorte de douloureux **mépris** de tout, qui m'écrasaient. J'ai toujours été sujet à ces accès **là**, mais ces vacances-ci, ils m'ont envahi plus souvent que jamais. **Cela** prouve que je ne réussis pas toujours à lancer mon « ça m'est **égal**! » (Lettre à M. l'abbé Corignet, 3 octobre 1908.)

1. Je ne sais encore où je serai envoyé. J'ai parlé avec un monsieur de Reims. Mais je ne crois pas qu'il pourra me prendre.

Quelques jours plus tard, il conte ses premières impressions, au contact des maîtres et des élèves : « Les confrères et les maîtres paraissent bien gentils, mais ils auront beau faire, jamais ils n'arriveront à valoir, pour mon compte, mes deux bons Pères de la rue Saint-Lambert. » Son coopérateur, dans la seconde division, nouveau venu comme lui, est « un authentique scholastique de la Compagnie de Jésus ; il est très bon, très aimable ». Le collège comprend 170 élèves dont 75 dans son étude. Il couche au dortoir, « ce qui n'est pas le plus intéressant dans l'histoire ; moi qui dormais toute la nuit d'un seul somme, je m'éveille maintenant quatre ou cinq fois par nuit. » A son grand ami de Groix, qui lui conseille d'aimer bien ces enfants confiés à sa garde, il déclare : « Il n'y a pas besoin de me demander cela. Dites-moi plutôt d'être sévère, car je crains bien de ne l'être pas assez, étant donné que tout le monde nous recommande d'être « raide », les premiers mois. Je n'ai fait que deux ou trois études, à toutes les études, je suis obligé de punir, et à la fin, je suis las. Ce qui n'est pas, vous le savez, une très bonne disposition pour « dominer la situation », je n'ai qu'un an à passer ici. Devant ma conscience et devant Dieu, je ferai mon possible pour remplir de mon mieux, mes devoirs d'état...

Parfois j'ai bien envie de rire, à voir toutes les drôles de poses que ces marmots prennent à l'étude et en récréation. Mais j'ai beau faire, cette gaieté demeure à la surface : quand je songe à la maison, j'ai bien envie de pleurer, de nostalgie, d'impuissance et aussi de regret. Si j'avais accepté l'offre des Pères, pour la rue des Postes, j'aurais eu 1.000 à 1.200 francs, j'aurais pu payer une partie de mes dettes et donner quelque chose à ma mère. Dieu ne l'a pas voulu, oh ! ce n'est pas que je sois attaché à l'argent, mais ce maudit est et sera toujours au travers de ma vie et de mes espérances les plus caressées. A quoi bon ces regrets puisqu'ils sont inutiles ? Je me le répète, sans cesse, et quand même, ils me reviennent toujours, comme un remords. N'est-ce pas un peu de ma faute, si je ne puis pas aider ma mère, cette année ? Pauvre mère !... » (Lettre à M. l'abbé Corignet, 10 octobre 1908.)

Depuis quelque temps, il redoutait d'apprendre le départ de Groix de son insigne bienfaiteur. Il écartait cette pensée, car elle le jetait dans le désespoir. Et voici que l'abbé Corignet doit partir. « Il ne manquait plus que cette désolation à toutes mes autres. »

C'est le cri de son cœur affectueux : « Qu'il va me sembler vide ce presbytère, quand vous l'aurez quitté! C'est toute mon âme qui s'en va avec vous, où vous irez. Qui sera maintenant le confident si patient et si charitable de mes misères, le conseiller de mes désarrois? Et cela juste au moment où je vais avoir le plus besoin d'un guide, pendant la caserne. Est-ce une malédiction qui pèse aussi sur moi et sur les miens?

Car ce n'est pas moi seulement qui suis atteint dans ce départ. Je sais une humble maisonnée où vous serez pleuré longtemps... toujours. Personne ne vous remplacera dans notre âme, parce que personne ne pourra vous remplacer. Tous les motifs qui nous attachaient à vous, vous les savez ; si vous les avez oubliés, d'autres pour vous s'en souviendront. Vous aviez pris dans ma vie, et au moment même où il s'en allait, la place de celui dont la perte fut pour nous irréparable et a été suivie de tant d'autres jusqu'à la vôtre. Je ne vaux pas grand'chose, mais si j'ai au cœur, quelques bons sentiments, c'est à ma mère et à vous que je les dois. Il faut que je finisse, car c'est un flot de choses qui me monte au cœur avec un flot de larmes. Je suis en étude du soir, devant vingt-cinq petits mousses qui ne bronchent pas ; il ne faut pas qu'ils s'aperçoivent que leur maître, leur « ennemi » a grand besoin de pleurer. Pauvres chers bambins! Ils me trouvent « sévère », grâce aux dix minutes d'arrêt que je leur lance à raison et à travers. J'ai même donné un pain sec. Que Dieu et la très bonne Vierge m'inspirent les meilleures manières de faire du bien à leurs petites âmes. Chaque matin, j'offre à Dieu pour elles mes souffrances de la journée... » (Lettre du 25 octobre 1908.)

La nomination, de celui qu'il appelle son conseiller, son guide, dans une cure du continent, est heureusement différée et sa mélancolie se dissipe.

Jean-Pierre fête le premier de l'an 1909, à Paris, en compagnie des bons Pères de la rue Saint-Lambert, près desquels il a vécu, toute une année. Il n'oublie pas ses amis. A l'excellent prêtre de Groix qui s'intéresse tant à lui, il offre ses souhaits du fond du cœur : « Vous savez assez ce que vous êtes pour moi pour que je n'aie pas à insister sur les vœux que je forme pour vous, et pour la réalisation desquels mes plus ferventes prières vont à Dieu : Bléad mat! (Bonne année)... »

En avril 1909, sa sœur aînée meurt, après de longues souffrances
Cette disparition lui cause un très vif chagrin, la tristesse l'envahit de nouveau, il soupire après la mort :

Pa oen bihan, m'her spurmanté el un dra garu,
Ne greden ket, nan e hellé den her gerùel
Ha breman hoant em es, nann em es de verùel[1].

★

Comme toujours, il s'efforce de secouer sa tristesse et sa nostalgie, en travaillant beaucoup pour sa chère Bretagne.

Même, à Reims, il a le plaisir de converser en breton : « Hoerzed
a Germaria hun es amen eit chervijen en ti. Unan anéhé em es
kavet en de aral, ha goulennet hi dès genein mar ne oé ket en
Eutru Corignet kuré e mem bro, ha kas dehon he guellan gour-
hemenneu em liher kétan. Hou hanawet hi dès e Lanvaudan. Ne
houian ket he hanu. Er heginerez, ur hoer eué e zou a Bluniau.
Brehonegal e hramb hon deu bamdé. Un honfort vras e kement
sé, er vro-men ker pel d'oh hon hani. » Trad. : Nous avons des sœurs
de Kermaria qui desservent notre maison ; j'ai rencontré une
d'entre-elles, l'autre jour ; elle m'a demandé si M. Corignet n'était
pas curé dans mon pays, elle m'a prié de lui envoyer ses meilleurs
souvenirs, dans ma première lettre. Elle vous a connu à Lanvaudan. Je ne sais pas son nom. La cuisinière, une sœur aussi, est de
Plumiliau. Nous parlons breton tous deux, journellement. Cela est
un grand réconfort dans ce pays-ci, loin de notre pays !)

Il pense toujours à sa Bretagne et poussé par son zèle ardent
pour la cause bretonne, il cherche à grouper autour du drapeau
qu'il brandit si fièrement, le plus grand nombre de défenseurs
possibles. A un ami, auquel il confie qu'il commence à se sentir
« envahir d'une hypertrophique envie de revoir la Bretagne et
l'île adorée », il demande comme une faveur de s'abonner au
Réveil Breton ; les directeurs de ce journal sont ses amis : « me voir
faire de la propagande pour eux ne te surprend donc point. Je

1. Quand j'étais petit, je me la représentais, comme une chose terrible, — Je ne pensais
pas, non, que quelqu'un, put l'appeler, — Et maintenant, j'ai envie, j'ai faim de mourir.)

te demande aussi cela, afin que tu deviennes plus breton à lire cette feuille ; on ne l'est jamais assez, par ce temps d'avachissement qui court. En t'y abonnant tu me feras un grand plaisir et tu feras une bonne action de bon Breton, car ce sera soutenir l'œuvre de la renaissance bretonne. Tu entends ! Il faudra aussi que tu apprennes bien le breton ... » Et il lui fait parvenir un petit volume intitulé *Vie et Légende de Saint-Guénolé*, « en la lecture duquel, tu trouveras, j'en suis sûr, profit et plaisir. La geste merveilleuse de ton anachorète de saint patron y est contée de façon fort satisfaisante. *Tu videbis...* [1] »

Aux heures de loisir, pour oublier ses misères, il rêve à la Bretagne, écrit des poésies pour *Dihunamb*, des articles pour le *Réveil Breton*, journal hebdomadaire de Lorient dont les directeurs sont MM. Loeiz Herrieu et Mellac, pour la *Croix du Morbihan* du regretté Xavier Hostin, le fougueux polémiste catholique qu'il admirait. C'est à Reims que vit le jour *Pardonet d'emb hun Offanseu* [2]. (Pardonnez-nous nos offenses), pièce en un acte et en vers dont j'ai retrouvé, après la guerre, le manuscrit et que vient de publier la petite revue morbihanaise *Dihunamb*.

Il rédige spécialement pour la *Croix de Groix* un article en breton où il conte le début de la vie de *En eutru Uzel, person Groé* (1695-1717) [3].

Comme en février, il accompagne un de ses élèves à Paris, les bons Pères de la rue Saint-Lambert lui offrent l'hospitalité pendant quatre jours, il en profite pour consulter les Archives du Ministère de la Guerre, il y compulse, toute une journée, de vieux papiers, parmi lesquels il trouve « bien des petites choses, en particulier, une lettre de M. Uzel et quelques détails nouveaux sur l'affaire du 4 juin 1703, dont a parlé la *Croix de Groix*.

Il aurait voulu prendre une copie d'une autre lettre du brave recteur groisillon, mais il n'a pu le faire, parce que le registre qui la contenait était « aux mains d'un vieux monsieur grognon qui n'entendait à aucun prix s'en dessaisir. »

Il a eu le plaisir de rencontrer, pour la première fois, dans un document, le nom de « Groisillons », cela date de 1702 ». Il envoie au

<hr>

1. Lettre à F. Davigo.
2. Voir *Dihunamb*, nᵒˢ de septembre, octobre, novembre, décembre 1925,
3. M. Uzel recteur de Groix, 1695-1717.

directeur du journal de Groix, la suite de l'histoire de M. Uzel,
« guère plus intéressante que la dernière partie, mais mon but,
en écrivant ces pages, est moins de faire de l'histoire que d'amener
mes compatriotes à prendre goût à lire le breton. C'est vous dire
par là, que je fais, de mon mieux pour être goûté... Cette histoire
touche à sa fin, mais je suis loin d'avoir tous les documents, en ma
possession. Après j'aurais à conter celle de M. Poullic, très intéressante ou celle de M. Laudrain (Révolution) plus intéressante
encore. Pour la première, il faudrait que j'aille aux Archives
de Rennes, passer huit ou quinze jours, copier les documents qui
s'y trouvent en très grand nombre ; pour la seconde, il me faudrait
fouiller très abondamment aussi à Vannes. Et je n'ai ni le temps,
ni... Enfin, l'on verra... »

L'approche de son service militaire ne le détourne pas de ses
travaux. Sa mère en désarroi voudrait le faire exempter. Jean-Pierre
juge la chose impossible, il écrit au Préfet du Morbihan pour
demander de passer le Conseil de Revision à Reims. Son rêve
serait d'être artilleur à la citadelle de Port-Louis. Il verrait Groix,
pourrait s'y rendre de temps en temps, il lui serait loisible de travailler à un livre, « un roman sur Groix que je présenterais à un
concours de la *Croix*, dans le but hélas ! intéressé de gagner un peu
d'argent. Que Dieu me pardonne, c'est pour ma mère et ce n'est
qu'un rêve encore ; mais si l'on m'envoie loin de Bretagne, quel
désastre... » (Lettre à M. l'abbé Corignet 6-2-1909.)

Bien plus, notre ami se lance dans d'âpres polémiques pour la
défense de la Bretagne avilie par la République sectaire, deux journaux parisiens, *La Libre Parole* et l'*Action Française* insèrent une
lettre écrite par lui à E. Drumont, en réponse à un article de ce
journaliste. Elle est conçue en termes véhéments où éclate son
tempérament combatif : « Permettez à un Breton de venir vous
apporter ses humbles félicitations et ses remerciements pour l'entrefilet de votre article concernant l'union de la Bretagne à la
France. Vous êtes le premier journaliste français qui ait osé dire
cette chose si vraie que nous n'avons jamais été conquis. La Du-
;chesse Anne, en se mariant, maintint la « complète indépendance »
de son Duché ; Louis XII s'intitulait Roi de France et Duc de
Bretagne.

Et quand, en 1532, notre Parlement assemblé à Vannes, vota

l'union à la France, ce fut, en réservant expressément, ainsi que vous le dites, les privilèges et les coutumes de la Nation bretonne. Les Français ont oublié ce pacte. Beaucoup de Bretons aussi. Mais nous commençons, depuis quelque temps, à nous en ressouvenir. Tous les Bretons intelligents sont actuellement régionalistes très décidés. Dans cinq ou six ans, si ce régime de pourriture et de charogne latine, n'est pas encore crevé, nous serons tous absolument séparatistes. »

Drumont, en reproduisant cette lettre, la commente en ces termes : « Mon dernier article, sur la Nouvelle-Calédonie et Saint-Pierre-et-Miquelon, m'a valu beaucoup de lettres de Bretagne. Les Bretons m'ont su gré d'avoir constaté ce fait, qu'ils n'avaient jamais été conquis. Par le mariage d'Anne de Bretagne, la Bretagne s'était librement donnée à la France et la France avait solennellement promis de respecter ses coutumes et ses droits. C'était un traité, un contrat, un pacte. La persécution actuelle est donc vis-à-vis des Bretons, particulièrement, un manque de parole cynique. Si on le pousse à bout, le Breton redeviendra le Celte passionnément indépendant, rebelle à la notion d'autorité et d'ordre, ne concevant guère d'autre organisation sociale que celle du clan ; il ne sera jamais blocard, mais il sera facilement collectiviste et même anarchiste et surtout prompt à secouer le joug de la France qu'il n'a jamais accepté complètement.

J'aurais bien été tenté de publier quelques-unes des lettres qui m'ont été adressées de Bretagne, mais vraiment elles sont un peu raides. C'est un peu trop tôt pour les esprits frivoles et superficiels d'aujourd'hui.

Ce que les vrais Bretons tiennent à bien constater, c'est qu'ils n'ont jamais été conquis, qu'ils ont conclu un contrat avec la France, et que la France manque, avec un goujatisme ignoble, aux conditions de ce contrat. » (*La Libre Parole*, 7 janvier 1909.)

L'*Action Française* reproduisit sa lettre, en troisième page. Et l'auteur, ayant été traité d'« anarchiste », envoie une protestation au journal, protestation qui n'y fut pas insérée.

J.-P. Calloc'h donne aussi dans le journal de Jaffrennou, *Ar Bobl*, du 12 juin 1909, un article vigoureux, sur un projet de fête nationale bretonne.

Une fête nationale bretonne

Quand on demande aux Bretons, comment il se fait, qu'à côté de la France en décrépitude, ils soient restés un peuple jeune, vigoureux, passionnément fidèle à ses vieilles croyances, ils ne peuvent faire trente-six réponses, ni même deux. Il n'y en a qu'une, qui jaillit, claire comme la foudre, de l'Histoire de Bretagne à qui elle pourrait servir d'épigraphe :

« Qui t'a rendu si bon?

— Ma Race et l'Evangile! »

Si donc nous voulons tirer à part, pour le proposer à l'admiration de nos frères et des étrangers, un exemplaire du Breton intégral, il faut chercher, dans notre histoire, celui ou un de ceux qui ont été pétris le plus purement de ce double levain catholique et racial, un de ceux qui possèdent, au degré le plus haut, la splendeur du catholicisme absolu, c'est-à-dire la sainteté et la splendeur du Nationalisme breton absolu, c'est-à-dire le dévouement sans mesure à la Bretagne et à la Bretagne *seule*, le travail persévérant pour rendre ou conserver notre Patrie à ses traditions, à sa gloire, à son originalité.

Ceci posé, nous n'aurons que l'embarras du choix entre nos vieux saints qui tous furent les apôtres admirables de la bonne tâche nationale. Il reste simplement à déterminer lequel est, parmi eux le plus connu, celui qui a le plus de chance d'être fêté dans toute la Bretagne par tous les Bretons.

On a écarté un peu brusquement, à mon sens, la candidature de saint Yves qui a pour lui précisément cet énorme avantage d'être le plus connu de nos saints bretons. La première raison de cette mise à l'écart est celle de Le Berre et Choleau, au congrès de Pontchâteau.

« MM. Le Berre et Choleau craignent que le choix d'un saint ne froisse les Bretons Agnostiques... »

Sommes-nous en *Breiz* ou bien à Paris? Je ne distingue plus. Qu'est-ce que c'est que ça, un « Breton agnostique? » Vous en avez vu quelquefois? Si vous en connaissez un vous me le montrerez, n'est-ce pas, cet oiseau rare, et vous le prierez de laisser, par testament, ses os à l'un de nos musées, afin d'enrichir nos collections de fossiles rarissimes!

Parlons sérieusement. Je ne veux être ni doctoral, ni sectaire, mais après avoir relu l'Histoire de la Bretagne, il me paraît, en toute franchise, que Breton et Agnostique sont deux termes qui hurlent formidablement d'être accouplés. Un Breton agnostique, — faites-le aussi antimétèque que vous voudrez — ne sera jamais qu'un demi-Breton, et ne peut faire sur notre sol qu'œuvre stérile parce que l'esprit breton traditionnel est fidèlement catholique, et catholique militant, parce que les deux forces dont notre nation est la résultante, sont la Race et l'Evangile.

Les Bretons agnostiques — si toutefois il en existe en dehors de ce troupeau de politiciens avides de l'assiette au beurre qui se dénomment les *Bleus de... Paris* — les Bretons agnostiques dis-je, retiennent simplement la race, laquelle, prise toute seule, ne peut produire, historiquement parlant, que des Bretons incomplets, abâtardis. Est-ce cette espèce de Bretons qu'on cherche à faire naître, au *Gorsedd* et à *l'Union Régionaliste Bretonne* ? Non. Alors pourquoi nous autres, la foule des Bretons catholiques — Bretons intégraux — irions-nous bonassement faire des courbettes à deux ou trois impalpables fantômes de « Bretons agnostiques » — demi-Bretons — en les priant de nous désigner celui qu'il ne leur déplairait pas de voir choisir comme patron de Breiz ? Ce serait plus que désastreux, ce serait ridicule. En cette affaire, il ne s'agit pas de « ménager les susceptibilités » de tel ou tel : il s'agit après avoir reconnu, à la lumière de l'Histoire, le sens de notre formation nationale traditionnelle, de déterminer quel Breton du passé peut être présenté comme le type achevé de cette formation. L'Histoire ne s'accommode pas, ne s'arrange pas : elle se lit. C'est à nous, si nous voulons éviter les froissements possibles, d'accommoder nos susceptibilités à l'histoire.

Mais nous voilà bien loin de Sant Erwan. Le second motif du rejet de sa candidature m'a été donné par un des meilleurs Bardes de Bretagne, pour qui je professe, depuis longtemps, la plus sincère admiration et l'estime la plus entière. Saint Yves, dit-il, n'a pas fait œuvre proprement nationaliste, son nom ne représente pas un Breton aussi complet, aussi exclusif, que, par exemple, Nominoé. Cet argument paraît grave, à la réflexion, cependant, il perd beaucoup de sa valeur. Nous avons posé dès le début un axiome indiscuté, parce qu'indiscutable : le moule de la formation traditionnelle bretonne est un moule chrétien. Cet axiome a un postulat, que voici : En Bretagne, quiconque fait œuvre chrétienne, fait œuvre bretonne et nationale. Saint Yves fut un merveilleux ouvrier du catholicisme chez nous. Qui, dès lors, dira si ses vertus, ses miracles, ses discours, ses exemples, n'ont pas fait autant pour la grandeur de la Bretagne dans l'histoire que les Victoires et les Institutions du Père de la Patrie ? Qui pèsera cet impondérable ?... — « Er beden a zo kriùoc'h eit meur a ober », me disait encore le même barde. Devant la radieuse image du plus illustre de nos saints, répétons-nous ces mots de vérité.

Une dernière raison, plus... brutale. Si nous ne choisissons pas un saint, *dans l'état actuel des esprits*, le Clergé ne marchera pas. Si le Clergé ne marche pas, qui célèbrera la Fête Nationale dans la plupart de nos paroisses bretonnes ?

C'est encore un point à méditer, avant de prendre la décision définitive.

BLEIMOR.

V

A VITRÉ. ANNÉES DE CASERNE

En octobre 1909, Jean-Pierre Calloc'h me fait « assavoir » qu'il est à Vitré, soldat de 2ᵉ classe, au 70ᵉ d'infanterie, 7ᵉ compagnie. » Le major qui l'a examiné, à son entrée à la caserne, lui a tenu ce petit discours : « Taille 1 m. 84, tour de poitrine 92 centimètres, poids 75 kilos. Bonne constitution. Vous êtes bien bâti ! » Mais, lui ayant trouvé une petite adénite cervicale, sous l'oreille gauche, il a ajouté : « Il faudra l'envoyer l'été prochain aux bains de mer. » « Pourvu, conclut Jean-Pierre, qu'il ne m'envoie les prendre ni à la Côte d'Azur, ni à la Côte d'Emeraude, mais au bon pays de Groix. » Il est versé dans le service auxiliaire, sera « rond de cuir », pendant deux ans, n'aura pas grand'chose à faire ; sera exempté de porter le sac, ne fera pas les marches militaires « cauchemar » de sa mère. Il en est enchanté, d'autant plus qu'il a de bons chefs et d'excellents camarades, séminaristes comme lui : « Mon capitaine avec sa femme ne démarre pas de l'église. Le lieutenant est très gentil, les sergents et caporaux *idem*. Dans la chambrée, les hommes me « vouvoient », font mon lit, cirent mes souliers, me servent le café au « pieu » et ne bronchent pas, quand je fais ma prière à genoux, au pied de mon lit, matin et soir, pas plus que lorsque j'exhibe mon chapelet. C'est le cas de dire que je suis bien « tombé ». Jusqu'aux « civils » qui le comblent de prévenances : dès son arrivée, M. Choleau, vice-président de L'U. R. B. l'invite à dîner. Une ombre au tableau pourtant : la caserne est « une infernale école de dégradation des Bretons... et des autres !... Quelles conversations ! Quelles chansons ! Quelle immoralité ! Prions pour que je reste *lilium inter spinos* et que Dieu veuille faire, par moi, un peu de bien à ces pauvres âmes qui en ont tant besoin... »

A son conseiller intime qui redoute, pour lui, ce milieu démoralisateur, il dépeint l'attitude crâne qui lui a épargné une brimade ignoble : « Eh bien ! votre « certitude » était fausse. Je n'ai pas eu une heure de démoralisation depuis mon entrée à la caserne. Au contraire, la vue et l'ouïe de ses hontes et de sa dépravation m'ont donné une réaction d'énergie par le dégoût. Quelques jours après mon arrivée, avant-hier soir, pour préciser, des anciens se sont livrés à une cérémonie ignoble. Avec grand appareil, après l'appel, vers 10 heures, ils ont fait une pseudo-visite de major, rééditant naturellement ce qu'il y a de plus scabreux dans la visite du Conseil de Revision. Ils ont passé à tous les lits des pauvres bleus... Je ne vous raconte pas le reste, ni les obscénités débitées devant chacun. Seuls, un séminariste des Missions Africaines de Lyon et moi, avons été épargnés, parce que nous avons protesté. J'étais décidé à me battre à mort plutôt que de me laisser faire, ils l'ont compris. Le lendemain, à la soupe, comme ils revenaient, en plaisantant sur ce sujet, je me suis levé et j'ai fait un discours, bref, mais raide. Après leur avoir dit, sans mâcher mes mots, ce que je pensais de leur ignoble conduite, j'ai averti les intéressés que si pareils faits se renouvelaient, j'irais tout droit le dire au capitaine. La plupart ont baissé la tête sans rien dire, d'autres ont cherché des excuses : çà se faisait tous les ans, ils étaient ivres, etc... Des caporaux sont venus me prier de remarquer qu'ils ne faisaient pas partie du groupe... Bref, je leur ai flanqué une frousse salutaire et j'espère bien que tant que je serai ici, on ne touchera plus aux bleus de cette façon. Hier, un des coupables, ivre encore, est venu me menacer. Je lui ai montré mes poings et dit : « Quand tu voudras ! » Il est parti en grommelant, mais ne me touchera certainement pas. Et voilà un fier commencement, hein ? Quelle boutique de satan, quel formidable agent de dégradation que cette caserne ! Priez pour moi, afin que je ne faiblisse pas dans la lutte de chaque jour et puisse préserver au moins quelques nouveaux de la pernicieuse influence des autres. J'en ai déjà amené deux au cercle et à la messe avec moi. Pour qu'ils persévèrent et que d'autres y viennent aussi, prions... » (Lettre à M. l'abbé Corignet, 11 octobre 1909.)

« Pedomp an eil evit égile, evel gwechall, m'écrivait-il, en janvier 1910, santez Anna hon goarno, ha roio d'eomp nerz atao da stourm'vit « ar vue », ha da vout biskoaz diskalonet [1]. » Il me souhaite une heureuse année :

> Bloavez mat a greis kalon
> Hag eur yec'hed mat, mignon
> Hag e divez, da vue
> Baradoz eurus Doue [2].

Evelse beza graet !

Et me contant ses impressions de caserne, il ajoute : « Aussitôt entré dans ce bouge, on n'a plus qu'une idée fixe, en sortir. Et j'ai deux longues années à passer là-dedans. Elle fait du mal à tous, mais les âmes des Celtes qui étaient arrivées ici pures et croyantes, dans quel état les rend-elle à leurs paroisses ! Tant que la caserne sera debout, vois-tu, il n'y a pas grand'chose à faire pour empêcher l'émigration des corps et des âmes de chez nous, vers les villes et leur paganisme. Et quelles rancœurs nous viennent d'avoir, tous les jours, sous les yeux, ce spectacle d'agonie des âmes. Voir les corps mourir, c'est quelque chose, mais voir les âmes ! Et se sentir impuissant... J'ai demandé à faire le cours des illettrés et je le fais depuis deux mois, en *breton*, à quarante bretonnants. Prie pour que je leur fasse un peu de bien, au point de vue chrétien et breton. C'est délicat, car il m'est interdit de leur parler de religion. Mais

Le breton, dans les mots, brave l'autorité... »

On le voit, notre ami ne séparait jamais, dans son apostolat, Dieu et la Bretagne. Pour trouver la force de le soutenir, chaque jour, il assistait à la messe du matin, à Notre-Dame et y communiait fréquemment.

★

Vitré est bien en Bretagne, mais loin de la Basse-Bretagne, « la vraie ». Le temps lui dure loin de son île. Il fait des démarches

---

1. Prions l'un pour l'autre, comme autrefois, Sainte Anne nous protégera et nous donnera toujours la force de lutter pour « la vie » et de n'être jamais découragés.

2. Bonne année de tout cœur. — Et bonne santé, ami, — Et, à la fin de ta vie, — Le Paradis de Dieu.

pour s'en rapprocher, il écrit à la Préfecture du Morbihan, pour être affecté à Lorient. Que ces démarches aboutissent et sa joie sera grande, il pourra voir sa mère plus souvent, la consoler un peu : « Elle n'a presque plus le moyen de sortir de chez elle, ni pour messe, ni pour vêpres, cérémonies qu'elle aimait tant, elle ne parle plus guère qu'aux personnes qui viennent à la maison. Et avec cela, ayant sans cesse, sous les yeux, ce spectacle de misère qu'est la maladie de ma sœur et de mon frère. Soyez-sûr qu'il lui faut des grâces étonnantes pour supporter toutes ses peines. Eh bien! quand j'arrive, je suis le rayon de joie dans la détresse de ma mère. Cette raison est *la seule* qui me porte à vouloir permuter, mais elle est plus que suffisante pour un cœur de fils. Et ne m'accusez pas de sensibleries enfantines, ma mère et moi savons assez ce que c'est que souffrir, pour avoir le droit de rechercher ce mutuel réconfort... » (Lettre du 6 janvier 1910.)

De temps en temps, il reçoit un mot de promesse et d'encouragement des gens qui s'occupent de sa permutation, mais le résultat n'arrive pas vite.

En l'attendant, Jean-Pierre profite de ses loisirs de bureaucrate pour travailler ferme. Rarement, années de caserne furent aussi bien occupées. Tout d'abord, il poursuit ses études historiques, se remet à l'*Histoire de Groix*, il lui prend des envies de l'écrire en breton. Avant de commencer à la rédiger, il sollicite, par l'intermédiaire de M. l'Archiviste d'Ille-et-Vilaine, l'autorisation du Ministre de l'Instruction Publique, d'avoir, en communication à la Bibliothèque de Vitré, les documents relatifs à l'île de Groix. L'archiviste très aimable se met à sa disposition, et l'autorisation obtenue, expédie à Vitré, les liasses de papiers demandés, cherche les pièces susceptibles d'intéresser Calloc'h, l'engage à venir à Rennes « consulter les papiers de la Commission intermédiaire », il sera enchanté de le piloter lui-même dans ses collections. Comme au cours de ses lectures, M. l'Archiviste a relevé quelques documents publiés par Dahlgren, dans son bel ouvrage sur *Les Relations commerciales de la France avec la mer du Sud*, il les copie à son intention, les lui fait parvenir, en lui conseillant de consulter les *Archives de la Marine*, à Paris où « je suis assuré que vous trouverez beaucoup de choses aussi bien qu'au Département des cartes et plans... »

Jean-Pierre dépouille, avec « fièvre et joie », ces liasses d'archives qui ne sont à sa disposition que pour un temps limité et met ses amis au courant de ses découvertes. A l'un de ses compatriotes, étudiant en médecine, il relate les faits qu'il juge propres à l'intéresser, à un double titre, notamment cette « épidémie de dysenterie de Groix, en 1777 » : « Un de tes grands oncles était, à cette époque, curé d'office et son dévouement fut très beau... Ce Jacques Davigo dont tu es le petit neveu eût à enterrer 249 Groisillons du mois d'août au mois de décembre 1777. Il vint 3 chirurgiens et 9 carabins, dans l'île, à cette occasion ; aussitôt qu'ils furent arrivés, le mal augmenta dans des proportions effrayantes. Et dire que les Groisillons avaient pleuré pour les avoir ! Console-toi, d'ailleurs, dans l'étude que je compte en écrire, je dirai du bien des carabins... et tu me diras ce que tu penses de leur manière de traiter la dysenterie... »

Il s'intéresse à une enquête du comte de Lantivy-Trédion : « Je suis en correspondance, m'écrivait-il, avec le comte de Lantivy-Trédion, au sujet des Etats de Bretagne [1]. T'a-t-il envoyé sa formule d'enquête? Je crois lui avoir donné ton adresse.

---

1. Voici ce qu'il répondait à M. de Lantivy-Trédion faisant une enquête « sur les libertés régionales et la formation d'Etats provinciaux en Bretagne » (voir : *Vers une Bretagne organisée*, par le comte de Lantivy-Trédion, Nouvelle Librairie Nationale, Paris, 1911). « Au sujet des Etats de Bretagne, déclare J.-P. Calloc'h, ma pensée est la vôtre d'un bout à l'autre ; et croyez bien que si j'avais voix au chapitre, tribune pour la faire entendre et autorité pour l'élever, je serais complètement avec vous en cette affaire. Pour le moment, je me contente de penser, que vous avez pris là une excellente et salutaire initiative, dont la réussite ferait grand bien à la Bretagne. Mais je doute — comme je voudrais que rien ne le justifie ce doute ! — que vous puissiez parvenir, d'abord à secouer l'apathie des « dirigeants » de la province, ensuite à disperser les défiances qui vous accueilleront dans un autre camp. Et je souhaite de tout cœur, que vous réussissiez.

Sur la question fondamentale : donner comme base d'action à la politique des Etats, le Décalogue et le contrat de 1532, vous aurez avec vous, la majorité des Bretons, numérique certainement, et dynamique aussi, pour parler un peu la langue de M. Sangnier. La raison, en effet, est avec vous. Deux facteurs entrent en cause, dans la formation des individus et dans celle des peuples : l'hérédité et l'éducation. Notre hérédité est celtique, notre éducation catholique ; l'une a engendré le Contrat d'union, l'autre nous apporta le Décalogue. Si nous voulons donc rester la Bretagne, nous ne pouvons renier ni l'un ni l'autre de ces deux legs.

Quel bien immense si votre enquête parvenait à préciser les idées régionalistes bretonnes ! Car c'est une anarchie pure, jusqu'à présent, le « particularisme » celtique dans toute sa splendeur. Chacun a ses petites idées personnelles sur le sujet, moi comme les

Qu'est-ce que tu penses de la question. Je tiens son opuscule sur la « Question bretonne » à ta disposition, il me paraît qu'il y a quelques choses à faire de ce côté-là... »

L'*Union Régionaliste Bretonne* dont il était membre, tint, en 1910, ses assises d'hiver, à Vitré. Il fait alors connaissance de Jaffrennou, de Léon Le Berre, de Delafargue, etc... « Les congressistes n'étaient pas nombreux, me raconte-t-il, mais cela n'a pas mal marché, malgré tout. L'exposition des produits bretons a été très suivie, les séances publiques aussi où tout le monde se levait, tête nue, quand éclatait le *Bro Goz va Zadou* (*Vieux Pays de mes Pères*)... J'ai fait la connaissance, à Vitré, encore, de Yann-Morvran Goblet, le conférencier des Hautes-Etudes-Sociales. C'est un charmant homme. Il veut fonder, à Paris, avec Berthou, Ladmirault, René Le Roux, Diverrès, Ernault, une revue encyclopédique, toute en breton *Spered Breiz* (Ce n'est pas lui qui m'en a parlé, je l'ai su par Berthou). Je ne sais s'ils réussiront... »

Jean-Pierre lit et écrit beaucoup : « Ici, ma situation de bureaucrate me donne pas mal de loisirs que j'emploie à compulser les *Annales de Bretagne* extraites de la Bibliothèque municipale de Vitré, des volumes bretons qui me prête Jean Choleau, notre économiste de l'U. R. B. »

Il arrive même à être débordé de travail, il collabore aux *Annales de Bretagne*, lesquelles publient son étude sur *La Boussole Bretonne*.

Il égratigne, chaque semaine dans *L'Echo du Morbihan*, les politiciens de son pays natal et désire, comme tout auteur, lire ses articles imprimés. « On se les dispute, lui écrit-on, ils excitent l'enthousiasme des adversaires de la municipalité régnante »,

autres. Il nous manque un théoricien, un Maurras. Si vous le pouviez devenir, ce serait un fier service à rendre aux Bretons. Par exemple, ce sera un rôle difficile et ingrat.

Vos moyens de résistance me paraissent les seuls praticables. Je n'eus jamais d'enthousiasme pour les expédients très légaux : discours, amendements, pétitions, etc. Aujourd'hui, j'en ai soupé, et l'un de mes étonnements les plus complets est de voir des gens intelligents y croire ou faire semblant d'y croire encore. Nos adversaires sont de mauvaise foi, cela est archiprouvé. Alors qu'est-ce qu'on attend pour leur résister par des arguments plus concrets que les belles phrases ? Les harangues académiques, ni les cantiques enflammés ne changeront rien au cours des choses ; il faut que nous agissions, il faut que nous souffrions pour notre cause, si nous voulons vraiment qu'elle triomphe et que le juste Dieu des nations nous vienne en aide (Voir p. 66, 67, 68, 74, 332). »

aussi demande-t-il qu'on lui fasse parvenir *ses hebdomadaires échos.*

Le *Pays Breton* accueille ses écrits. Ce sont assez souvent des articles de polémique, vigoureux et passionnés. Dans l'un d'entre eux, il défend le clergé de son pays injustement accusé de collusion avec les châtelains :

Deux mots nécessaires

Qu'il soit entendu une fois pour toutes que lorsque j'écris ici, c'est en complète indépendance, à mes risques et périls. Aucune des idées que j'émets ne saurait engager la responsabilité des directeurs du journal.

Bl.

Nul n'a suivi avec plus d'intérêt que moi, dans le *Pays Breton*, la série des conférences de M. Yann-Morvran Goblet aux Hautes-Etudes. Et je prie le conférencier de ne voir en ceci aucune animosité contre sa personne : il sera toujours de ceux dont je m'estime heureux d'avoir pu faire la connaissance, et toute ma sympathie de patriote breton est acquise à son œuvre.

Mais je ne puis vraiment laisser plus longtemps, sans protestation, l'erreur lamentable qui s'est glissée dans la conférence résumée au *Pays Breton* du 5 mars. « Les prêtres bretons, y était-il dit en substance, un grand nombre d'entre eux, ne sont que la doublure du châtelain ; la direction de leur paroisse vient du château autant que du presbytère. » On reste confondu, lisant cela. Car au point de vue dont parle M. Goblet, il n'y a pas au monde de clergé plus jaloux de son indépendance que le clergé breton. Toute l'éducation du Séminaire les met en garde contre cette honte : se faire dans leurs paroisses le « satellite », comme ils disent, dans leur mépris, d'un gros propriétaire quelconque. Et en fait, les paroisses où le prêtre est en *bisbille* avec le châtelain ne sont que trop nombreuses en Bretagne, en Basse-Bretagne du moins. Quand à celles où il se laisse mener par lui, je défie qu'on en trouve une sur cent.

J'ai espéré, jusqu'au dernier moment, qu'un prêtre se lèverait de lui-même contre cette odieuse accusation, imputable sans doute à un mauvais informateur de Yann Morvran. Puisqu'ils l'ont dédaignée, je réponds pour eux. Je dois cela à ceux qui ont été mes maîtres. « Leurs ardeurs bretonnes, dit ailleurs M. Goblet, sont comprimées par la hiérarchie. » Et *Spered Breiz*, la revue nouvelle, après s'être proclamée « sans orthodoxie aucune », néglige délibérement le clergé pour en appeler aux instituteurs « sortis, paraît-il, des entrailles même de la race ». Et les prêtres, seraient-ils par hasard issus du Zoulouland ? Ils ont eu pourtant, n'en déplaise à certains, leur bonne petite part dans l'œuvre du relèvement breton, ces dix dernières années. Mais voilà, on s'occupe un peu trop de ce qu'ils devraient faire, et pas assez de ce qu'ils ont fait.

Aussi bien, je ne sache pas que l'éducation de la Normale soit plus bretonne que celle du Séminaire. Qu'a fait jusqu'à présent le corps des instituteurs de l'Etat pour la Bretagne ? Vous me direz qu'il y a par là un Gilles de Pontivy qui a déclaré solennellement à Taldir que, la cléricaille une fois exterminée, il serait d'accord avec les Bardes pour marcher vers le progrès et donner « plus de bien-être à nos compatriotes », et qui, pour cette raison, s'intitule intrépidement « régionaliste ». On avouera que ce régionalisme-là est légèrement... mitigé.

De pareilles attitudes sont l'indice d'un singulier état d'esprit. « Faisons crédit à Briand », clamaient naguère ceux-là même qui paraissent aujourd'hui vouloir ignorer jusqu'à l'existence d'un clergé breton. Pourquoi lui faire crédit à ce saltimbanque politique vomi par la Bretagne ? C'est ce que je n'ai jamais pu savoir. Mais le mot d'ordre est là : confiance aux Briands ou aux sous-Briands ; défiance envers le clergé. Expliquez la chose comme vous pourrez ; j'y renonce, quant à moi.

Cela ne l'empêche pas d'ailleurs d'être Breton jusqu'aux moelles, ce clergé que certains insultent ou feignent d'ignorer. Si je suis aujourd'hui nationaliste Breton, si j'ai donné toute mon âme à l'*adsaù*, c'est aux prêtres que je le dois. Ils ont été mes maîtres, ils m'ont appris qu'il y avait une Bretagne encore et qu'il fallait l'aimer passionnément, plus que tout, après Dieu. Et leur enseignement a germé en des âmes nombreuses. J'en connais d'autres qui, pour s'être faits dans leur paroisse, les remparts de la langue bretonne, à cause de cela, ont vu sourdre contre eux des haines sottes et tenaces. Ceux-là, leur nom ne sera jamais mis dans les journaux, ni ce qu'ils ont souffert. N'empêche qu'ils ont fourni leur effort à la cause.

Certes, il y a des prêtres qui se font les instruments, conscients ou non de la débretonisation. Mais c'est un petit nombre, et ils ne doivent pas faire oublier les dévouements, obscurs ou éclatants, que le clergé a mis au service de la Rénovation bretonne. En retour de ces dévouements, ce clergé n'exige du reste aucune reconnaissance : il demande simplement qu'avant de l'apprécier on l'étudie sérieusement, et qu'on lui rende justice.

BLEIMOR.

Pays Breton, du 16 avril 1911.

Dans d'autres articles du *Pays Breton*, il critique spirituellement certaines études du *Fureteur Breton*.

Il avait collaboré, un certain temps, à cette revue que dirigeait alors M. Le Dault. Il s'y était querellé d'une façon homérique avec un certain M. Josse, au sujet de l'étymologie de Groix. Quand la direction de cette revue passa en d'autres mains, le nouveau directeur avec qui il entra en polémique, le menaça de ses foudres et l'écarta du nombre de ses collaborateurs, Bleimor ne désarma pas et cribla de ses traits, dans *Le Pays Breton*, les articles du *Fureteur* signé Pilois, car il se figurait que son adversaire se cachait sous ce pseudonyme :

LA DERNIÈRE A PILOIS

Positivement, il devient rasant, M. Pilois du *Fureteur*. Et je refuse de le suivre davantage dans la monotonie de ses pérégrinations poilues. Laissons les morts ensevelir leurs morts.

De peur de *figaroter* à mon tour les lecteurs, j'aurai recours à deux citations. La première est de M. Jean Lemoine qui publia aux *Annales de Bretagne* de 1897-1898, une étude sur les Bonnets Rouges. « Il n'est pas rare, écrit-il (t. XIII, p. 183), de voir, chez les meilleurs auteurs, la torture, les pendaisons servant de prétexte à des *plaisanteries macabres...* Moins que toute autre, Mme de Sévigné n'est à l'abri de cette inconsciente *brutalité*, et plus d'une fois les souffrances des Bretons qui l'entourent sont dans ses lettres l'objet de *railleries amères.* » Voilà le verdict de l'histoire. Les antisévignistes n'ont rien dit de plus fort. Après cela, M. Lemoine tâche d'expliquer ces railleries, en daubant sur les mœurs du temps qui selon lui avaient gardé quelque chose de la grossièreté de l'âge précédent. Je veux bien. Mais si l'excuse est valable pour les excès de plume de la prémalthusienne, elle doit l'être aussi pour les excès d'autre sorte de nos paysans. La justice l'exige.

Des excès, ils en commirent certainement. Par exemple, tenez, ce bas-Breton Salaün qui fut arrêté à Nantes, lors de l'arrivée de Chaulnes, de quels forfaits n'était-il pas souillé? Le misérable avait sonné le tocsin pour rassembler la foule! Mettre en branle une cloche d'église, les plus forcenés antisévignistes conviendront que c'est là un acte de sauvagerie inqualifiable et qui mérite la mort immédiate... Salaün le bas-Breton fut pendu sur la place du Bouffay (Lemoine, *ibid.*).

J'allais proposer de donner un souvenir au malheureux Salaün (pendu pour avoir sonné une cloche!) dans le monument qu'en 1920, deuxième centenaire de leur glorieuse décapitation, nous élèverons sur cette même place du Bouffay à Pontkalleg et ses amis héroïques, lorsque je fus interloqué par la réception du factum suivant, que je vous livre sans commentaire :

« Monsieur,

« Vous êtes ridicule, et l'univers unanime fait preuve d'une stupidité effarante au sujet du monument de Vitré.

« *Primo*, vous affirmez (?) que Mme de Sévigné n'était que trois fois bretonne. Odieuse calomnie, Monsieur, elle l'était six fois bien comptées : 1° par son mariage ; 2° par son baptême ; 3° par sa confirm... (Voyons, voyons. Vais-je pas me mettre à énumérer les sacrements, à présent ! Ça ferait sept, bon sang, et ce n'est pas le compte. Reprenons tout : 1° par son mariage ; 2° par son séjour courageux aux Rochers ; 3° par son gascon de fils ; 4° par le duc de Chaulnes qu'elle ne pouvait pas voir en peinture ; 5° par sa belle-mère ; 6° par les vaches bretonnes qu'elle élevait dans ses fermes. (A dire vrai, je ne suis pas tout à fait sûr qu'elle ait eu des vaches, ni même des fermes, mais pour le cas où elle en aurait possédées, vous ne contesterez pas, Monsieur, qu'il y ait de furieuses probabilités pour que celles-ci — les vaches évidemment — fussent de race bretonne. A plus forte raison la Marquise (?)

Secondo, pourquoi mener ce sabbat infernal autour de ses lettres ? Jamais il ne fut question d'elles dans l'entendement des souscripteurs, qui doivent avoir, ce semble, la voix du lion au chapitre. Et j'imagine que les intelligents cent sous de M. Botrel doivent se trouver tout chose et malheureux comme des cailloux au milieu du tas de centimes et de billets bleus venus là qui par amitié, qui par le commerce, qui par crainte, qui pour la politique, qui — les dieux leur soient pitoyables ! — pour avoir des palmes ! Les lettres Sévigné sont bien écrites, entendu. Mais si leur auteur n'était jamais venue en Bretagne, personne n'aurait songé à la hisser sur un piédestal vitréen, pas vrai ? Donc c'est parce qu'elle a *séjourné* chez nous qu'on la veut pétrifier.

Car le marbre est une pierre, Monsieur, la dernière qu'on jette aux morts, et dans certains cas même c'est le pavé de l'ours (?...!)

« Voilà pourquoi vous me paraissez singulièrement suranné de réclamer les honneurs posthumes pour des gens comme Pontkalleg ou Louis de Rohan ou Nominoé. Fi donc ! Ils étaient bretons, ces agneaux-là : quel mérite, je vous le demande, ont-ils eu à demeurer par ici ?... Vicaire, à la bonne heure ; Hoche, parlez-moi de ça ; Sévigné, je souscris cent sous. Vous n'êtes pas de votre temps, monsieur !

« Toutefois, j'avoue ne pouvoir me défendre d'un certain sentiment de mélancolie, voyant combien la reconnaissance tient peu de place au cœur des Bretons de cette époque-ci. Mme Steinheil a donné généreusement une foule des plus beaux étés de sa vie aux plages de Trégastel, et ces sombres farceurs de Trégastelliz ne se sont pas encore décidés à fixer, dans le porphyre, sa physionomie pourtant si originale. Mme Humbert a bien voulu accepter, durant un an et plus, l'hospitalité des Rennais, et le triste maire de cette ville arriérée n'a pas daigné songer à augmenter les impôts de ses concitoyens, pour ériger, à cette dame illustre, le monument auquel son séjour parmi nous lui donne droit. Vous me direz qu'elle l'a passé en prison, ce séjour. Il est vrai, mais depuis quand, monsieur, sous le soleil définitif du XXe siècle, une période « à l'ombre » fut-elle motif suffisant à priver un chrétien de l'hommage qui lui est dû? C'est une auréole de plus, voilà tout... Et combien d'autres noms pourrais-je citer? Laurent Tailhade, dont le cœur, comme la patelle au rocher, est attaché à Camaret ; Gustave Geffroi, de Toulouse, l'homme le plus décoré de France après l'huissier du Sénat, et qui a écrit sur notre pays un livre où il a mis du breton, oui monsieur, du breton de Vannes si authentique qu'on le comprendrait jusque sur les rives pleines de grenouilles du lac Titicaca. Et Sarah Bernhardt, à Belle-Ile, qu'est-ce que les sauvages indigènes de par là attendent pour la camper en aiglon sur un bout de roche?... Tenez, monsieur, arrêtons-nous. Je sens que je m'échauffe et j'en dirais trop. Les Bretons d'aujourd'hui sont des cyclopes d'ingratitude !

« Qu'on honore dans ce pays-ci les Bretons qui se sont fait casser les côtes pour la France et le Roi de Prusse, même en marchant contre la Bretagne, rien de plus juste ; qu'on dresse des bronzes aux étrangers venus chez nous pour nous moquer ensuite en des bouquins épais où fleurit l'abondant pissenlit de la stupidité, cela n'a rien que de naturel, et c'est un pur devoir que nous remplissons, ce faisant. Mais demander qu'on rende hommage à des gens qui ont donné leur vie et leur mort à la cause bretonne seule? Voyons, monsieur, vous plaisantez. Vous savez aussi bien que moi que ce soin-là regarde exclusivement les Bavarois et les hommes du Massachussets.

« ... Est-ce que vous avez saisi quelque chose jusqu'à présent? Moi, je ne comprends rien du tout dans ce que je vous ai écrit. C'est pourtant clair.

« Agréez, monsieur, etc...   « G. Pie-l'Oie. »

On parle quelquefois de noms d'oiseaux. Celui-ci en fait une consommation vraiment exagérée. Trois pour un seul homme, c'est un peu... abondant. Et entre nous, cette épître m'a tout l'air d'une mystification... bizarre.

BLEIMOR.

(Pays Breton, 30 juillet 1911).

Il s'intéresse aux événements de Groix et à la politique locale. Une mission a eu lieu dans son île, il voudrait bien savoir, comment elle s'est passée : Combien il y a eu de confessions, de communions d'hommes, l'impression laissée par ces quinze jours de retraite?...

Il apprend que les élections, chez lui, ont été un échec pour le parti modéré et émet, à ce sujet, les réflexions suivantes : « L'esprit breton reste bon au fond, mais il se lasse de poursuivre une lutte inutile et dont il sait que rien de bon ne peut sortir. Alors, il se tourne vers ceux qui peuvent lui apporter quelques faveurs, à défaut du triomphe des idées qui lui sont chères. C'est une évolution toute naturelle. L'article de M..., dans le dernier *Pays Breton* expliquait bien la chose. Il n'y avait qu'un mot à manquer : celui des responsables. Les responsables sont les dirigeants bretons qui n'ont pas su orienter ce peuple vers les luttes qui conviennent à son tempérament, et l'on laissé croupir dans la mare électorale où il sera bientôt enlisé jusqu'au cou, car on continuera à ne pas comprendre que le point de vue national, seul, serait assez fort pour réveiller l'amour-propre endormi des Bretons [1]... »

Certaines de ses polémiques étaient plus amicales. Par exemple celle qu'il entreprit contre M. Léon Le Berre.

A un ami, il déclarait, un peu plus tard : « Quant à Léon Le Berre-Abalor, je n'ai jamais eu l'intention de « l'éreinter ». Au cours d'un article en breton, il m'avait blagué et traité de moine-guerrier, en me reprochant mon jeune âge. Je l'ai blagué, en réponse tout au long d'un autre article que le *Pays Breton* publia. Mon plus dur « éreintement » consistait à lui demander combien il avait déchiré de culottes quand je suis venu au monde (il a 10 ou 12 ans de plus que moi). Tu vois que c'est anodin. Dis ça à ton ami Jaouen, et que ça ne m'empêche pas d'estimer sincèrement son oncle, l'un des rares bardes bretons qui aient du sang-froid et du bon sens. Je ne crois pas d'ailleurs que Le Berre ait été autrement fâché de mon article ; il a du en rire, comme j'avais fait du sien. Au fond, sur la question dont ces articles traitaient, je suis persuadé qu'il est du même avis que moi. » Nous donnons, ci-après, cet article.

1. Lettre à M. l'abbé Corignet, 3 mai 1911.

D'er Barh-hoarhour [1]

Ur sónnen gallek de getan, eit bout deit mat get Abalor :
                « Nous étions deux, nous étions trois... »
Ia, tri e oemb, keh tud : Anaon Marzin, En Dibredér, hag er brezélour-menah. Mé en hani é er brezélour-menah. Peb a bredeg hor boé
kaset ér méz, de zispleg d'hor henamzériz digor ou begeu penaus é
rekehé tud Breih konz brehoneg eùé ur huéh en amzér, konz brehoneg
sél guéh ma hellent er gobér. Meit « tel, comme dit Merlin, cuide engei-
gner autrui, qui souvent... » ché digoéhet genemb, é korn ur park, Léon
Er Bèr, barh Abalor. Ha ean d'emb : « Avel fol... avel spontus.. kounar...
brezeller... manac'h... eneou nevez eet er meaz deuz an Annouf!... »
Sah-en-dien! èl ma touiér é Groé, me lar ataù en des er hristen-men
lennet me fennad-skriù én tu benak. Emen en des éan guélet e houlen-
nen get en Arvorigiz peur em lakat de zihun dasonieu *Piarmai* get brehoneg Léon arhoah vitin én ur saillein ag ou gulé? Ha ma vehé bet
diskaret K. B. B. ha strèuet hé ludu de béar horn en aùèl. Hag étemallen
d'er Vreihiz spontet diviz é galleg get er Galleued? Hag é hren *goap* doh
er rolennerion?... O barh hoarhour, ne anaùan mui me labous, sord
dillad malardé hou pes laket ar é dro.
Ne houian ket petra e responto er réral. Meit er « brezeller-manac'h »,
bout nen dé ket anehon *menahoh* (!!) eit er Bèr, ha nen des bet biskoah,

1.   AU BARDE-RIEUR

D'abord une chanson française pour être bien vu d'Abalor :
                « Nous étions deux, nous étions trois... »
Oui, nous étions trois, mes pauvres gens ; l'âme de Merlin, Le Diberder et le moine-
guerrier. C'est moi, le moine guerrier. Nous avions fait chacun notre sermon pour expliquer à nos contemporains bouche bée que les gens de Bretagne devraient, de temps à
autre, parler breton chaque fois qu'ils en auraient l'occasion. Mais « tel, comme dit Merlin, cuide enseigner autrui, qui souvent... » voici que nous avons rencontré, au coin d'un
champ, Léon Le Berre, le barde Abalor. Et lui de nous dire : « Vent fou... vent épouvantable... délire furieux... guerrier... moine... âmes nouvelles sorties de l'Annouf » (La profondeur obscure).
Sac de crème! comme l'on jure à Croix, je dis que ce chrétien a lu mon article d'une
certaine façon. Où a-t-il vu que je demandais aux pauvres armoricains de réveiller... avec
le breton du Léon, demain matin au saut du lit? que l'U. R. B. soit abattue et jetée en
poussière aux quatre coins du vent? que je reprochais aux Bretons épouvantés de converser en français avec les Français? que je me moquais des écrivains? O barde rieur, je ne
reconnais plus mon oiseau habillé, par vous, de ces habits de mardi-gras .
Je ne sais ce que répondront les autres, mais le « moine-guerrier » bien qu'il ne soit pas
plus moine (!!) que Le Berre et qu'il n'ait jamais eu comme guerrier qu'un pauvre

avel brezélour, meit ur peurkeh « troh-kaol » merglet-brein (trahoalh é
eit er peh a vat e zo de zihuen é Frans hiniù), en des ur gir de zistag. Ché
ma éan.

Dalhamb de G. B. B., d'er skolieumeur keltiek, d'er rolenneu. Inéan
un distrujour, un dispeahour, n'em es chet bet biskoah. Meit perak é
vleijet arnamb pe houlennamb ma vo braset ha kaeret léh er brehoneg én
obéreu-sé? Perak ne fauta ket d'oh ma vo pédet Breihiz *disket* er vro abéh
de brénein, er fonaplan guellan, ur gramadeg ag er ieh mammel ha de
asé, a ol nerh ou haranté-bro, mont abarh? Perak é hourdrouzet a pe
huchamb d'en ol : héliet er skuir kaer reit d'oh get mab bourhiz Ergé-
Vihan? Mar dé hou chonj seùel ul lénegeh brehonek tuem-inourapl é ma
ret d'oh kavouit skriùagnerion ha lénerion, koustelé? Kenevé-sé, ne dal
ket er boén d'oh huizein kement de vasonat, meit hag e plijehé d'oh dia-
zéein ur manér ar en drèhen (grève).

Vennein e hret, ma vo laket Breih ar hé zreid, iah a gorv hag a spered?
Hama, keméret en tu. « Goulennet get goarnamant Pariz... » et laret.
Hui zo joéius, hui! Ha ma n'hou chelcu anehon, goarnament Pariz (er
péh e hel bout, er péh e zo) petra gobér nezé? Aozein hor souill édan hor
pen ha' n em lakat ar en tu deheu de gousket ésoh? Trugaré. Me gav.
genein, mé, get en ichenen spered en des dakoret d'ein en Eutru-Doué,
ne vo sovet Breith meit d'er Vreihiz. Gournamant erbet ne rei d'emb
er peh e chonjet, meit a pe saùo béh d'é rer, get *obereu* er Vreihiz. Raksé
é houlennamb get er ré-men poéniein muioh-mui él labour breihik, ha,

« coupe-choux » rouillé (suffisant pour le peu de bien qu'il y a à défendre en France aujourd'hui), a un mot à dire. Le voici :

Restons fidèles à l'U. R. B., à nos écoles supérieures celtiques, à nos revues. L'âme
d'un destructeur, d'un révolutionnaire n'a jamais été la mienne. Mais pourquoi hurlez-
vous contre moi quand je demande que soit embellie et magnifiée la place du breton, en
ces œuvres-là? Pourquoi ne voulez-vous pas qu'on prie les Bretons instruits du pays,
d'acheter le plus vite possible une grammaire de la langue maternelle et d'essayer de
l'apprendre de toute la force de leur patriotisme? Pourquoi grondez-vous quand nous
crions à tous : suivez le bel exemple qui vous est donné par le fils du bourgeois d'Ergué-
le-Petit? Si vous désirez créer une littérature bretonne honorable, il vous faut trouver des
écrivains et des lecteurs coûte que coûte sinon ce n'est guère la peine de suer pour maçon-
ner, à moins qu'il ne vous plaise de bâtir un château sur le sable.

Vous désirez que la Bretagne soit mise sur pied, saine de corps et d'esprit? Eh bien!
cherchez-en les moyens. « Demandez au gouvernement de Paris... » dites-vous. Vous êtes
gai, vous! Et s'il ne vous écoute pas le gouvernement de Paris (ce qui peut arriver, ce qui
est) que faire alors? Arranger notre oreiller sous notre tête et nous mettre sur le côté droit
pour bien dormir? Merci, je crois moi qu'avec la particule d'esprit que m'a octroyé le bon
Dieu, la Bretagne ne sera sauvée que par les Bretons. Aucun gouvernement ne nous
accordera ce que vous désirez, mais ce que les gestes des Bretons l'obligeront à faire. C'est
pourquoi je demande à ceux-ci de peiner davantage au labeur breton, pour que l'esprit de

de getan rah, diskein ou ieh, eit ma hello spered er houen em zispleg, em streùein én ul lénegeh broadel e vo él é skeden.

Biskoah nen dé deit er chonj de voutein er galleg é toul en or, seûended Frans ne laran ket. Rekis é gouiet er galleg, ha gobér geton guéhavé. Ne gemennamb (!) enta de gristén en dennein édan en delten é sigur nen des chet é vam disket dehon er brehoneg. Meit avern e zo, spreredeu digor dehé, skol ou des bet, hoar ou des, *ha ne vennant ket diskein er brehoneg.* Penaus e hret hui ag er vroadelerion-sé? Ahendaral, pet kuéh, barhed ha béléan e garan, pet huéh e hellehemb diviz étrézomb é brehoneg ha ne hramb ket? Predériamb mat ar en dra-men : hor ieh ne vo pléneit ha ne gresko meit dré un *implé* pamdiek. Impléamb-ton enta el liésan ma hellamb, konzamb brehoneg doh rah er ré e hèl hor honpren. Ha hui, deved fariet ha ne anaùet ket ieh hou pro, ha ne huélet meit luhed ér péh e skriùan, hastet béan diskein er brehoneg de houiet pesord tra burhudus é ur brezélour menah !

Ur « hroèdur » on, m'en azaù, deustou d'ein bout neoah un tammig hiroh eit Er Bèr. Iouank on. Meit... nen don ket abek de gement-sé-pépé ! Ha nezé, gleuet ket ? Peh oed hou poé hui enta a pen dé deit inéanneu er Patrokled iouank er méz ag en Annouf ?

Péchanj n'hou poé ket rouget kalz a lavregeu ér prantad-sé ? Ne zisprizamb ket, na hed pel el labour-kaer groet get ar ré en des dereuet biuein eit Breich dek vlé in hor raug, meit er peh a vé trahoell anehon pemzekvlé zo a hel bout peurik e deieu hiriu. Hui en anzau hui hou unan. Perak nezé donet de laret d'emb é hamb, get hor folleh, de durel d'en dias

la race puisse se développer, se répandre dans une littérature nationale qui sera son image. Jamais il ne m'est venu à l'idée de mettre le français à la porte, la civilisation française, le ne dis pas. Il est nécessaire de connaître le français et de s'en servir parfois. Nous n'ordonnons pas au chrétien de se retirer sous la tente, parce que sa mère ne lui a pas appris e breton. Mais il est quantité de gens, à l'esprit ouvert, qui ont été à l'école et qui ne veulent pas apprendre le breton. Comment agirez-vous à l'égard de ces compatriotes? D'autre part, combien de fois, bardes et prêtres que j'aime, combien de fois pourrions-nous converser en breton et que nous ne le faisons pas? Réfléchissons à cela. Notre langue ne sera cultivée, ne croîtra que par un usage journalier. Utilisons-la le plus souvent possible, parlons breton à quiconque peut nous comprendre. Et vous, brebis égarées qui ignorez la langue de votre pays, et qui ne voyez qu'éclair dans ce que j'écris, hâtez-vous d'apprendre le breton pour savoir quelle merveille est un moine-guerrier.

Je ne suis qu'un enfant, je le reconnais, bien que je sois un peu plus long que Le Berre. Je suis jeune. Mais... je ne suis pas, à cause de cela, pépé ! Et puis, dites-moi donc quel âge aviez-vous lorsque les âmes des jeunes Patrocles sont sorties de l'Annouf?

Il y a des chances que vous n'aviez guère déchiré de culottes à cette époque? Je ne méprise pas, loin de là, le beau travail fait par ceux qui ont commencé à vivre, en Bretagne, dix ans avant nous, mais ce qui était de circonstance, il y a quinze ans, peut être de peu de valeur aujourd'hui. Vous le reconnaissez vous-même. Pourquoi, alors venez-vous dire que

toenneu tier-seul er Helted ? Mein-glas e fal d'emb golein geté ti er brehoneg, kariad, ha guennat e vangoerieu hag ihuellat en doen. Eit ma tei de vout ken brau, en amzer de vont, el maner er galleg.

Me kelennerion e damallet d'ein? Es é respont. Me mistr breihik, e Santez-Anna, en des disket d'ein, get burhudeu eahus Achille skanu-e-droed pe Horasius Koklés, santeleh Izikel, karante bro Nevenoé, braui-teieu er Barzaz-Breiz ha Brizeg, trugaré dehé, e garemb muioh eit Boi-leau. Hag e brehoneg e kannemb kerklous el é galleg, en ur valé,a vagadeu dré mezeu Breih.

Kenevo, Nestor koh. Ha mar det de Baris en han-men, hui houer, ne chomet ket hembkin de zigor deulagad estlammet dirak deluen en Intron Sévigné, er « Salon ». Kerhet d'en Elizé, devad Fallières ; torchet hou poteu lér erauk pignat, skoet ar en nor gostad-gostad, taulet hou tok, la goulennet seven get er boelleu-brassé kemennein ember ma vo kelennet e brehoneg é skolieu er Goarnamant. Sur e vo laret d'oh : « Ya ». Ha nezé, na Marzin, na Dibreder, na mé n'hor ho mui d'obér de bredeg Un dra vat é vo,eidon. mé ataù, rag er bed ol e houi penaus e skriuan er gazetenneu liesoh-mat eit Abalor...

BLEIMOR.

J.-P. Calloc'h défend aussi la langue bretonne. Il veut qu'elle ait la place d'honneur dans toutes les manifestations régionalistes et autres :

nous allons, dans notre furie, jeter à bas la toiture de la demeure des Celtes? Nous voulons recouvrir d'ardoises la maison du breton, l'embellir, blanchir ses murs et surélever sa toi-ture, pour qu'elle devienne, à l'avenir, aussi belle qu'un château français.

Vous me reprochez mes professeurs? Il m'est facile d'y répondre. Mes maîtres bretons de Sainte-Anne m'ont appris, avec les exploits merveilleux d'Achille au pied léger et d'Horatius Koklès, la sainteté d'Ezéchiel, le patriotisme de Nominoé, les beautés du Barzaz-Breiz et de Brizeux que, grâce à eux, j'aimais mieux que Boileau. Et nous chan-tions en breton autant qu'en français, en nous promenant, en bandes, à travers la campa-gne bretonne.

Au revoir, vieux Nestor. Et si vous venez à Paris, cet été, ne demeurez pas, avec des yeux étonnés devant la statue de Mme de Sévigné au « Salon ». Allez jusqu'à l'Elysée, voir Fallières, essuyez vos chaussures avant de monter, frappez à la porte coup par coup, enle-vez votre chapeau, et demandez poliment à ce gros ventre d'ordonner que le breton soit enseigné dans les écoles du gouvernement. Assurément il vous sera dit : Oui. Et alors, ni Merlin, ni Le Diberder, ni moi surtout n'aurons plus à prêcher. Ce sera une bonne chose pour moi surtout, car le monde sait que j'écris dans les journaux plus souvent qu'Abalor.

LAHERION ER BREHONEG [1]

Kleuet hor bès, pemzek-té zo, « Anaon Marzin » é hirvoudein é risen-
neu (colonnes) *Ar Bobl.* Lahein e hrant er brehoneg, emé éan : er ré e
saù gouilieu én inour de Vreih ; en dud gouiek e hra gramadegeu pé
rolenneu neùé ; er ré e zo deul-ru geté bamdé diar er girieu brehonek ;
kelennerion sklaseu keltiek er skolieu-meur ; er véléan ; er Varhed ; pautred « Emgleo ar skrivanerien breton » ; er Vreihiz divroet, ha... me gav
genein é on arriù é pen er fard.

Serpitâl ! e lareet-hui, petra diaul e zo nezé é korv peur hor ieh-ni, pen
dé guir é ma hoah biù-kann, deustou d'er vagad kaillevauded-sé e ziskoér
d'emb é klask en tu d'en tagein dehi ?

Ne hoarhet ket. Rè a dreu huir e zizol d'emb Marzin. Guir é penaus é
gouilieu K. B. B. er brehoneg ne vé ket bras erhoalh é léh. El léh ketan
e rekéhé en dout, él léh inouraplan, ér gadoer-veur, ha ne rer dehon meit
ur vrich é pen izél en daul. Paud ér Gevredigeh ne houiant ket ieh er vro ?
Goah azé aveité, n'ou des chet kin meit hi diskein ! Sellet ou hanùeu ér
Bulletin : tud hag en des bet skol int gozik rah ha tud hag en des hoar.
Em laket ou des é K. B. B., nen dé ket, eit diskoein é karent ou bro ? Mar
karant ou bro, perak ne gemérant ket arnehé ou unan, perak ne labou-
rant ket ar hé ieh épad ur blé hembkin ? É korv ur blé, get un tammig
ivoul. gellet ou dehé tréhein ar bep ziested (difficulté) ha brehoneg e

1.   LES TUEURS DU BRETON

Nous avons entendu, il y a quinzè jours, « l'âme Merlin » soupirer dans les colonnes
d'*Ar Bobl.* Ils tuent le breton, disait-elle, ceux qui instituent des fêtes, en l'honneur de la
Bretagne, les savants qui écrivent des grammaires ou des brochures nouvelles, ceux qui
se tracassent journellement quant au vocabulaire breton, les professeurs de cours celtiques dans les écoles supérieures, les prêtres, les bardes, les membres de l'« Entente des
Ecrivains bretons » ; les Bretons exilés et... il me semble que je suis arrivé au bout du
rouleau.

Serpital ! dites-vous, qu'a-t-elle donc, dans son pauvre corps, notre langue, pour être
encore bien vivante, malgré la bande de ces vauriens qui nous montrent le moyen de
l'étrangler.

Ne riez pas. Ils nous découvrent trop de vérités, Merlin. Il est vrai qu'aux fêtes de
l'U.R.B., la place du breton n'est pas assez grande. Il devait être à la première place, à la
place la plus honorable, au fauteuil d'honneur et on ne lui donne qu'un escabeau au bout
de la table. Beaucoup de membres de l'Union ignorent la langue de leur pays ? Tant pi
pour eux, ils n'ont qu'à l'apprendre. Voyez leurs noms au *Bulletin*, ce sont des gens qui
ont été à l'école presque tous, et des gens intellizents. S'ils font partie de l'U.R.B. n'est-ce
pas nous faire voir qu'ils aiment leur pays ? S'ils aiment leur pays, pourquoi ne travail-
leraient-ils pas, pendant une année seulement, à en apprendre la langue ? Au cours d'une
année, avec un peu de bonne volonté, ils seraient arrivés à triompher des difficultés et à

gonzehent hiniù en dé kerklous èl mam-goh (Doué hi fardono, deustou n'hé des gouiet biskoah laret deur é galleg). Ur véh ê, ur véh, kavouit ér blé 1911, é Breih-Izél hag é Breih-Ihuél, tud « disket » hag e chom ou begeu digor geté e pe stokér én ou diskoarn ur gir benak é lavar er vro. Béh d'er ré-zé, Marzin, tan dehé dré en deulegad ! Ne zihannemb a ou bahatat meit a pe hellaint goulen truhé genemb é brehoneg guirion.

Un dra vat é studial er brehoneg koh, — biskoah ne vo rè studiet hon ieh karet. Meit, èl ma lar Marzin, studiet er brehoneg é brehoneg. Elsé hou labour e vo diù huéh fréhusoh : ieh en amzér gent hag en hani a vremen ar un dro hou po groeit vad dehé. Ha mar faut d'ur Gal benak boutein é fri lous én hon trezolieu koh, hama, più e vir azohton a ziskein er brehoneg ?

Ha tan d'er véléan, ha tan d'er varhed, e gleuér, allas ! en eil kerklous èl égilé, é feutein galleg tro en dé, goahoh eit me handerù Goudiarn pe zo ur banig én é fri. « Meit er brehoneg, emé unan, e zo ur ieh eit er bobl hembkin ; nen des chet anehon trahoalh a hirieu aveit displeg ol hor chonjeu. » Sel en él ! Pé chonjeu divrehonek hou pès hui enta, ma ne hellet ket ou dihusk é ieh en druided hag er sent ? Ha nezé, ma nen dé ket « ihuél » erhoalh er brehoneg eit hou pégeu-moén, ihuéleit ean, hui, labouret d'er has d'er hlué, pen dé guir é oh ken disket-sé. Peb unan hou trugarekei.

Neoah, Anaon Marzin, ne gollamb ket kalon. Kriù é eskern er brehoneg, hag étal hùeroni lezeùen er glahar, bleuen dous er gonfort e saù

parler aujourd'hui le breton aussi bien que ma grand'mère (que Dieu lui pardonne malgré qu'elle n'ait jamais pu dire un mot de français). C'est une honte, une honte, de trouver en l'an 1911, en Basse-Bretagne et en Haute-Bretagne des gens instruits qui demeurent bouche bée, lorsqu'un terme de la langue de leur pays heurte leurs oreilles. Guerre à eux, Merlin, feu à travers leurs yeux ! Nous ne cesserons de les bâtonner, qu'ils nous aient demandé pitié en bon breton.

Il est bon d'étudier le vieux breton, jamais notre cher langage ne sera trop étudié. Mais, comme dit Merlin, étudiez le breton pour le breton. Ainsi votre travail sera deux fois plus utile : en même temps, vous aurez fait du bien à la langue du passé et à celle d'aujourd'hui. Et s'il plaît à un Français de mettre son nez sale, dans nos vieux trésors, eh bien ! qui l'empêche d'apprendre le breton ?

Et pas de répit aux prêtres, aux bardes que l'on entend, hélas ! les uns comme les autres, massacrer du français le long du jour, comme mon cousin Gunthiern, lorsqu'il a un verre dans le nez. « Mais le breton, dit un quidam, est une langue pour le peuple seulement, il ne possède pas un vocabulaire suffisant pour nous permettre d'exprimer nos pensées. » Voyez-le ! Quelles pensées antibretonnes avez-vous donc, que vous ne puissiez les émettre dans la langue des druides et des saints ? Si le breton n'est pas assez « élevé » pour vos fines bouches, élevez-le donc vous, travaillez à l'illustrer, puisque vous êtes si instruit, chacun vous remerciera.

Cependant, âme de Merlin, ne perdons pas courage. Durs sont les os du breton ; auprès de la plante amère de l'affliction, la douce fleur du réconfort lève sa corolle d'or. Trop

hé hlipen eur. Rè liés, és é gout, é koéh ar zeur ieh ha kredenneu broadel hon divroidi, meit nen dint ket rah ur sord, trugèré Doué. Laket deu vordead a me farréz ne vern é peh ranvro ; diskoeit dehé galleg-bihan pé galleg-bras : ur huéh ma vent ou deu én ou unan, é pé ieh é konzeint ? É brehoneg, Marzin ! Ha hui hèl me hredout : men deulegad ha men dis-koarn e zo bet reit dehé er gouil-sé.

Mem beg eué. Ur blé em es biùet é Reims. Un hoér a Germaria e oé ino, genedik a Bluniaù, ha bamdé en em huélemb, pen dé guir e oé hi kegineréz ér skol e gelennen abarh. Pet gir gallek e gav genoh hui e hes bet étrézomb épad er bléad-sé ?... HANNI ! Hi e houié galleg, neoah, ag en dibab ; mé... de laret guir, ne anaùan ket kalz er patoè-sé, meit a pen dé ret lakat huen é chaucheu ur gal benak ; gellout e hrehen élkent derhel mat d'ur vuoh spagnol pé d'un député.

Hama, é brehoneg hon és divizet pen-der-ben, a houdé en « démat », betag er henevo, eit gobér malis de chanpagniz. Ha me zo sur e hes hoah drézé ar grohen en doar, Breihiz aral hag e hra, é bro estrén, él me zad hag é vab. Hui huél, Marzin, nen dé ket ol en divroidi étal mougein er brehoneg.

Na pautred « Emgleo ar skrivanerien » naket. Galleg e gonzant ?... Dam, petra faut d'oh ma larin mé d'oh ?... Sur é e vehé guel en treu é brehoneg ; sur é eùé é mant én akipaj-sé Breihiz guirion, Breihiz abéh, ha poén em es é guirioné, doh hou kleuet é hobér anehé « deu pé tri beil-

souvent la langue et les croyances nationales de nos émigrés vont à vau-l'eau, mais ce n'est pas là une généralité, grâces à Dieu. Mettez deux marins de ma paroisse dans n'importe quelle région. Apprenez-léur du mauvais ou du bon français ; lorsqu'ils se trouveront tous deux, en quelle langue converseront-ils ? En breton, Merlin ! Et vous pouvez me croire, mes yeux et mes oreilles ont été à cette fête.

Ma bouche aussi. L'année que j'ai vécue à Reims, une sœur de Kermaria s'y trouvait, originaire de Plumiliau, journellement nous nous rencontrions, elle était cuisinière dans l'Institution où j'enseignais, combien de mots français, croyez-vous, avons-nous échangés, pendant cette année-là ? *Aucun...*

Elle savait le français pourtant, moi, pour de vrai, je ne connais guère ce patois, sauf quand il faut mettre des puces dans les chaussons d'un Français ; je pourrais cependant tenir tête à une vache espagnole ou à un député.

Eh bien ! nous avons toujours conversé en breton, depuis notre « bonjour » jusqu'à notre « au revoir », pour faire enrager les Champenois. Et je suis certain, qu'il y a, par là, sur l'écorce terrestre, d'autres Bretons qui agissent, en pays étranger, comme mon père et son fils. Vous voyez, Merlin, tous les émigrés ne sont pas disposés à étouffer le breton.

Et les membres de l'« Entente des Ecrivains ». Ils parlent en français ?... Dame ! que voulez-vous que je vous dise ? Assurément, il vaudrait mieux que ce soit en breton. Cet équipage doit être assurément composé de vrais Bretons, des Bretons entiers, et j'ai peine, en vérité, à vous croire, lorsque je vous entends dire qu'ils ne sont que « deux ou trois pelés et un tondu ».

let hag un touzet. » E léh ou dikri, Marzin dirèzon, divohet, ta, ha reit harp dehé de blénat, de zousat, de greskat hor ieh, d'hobér dehon ur bern treu én AT, hag érauk dek vlé ahanemen ne vo ket dishanvaledigeh ér giz-skriù hag er giz-konz e viro doh er Vreihiz disket em gonpren pender-ben de Vreih.

Ur dornad d'oh èlkent, Marzin, — mar dé guir ataù en dès en « Anaon » dehorn...

Édan iaù er Gal-brein, sul al loré 1911.

BLEIMOR.

Et prêchant d'exemple, il montre comment on peut sauver la langue bretonne et consacre, dans le même journal lorientais, une longue étude au *Dialecte de Groix*.

LE DIALECTE DE L'ILE DE GROIX

Ceci n'a pas la prétention d'être une étude approfondie de mon parler natal. Les connaissances grammaticales et l'autorité nécessaires à pareille entreprise me font malheureusement défaut. Je voudrais simplement jeter ici, au fil de la plume, quelques indications ; heureux si l'intérêt du sujet et sa richesse étant par là mis en relief, quelque « compétence » se décidait à exploiter cette mine vierge de notre *Armor* celtique.

Dans son aspect général, le dialecte de l'île de Groix apparaît comme un rameau du Bas-Vannetais, parlé sur toute la côte qui va d'Etel jusqu'au Pouldu. Il tend même, de plus en plus, à s'identifier avec lui, grâce aux relations désormais beaucoup plus fréquentes entre l'île et la « Grande-Terre ». Toutefois le breton de Groix est bourré d'originalités dont nous allons, en courant, noter les principales.

Laissons de côté les différences de prononciation, querelles de clocher. C'est là le menu fretin des singularités qui nous intéressent. Retenons seulement que sur certains participes passés, les Groisillons maintiennent une accentuation très forte, qui va jusqu'à absorber la dernière syllabe, n'en détachant que la consonne finale : *kollt* pour *kollet* ; *torrt* pour *tor ret* ; *jarrt*, pour *cherret* ; *lart*, pour *laret* ; *tault*, pour *taulet*, etc...

Au lieu de les décrier, Merlin insensé, ne boudez plus, aidez-les à aplanir, à adoucir, à illustrer notre langue, à lui faire une foule de choses en *at* et avant dix ans, il n'y aura aucune différence dans la façon d'écrire, dans la façon de parler, pour empêcher les Bretons instruits de se comprendre d'un bout à l'autre de la Bretagne.

Sous le joug du Français, le *dimanche des Rameaux,* 1911.

Le Pays Breton, 30 avril 1911.

La population mâle de l'île se composant en presque totalité de marins-pêcheurs, et la langue bretonne étant jusqu'à présent la seule reçue à bord des bateaux groisillons, on serait en droit de croire à l'existence là d'un véritable *thesaurus* maritime celtique. De fait, la moitié environ des expressions courantes est fidèlement bretonne et très intéressante à étudier.

Ainsi, par exemple, mes compatriotes ont conservé et lisent, sur leurs boussoles françaises, toute la Rose des vents en breton, dont j'ai, avec plaisir retrouvé les termes absolument semblables à la Bibliothèque Nationale de Paris, sur une vieille carte du XVe siècle, d'ailleurs orgiaquement enluminée [1]. Mais à côté, se presse toute une escadre serrée de substantifs et de tournures françaises, dont on a bretonnisé parfois la tête ou la queue, le plus souvent rien du tout. Et ce bataillon de métèques fait une guerre à mort aux indigènes qu'il finira, si l'on n'y prend pas garde, par exterminer. Il est donc grand temps de fixer le langage des Celtes marins. Ce serait un précieux débris de notre langue qui s'en irait avec lui.

Une autre curiosité dialectale, à Groix, c'est l'abondance de mots agricoles, campagnards si vous voulez. Peut-être, cela tient-il à ce que la culture des terres et l'élevage y étaient jadis en grand honneur. (En 1674, les Hollandais pillards enlèvent de l'île 2.600 bêtes). Les noms de végétaux — utiles pour une botanique bretonne — y sont en nombre respectable. Je signale, en particulier, à la piété des folkloristes la *louzeùen er zeùdan*, herbe magique sur laquelle il faut, la nuit, se garder de marcher, sous peine immédiate de perdre complètement la notion de lieu et de s'égarer à travers champs et rivages, et les neuf espèces de *louzeu* qui, hachées toutes menues et bouillies dans de l'eau bénite, guérissent, quand on en frotte le patient, la maladie du *reuz* (mauvais regard).

Il y aurait ce me semble, un parallèle intéressant à établir entre les locutions familières groisillonnes et celles du Pays de Léon. L'analogie est frappante, si prononcée même parfois, qu'elle fait rêver de je ne sais quelle commune origine des deux dialectes. Qu'on ne me crie pas que Groix étant en Bro-Guéned, parle avant tout vannetais.

Un marin de chez moi me confiait, récemment, sa surprise de s'être aperçu qu'il comprenait beaucoup mieux la conversation des Finistériens des côtes de la Manche que celle des sardiniers de Douarnenez et Concarneau. Aussi bien, la différence fondamentale, la seule à vrai dire, avec (celle de l'accent tonique), entre le vannetais et les autres bretons, c'est qu'il mue le *z* en *h* : *kah* pour *kaz* ; *koh* pour *koz* ; *bah* pour *baz*, etc... Or j'ai relevé, à Groix un petit nombre de mots qui gardent le *z* là où le van-

---

1. Nos lecteurs la trouveront à la fin de ce volume.

netais met *h*. Nous disons *kah* au singulier, mais au pluriel *kizér ;* nous disons *nozez, harzal, uz de...* et dans une chanson dont je n'ai malheureusement pu réunir que trois couplets je trouve cette rime :

> En tan-foeltr é reor en Anglez
> 'N dès lamet genon men gren *laez!*
> — Que le feu infernal croche au derrière de l'Anglais
> Qui m'a enlevé ma goutte de lait !

(C'est la malédiction d'une Groisillonne dont un boulet ennemi a tué la vache unique).

Mais, — j'aime autant le dire tout de suite à ceux qui voudraient s'occuper de la question : ne faites pas fond sur les chansons de Groix. La Villemarqué en a tiré la *Chanson du Pilote,* qui se trouve être dans son livre, excepté deux ou trois expressions, du haut-cornouaillais tout pur. J'en ai moi-même recueilli plusieurs, contre lesquelles, quelques mots également mis à part, je nourris de terribles soupçons d'importation vannetaise. Il y a eu, je le sais de source sûre, des sônes et des guerzes proprement groisillonnes, ayant trait à l'histoire locale (descentes d'Anglais par exemple), mais je crains fort qu'elles ne soient désormais introuvables.

Cependant que les chercheurs ne se découragent pas trop vite ; le folklore groisillon est une mer encore inexplorée.

Je crois d'ailleurs, qu'elle va être l'objet d'explorations, sans tarder [1].

Et j'ose soutenir que l'étude du dialecte de Groix tel que nous le parlons actuellement, à terre et en mer, tel surtout que le parlent entre elles nos vieilles tantes et nos aïeules, sera pour le grammairien-lexicographe en vacances qui s'y attellera, un champ fécond d'observations, et j'ajoute même, s'il est tant soit peu amoureux d'art populaire, un régal savoureux.

BLEIMOR.

Il attaque les Bretons qui oublient leurs gloires nationales et élèvent des statues à leurs détracteurs, dans un article où il répond à Charles Le Goffic auteur d'une *Lettre de M*^me *de Sévigné* (Sur les Bretons qui lui refusaient une statue à Vitré) [2] :

1. Cette exploration, Calloc'h la fit, et nous avons, en notre possession, un manuscrit où se trouvent consignées une foule d'expressions bretonnes-groisillonnes.

Pays Breton, 27 mars 1911.

2. Voir *L'Ame Bretonne* par Ch. Le Goffic, 4e série, Ed. Champion, éd., Paris.

A PROPOS DE LA STATUE

La controverse s'éternise. Voici que les défenseurs de Mme de Sévigné entrent en lice à leur tour, plume au poing. Laissons, dans leurs ténèbres, les inepties anonymes du soi-disant Vitréen, *Le Patriote de Bretagne,* feuille du Normand Garreau, imprimée à Laval. Toute cette radicaille n'apporte d'ailleurs aucune raison en réponse aux nôtres ; elle se borne à nous lancer à la tête, en balançant des encensoirs d'occasion pris chez l'antiquaire, les noms de Tiercelin, Le Goffic et La Borderie. La palme est à Le Goffic, qui extrait de la correspondance de la Rabutin une lettre suprême, par laquelle, effroyablement longuement, elle se défend contre « Messieurs de l'U. R. B. », avant qui, elle avait inventé le Régionalisme ?

Je suis de l'avis de M. de Laigue. Cette illustre dame a écrit, certes, de jolies choses, encore qu'elle étudiât ses effets, en vue de complaire aux ruelles de l'époque. Mais de là, à escalader fougueusement les sommets de l'enthousiasme à la moindre virgule tombée de sa plume, il y a un pas qu'on me permettra de ne pas franchir. Ainsi je ne rangerai jamais, au nombre des chefs-d'œuvre de la Marquise, l'épître que M. Le Goffic adresse en son nom à l'*Hermine.*

S'il fallait en croire cette lettre, la subtile épistolière aurait fait un merveilleux Président du Conseil. L'ex-révolutionnaire Briand s'efforce de se faire accréditer comme sauveur de la Société ; avec un aplomb égal, la Marquise se jure innocente de tout ce que les Bretons lui reprochent. Vous croyiez jusqu'ici, sur la foi de ses *Lettres,* qu'elle avait dit des choses un peu... mêlées sur la Bretagne ? Eh bien ! rien de semblable ne lui est échappé, « elle est t'une honneste femme », et la postérité des pendus de M. de Chaulnes se fourre le doigt dans l'œil, à l'unanimité. Quand elle criait : « Je déteste la Bretagne et les Bretons ! » cela signifiait candidement : « J'aime mieux une robe de chambre en taffetas, qu'une robe de chambre couleur de feu, na ! » Quand elle traitait les penderies de « rafraîchissements », c'était pour marquer que les femmes éventrées et les enfants mis à la broche dérangeaient son aristocratique digestion. Eventrer les Bretons, fi ! quelle horreur ! mais si vous les pendez, à la bonne heure ! Ça du moins, c'est élégant.

La marquise est tout entière dans ce distinguo posthume. Le fond du traitement infligé à nos aïeux la trouve indifférente, c'est pour *la forme* seulement (c'est le cas de dire !) qu'elle proteste. Que sa correspondance renferme de-ci de-là quelques-unes de ces « bretonneries » chères à trop de littérateurs dits bretons, je veux bien. Mais Le Goffic oublie que ces bretonneries, nous les avons justement en exécration, nous autres natio-

nalistes, et les gens qui font palpiter au vent des banderoles proclamant
« Bretaigne est poésie » feraient bien de se souvenir une fois le temps que
Bretagne est autre chose aussi ; que s'il y a des heures pour la littérature,
il est des jours où il la faut planter là avec énergie, pour se souvenir uniquement que l'on est fils des Bonnets bleus.

Eventrés, mis à la broche, pendus par les soldats de Chaulnes, raillés
par Mme de Sévigné ; qui de nous a songé à les glorifier nos aïeux morts
pour les droits bretons ? Et tant d'autres qui firent comme eux !... Pont-
kallek, Montlouis, du Couédic, Talhouet-le-Moine ont porté sur l'échafaud leurs têtes coupables d'avoir abrité des pensées de liberté provin-
ciale ; à la Bretagne ils ont donné le plus magnifique gage d'amour qu'on
puisse offrir à une patrie : leur sang. Quelle voix s'est élevée pour demander qu'on les honore d'une statue ? Ni celle de Tiercelin, ni celle de Le
Goffic. Hoche est coulé en bronze, Vicaire a son médaillon, la Sévigné
aura sa statue, et, gentilshommes ou manants, nos ancêtres tués pour la
cause bretonne verront de jour en jour plus d'herbe couvrir leurs tombes
et plus d'oubli leur souvenir.

Laissez donc dormir la Sévigné, ô Le Goffic !

Vistréh, miz kerzu, 1910.

BLEIMOR.

Mais, quand un de ses amis l'accuse d'être « séparatiste », il
proteste : «Seigneur, où as-tu pris-ça ? Au reçu de ton ridicule bout
de papier, je venais justement de mettre le point final à un article
intitulé *Contre le Séparatisme* ; je venais de répondre à un membre
du « Comité du Parti Nationaliste breton», que ce comité ne verrait
jamais mon nom sur ses listes. Nationaliste breton, certes, je le
suis définitivement, mais séparatiste, jamais. Ce que je voudrais,
c'est une Bretagne bretonne uniquement à tous les points de vue,
mais dépendant politiquement de la France. En lisant mon article
tu comprendras pourquoi et comment [1]. » Voici cet article :

PENSERS D'UN BRETON.

CONTRE LE SÉPARATISME.

C'est un sujet brûlant, mais par ce temps de canicule, ça ne nous chan-
gera pas beaucoup d'entrer dedans. Si du reste mes élucubrations deve-

---

1. Lettre à M. F. Davigo, 14 juin 1911.

naient par trop... tropicales (vous ne trouvez pas qu'il y a un *trop* de trop, là?) vous auriez toujours la ressource de m'expédier votre carte avec cette injure : « Il y avait bien assez du préfet Lépine et du soleil de juin pour nous faire suer. » Ça m'apprendra.

Soyons sérieux puisque le sujet l'est. Le sujet, c'est le séparatisme, dont je vais dire tout le mal que j'en pense. Mes raisons valent ce qu'elles valent, je ne prétends pas avoir découvert l'Amérique ; on leur rendra pourtant cette justice, qu'elles sont uniquement, sincèrement, des raisons bretonnes.

Mettez en ligne toutes vos réserves de bonne volonté, nous allons faire des hypothèses énormes. Supposons la séparation accomplie entre Breiz et la France. Qu'arriverait-il? Numérotons :

1° Dans l'état de désorganisation, d'émiettement, d'anarchie intellectuelle où s'enlise la Bretagne du XXe siècle, c'est premièrement un beau tapage qui surgit, un tumulte tout à fait celtique. Qui mettre à la tête du pays? comme disait Loeiz Herrieu, l'autre jour. Et d'abord, quelle sorte de gouvernement adopter? Quelles institutions? Quels hommes? Voilà des questions sur lesquelles, tels que notre Histoire nous a photographiés, nous nous battrions d'une manière absolument sempiternelle, sans arriver à rien de bon. Les Nominoé, les Alan-Meur, autoritaires unificateurs des clans, ne courent pas les rues, et Léménik, je n'y crois pas. Remarquez bien que je dis la Bretagne *actuelle*. Une Bretagne organisée ne me paraît pas le moins du monde incapable à se donner un gouvernement bon et sage. Alors?... triomphera-t-on? Alors organisons-la. Cela nous donnera de l'occupation jusqu'à notre mort, et même au-delà, eut ajouté Pic de la Mirandole. Ainsi :

Nos arrière-neveux nous devront cet ombrage.

et pourront causer séparatisme sous l'orme, si cela leur fait plaisir. Mais je crois que s'ils pèsent tant soit peu nos autres raisons, ils n'en causeront pas longtemps.

2° Supposons une Bretagne séparée, organisée. La France, après tout, est notre belle-mère. Si vous vous figurez qu'elle va laisser sa bru courir le monde comme ça la bride sur le cou, vous n'y êtes pas. Par tous les moyens, ruse ou force, — c'est son intérêt et sa tradition — elle essaiera de nous ravoir. Vous me dites que nous lutterons. Je veux bien. J'accorde même que les aviateurs aidant, nous gratifiions les fils des Franks d'un nouveau *Ballon*. Et après? Croyez-vous que ce ne sera pas à recommencer tous les dix, tous les vingt ans? A moins qu'épuisés, nous ne cédions, il n'y a pas de raison pour que cela finisse. Cela ne finirait pas.

3° Supposons que pour un motif ou pour un autre, les Français se résignent au fait accompli. Surgiront alors les convoitises étrangères, allemandes, anglaises, convoitises armées autrement que nous, pauvres Bretons, dont elles parviendraient fatalement à avoir raison. Accepter une suzeraineté saxonne? Merci. J'aime autant la française, et si c'est tout ce que vous avez à nous proposer, « ce n'est pas la peine assurément de changer,... etc... »

4° Mais la Belgique, mais la Suisse, mais... Bretagne état neutre? Non. « On ne neutralise pas des positions comme Brest » (Maurras), voire Lorient, des positions, des ressources d'hommes et de choses comme celles de la Bretagne. Aucun gouvernement n'interviendrait pour nous, qui n'avons pas de diplomatie et ne sommes les protégés de personne. Les peuples chevaliers sont morts, l'intérêt seul dirige la politique. Quel pays a intérêt à soutenir une Bretagne indépendante? Dites-le nous.

Anarchie, guerre civile peut-être ; guerre étrangère ; par suite ruine du commerce, de l'industrie, de l'agriculture nationales, telle est la caravane de bienfaits que le séparatisme traîne avec lui. Breton aussi entier que n'importe qui, je préfère à ces charmantes perspectives celle d'une tutelle française éternelle, acceptée, je ne dis pas avec amour et reconnaissance toujours, mais avec une loyauté fidèle et sans arrière-pensée, à l'abri bien entendu de l'autonomie administrative qu'il ne serait pas difficile à une Bretagne organisée de conquérir et de faire respecter. Au point de vue breton, le seul auquel je me sois jamais placé pour écrire ici, le séparatisme est donc plus qu'une chimère irréalisable, c'est un rêve indésirable, une nuée, pour parler le langage à la mode, c'est une erreur profonde et funeste qu'il faut combattre. Inlassablement nous la combattrons.

Cela d'ailleurs sans acrimonie aucune à l'égard de nos frères de Bretagne égarés dans le brouillard de ces sentiments-là. Nous en voulons à la doctrine (?), non aux personnes. D'autant plus qu'on a soi-même failli faire comme eux. Au temps de la *Libre Parole* vieux style, Drumont publia un article intitulé « Lettres de Bretagne ». Il n'en citait d'ailleurs qu'une, de ces lettres, et elle ne venait pas « de Bretagne » puisqu'elle était datée de Reims. Mais elle venait d'un Breton, chez qui l'exil — cet effet fut souvent remarqué — avait exaspéré le sentiment nationaliste.

« ...tous les Bretons intelligents, y était-il dit, sont aujourd'hui régionalistes convaincus. Dans cinq ou six ans, si ce régime de pourriture latine et de charogne juive n'est pas encore crevé, nous serons tous décidément séparatistes... »

Trois ans se sont écoulés. Combien avons-nous de séparatistes, en Bretagne? Peu, sûrement. Ce qu'il y a de plus fort, c'est que le singulier individu qui détachait, vers le maître antisémite, cette vaticination enflammée est aujourd'hui, parce qu'il s'est fait les réflexions qu'on vient de lire, « décidément antiséparatiste ».

Comme sentiment, il est possible que le séparatisme s'explique (sans s'excuser), surtout chez les Bretons catholiques en qui agit, en plus d'indignations purement patriotiques très motivées, l'écœurement de subir le contact journalier d'une nation païenne, la tyrannie d'une nation persécutrice des croyances ancestrales si chères. Mais comme opinion, non, il ne peut tenir debout. Parce que l'intérêt national est ici que le pauvre peuple ne soit pas écrasé en des luttes sans issue, pour acquérir ou conserver une indépendance inutile à son bien-être comme à sa gloire.

Le ton de ce trop long article aura sans doute étonné quelques-uns. J'ai voulu faire la partie belle aux séparatistes, afin de leur montrer que, même en leur concédant un large bout de terrain (qu'ils auraient infiniment de peine à gagner), il reste que leur rêve, où ils paraissent voir l'expression d'un amour de Breiz plus intégral, plus parfait, procède en réalité d'un patriotisme imprévoyant, irréfléchi et par là incomplet, d'une raison faussée par le sentiment.

Qu'ils sachent en tout cas que l'on peut être nationaliste-breton, sans réclamer pour ce pays-ci une souveraineté politique aléatoire et funeste ; qu'il y a, outre les simples régionalistes, des nationalistes qui sont et resteront toujours, sans cesser pour cela d'être fraternels, ennemis jurés de leur séparatisme.

BLEIMOR.

(*Le Pays Breton*, 20 juin 1911).

Et une quinzaine de jours plus tard dans la même feuille, il revenait sur le même sujet, donnant à quelques jeunes séparatistes, de judicieux conseils.

KYRIE, ELEISON

Seigneur, ayez pitié...

Ah oui, ayez pitié. Il y a quoi s'effondrer sous une pareille avalanche ! Après avoir, trois semaines durant, cultivé amoureusement la fleur d'or du silence, voici que les séparatistes se mettent à me répondre en chorus, et dirigent contre quatre petites réflexions que j'avais eu le malheur de faire tout haut ici, le bataillon serré de cinq ou six colonnes du bon *Pays*.

Après avoir lu, pesé et médité Louis Le Roux multiplié par Suliac, je maintiens simplement et tranquillement mes quatre réflexionnettes du 20 juin. Et je dis pourquoi.

Vouloir faire du séparatisme sans se préoccuper des institutions nécessaires à tout pays indépendant, c'est agir un peu comme ce paysan qui s'obstinait à réclamer un billet de chemin de fer au guichet, sans consentir toutefois à répondre à l'employé qui lui demandait « pour où »? autre chose qu'un éternel et péremptoire : « V's êtes ben curieux, vous, à c'te heure! » L'histoire, invoquée par Suliac, nous apprend du reste que les Celtiques ont si bien su s'organiser pour défendre leur indépendance que tous l'ont perdue. Qu'elle soit pessimiste ou non, ni Le Roux ni Suliac ne résolvent ma question préalable. Elle reste posée.

En droit la France est notre belle-mère et rien de plus ; en fait, elle s'est *toujours* conduite envers nous comme une marâtre. Je ne saisis pas très bien pourquoi l'on me félicite d'avoir émis cette vérité élémentaire. Quant à se poser en « beaux-fils farouches », à souhaiter l'extermination de ladite marâtre, dans quelque nouveau Sedan, j'ai dit et je répète qu'à mon humble avis, c'est une erreur funeste, et une faute de patriotisme breton. Il suffit d'avoir des yeux normaux pour comprendre que France abattue serait immédiatement France *partagée*, et par suite Bretagne allemande ou anglaise. Et devant l'idyllique peinture que vous tracez d'une Angleterre, d'une Allemagne, voire d'une Amérique penchées maternellement sur le berceau de l'indépendance bretonne, laissez-moi le droit de sourire. Avez-vous jamais vu des dents d'Anglais? Certes, ils nous aiment, ces bons Saxons, ils nous aiment tellement... qu'ils nous mangeraient. Ouvrez La Borderie et comptez combien de fois l'Angleterre a essayé d'avaler le morceau. Les Prussiens ? Connaissez-vous cette parole authentique de Guillaume II, à Regen : « Ah! les marins bretons, voilà ce que je voudrais avoir! [1]. » Ça, c'est de la convoitise, ou bien il n'y en a pas. Et croiriez-vous qu'à la cour de Berlin, où l'on partage vos espoirs sur l'avenir français, on a déjà choisi et l'on désigne couramment le prince qui sera (!) « gouverneur » de Bretagne? Quant aux Etats-Unis, qu'est-ce que vous voulez, c'est un peu loin de Rennes, et Monroë, que je sache, n'a jamais formulé « l'Europe aux Américains! »

Les Etats-Unis celtes (ne pas confondre, s. v. p.) de l'ami Suliac, j'en suis partisan, avec Jaffrennou et tous les bardes : Etats-Unis celtes de France, c'est-à-dire France fédérative, Bretagne autonome. Comme ça nous garderons notre beau port de Brest, que Suliac abandonne à son

---

1. L'empereur, paraît-il, aurait prononcé le même mot à Kiel, lors de la fameuse revue, dans des circonstances amusantes. Quand il arriva, le *hoch* (prononcez *hoc'h* et traduisez hourra!), le *hoch* protocolaire allemand, jaillit de toutes parts. Les marins bretons présents là-bas, légèrement surpris d'abord, ne tardèrent pas à se mettre au diapason des autres, et crièrent si fort : « Hoh! hoh! (cochon! cochon!) que l'Empereur en fit la remarque. On lui dit : « ce sont des Bretons. » Oh! les marins bretons! » soupira Guillaume ému...

triste sort, avec une rapidité vraiment déconcertante, étant donné que Brest est la clé de l'Atlantique.

Des aviateurs qui en cinq secs vous font passer le goût du pain aux ports de guerre les plus mirifiques, où donc ai-je déjà vu çà?... Ah oui! dans « Le sous-marin, le *Vengeur* », par Pierre Maël. C'est un roman. Les cinq nations celtiques se fédérant et levant sur l'Occident épouvanté le glaive fulgurant d'Arthur, il me semble bien qu'on m'en parla jadis aussi... Hélas! c'est encore du roman : *Morgane*, de Ch. Le Goffic! Vrai, on ne peut pas dire que vous soyez précisément un être « terre à terre », cher Suliac! C'est du reste une qualité... quelquefois. En attendant qu'à mon tour, je l'acquière, la gazette des réalités politiques en l'an 1911 m'apprend ceci : Celtes de la même nation ne peuvent déjà pas s'unir entre eux. Comment Celtes de nations différentes le feraient-ils de manière efficace? L'histoire, qui offre tant d'exemples de la désunion navrante de ces peuples, n'a jamais pu, par contre, nous présenter un tableau pareil, même de loin, à celui que vous rêvez. C'est là un fait très douloureux sans doute, mais *c'est un fait* [1].

Puisqu'il vous plaît d'opposer *devoir* à *intérêt*, abordons la chose. Toute politique nationaliste doit avoir pour pivot unique l'*intérêt national*. Le devoir de tout nationaliste est donc, en face des problèmes politiques et sociaux que la situation actuelle de la Bretagne pose, de rechercher *où se trouve* l'intérêt national. Celui-ci une fois reconnu, l'effort nationaliste doit y tendre à travers tout, même à travers nos sentiments personnels. Intérêt national et devoir nationaliste vont donc ensemble et, loin de se contredire, se confondent.

Et maintenant, assez causé du séparatisme. Vous Suliac, vous Le Roux, convenez qu'à la Bretagne de 1911 il faut une organisation. Mon modeste article n'aurait eu pour résultat que de provoquer ces déclarations que je m'en féliciterais déjà. Les régionalistes aussi tombent d'accord de cette nécessité, et les nationalistes dont je suis. Quel que soit l'avenir, quoi que devienne la France, quel que soit le Gouvernement siégeant à Paris demain, il faut qu'il trouve en face de lui une Bretagne organisée. Voilà donc un terrain d'union et d'action tout préparé, où tous les patriotes bretons pourront travailler de concert, côte à côte, en toute franchise. L'œuvre est déjà commencée, et elle se poursuit lentement. Séparatistes, apportez-y votre fougue, votre passion pour la Patrie. Vous continuerez à professer, à l'égard de la marâtre, les senti-

---

1. Ce « fait » semble beaucoup tenir à la situation géographique *très dispersée* des pays celtiques qu'à la race elle-même.　　　　　　　　　　　　　N. D. L. R.

La situation géographique y est pour sa part, mais le grand coupable est le particularisme celtique.　　　　　　　　　　　　　BLEIMOR.

ments que vous voudrez ; nous continuerons à vous tenir pour de chers égarés ; cela ne nous empêchera pas de faire, la main dans la main, de la bonne et brave besogne pour l'organisation du pays, pour le réveil de l'esprit national, pour la culture celto-catholique qui est notre culture traditionnelle et que nous opposerons comme une muraille à l'envahissement mortel du byzantisme français.

Sur ce dernier point, on s'expliquera plus en détail, une autre fois. Aujourd'hui je tiens à relever quelques appréciations hasardeuses de Louis Le Roux au sujet de l'Eglise catholique et de son œuvre.

« Elle nous a latinisés, puis francisés », affirme-t-il. Ah ! Vous êtes latinisé, vous ?... Jetons un coup d'œil sur l'Histoire, encore un coup, puisqu'aussi bien c'est toujours là qu'il faut en revenir.

Qui fonde la patrie, dans la sueur et dans les larmes ? Des prêtres, des moines, des saints. Quand Nominoé voulut construire à l'est un bastion inaccessible à l'esprit franc, qui choisit-il ? Des prêtres : Convoïon et ses moines. Après l'invasion normande, quand la patrie était abandonnée de tous et agonisait, qui se fit l'apôtre de la revanche, le pèlerin passionné du relèvement national, qui rendit possible le retour et le triomphe des enfuis ? Un prêtre, l'abbé Jean de Landévennec. Qui fut le père de l'histoire de Bretagne ? Le chanoine Pierre Le Baud ; qui la continua ? Morice, Lobineau, les Bénédictins ; qui ont été les auteurs des premiers monuments à la gloire de la langue ? Grégoire de Rostrenen, Maunoir, Pierre de Châlons, des prêtres. J'en oublie volontairement, la liste serait trop longue. Et au XIXᵉ siècle, le prêtre patriote s'appelle légion. Après cela, vous êtes libre d'avancer que « l'Église a rempli parfois, et dans les questions raciques un rôle des plus néfastes et des plus exécrables. » Exécrez-le, son rôle. Mais ne vous flattez pas, ce faisant, d'avoir la vérité historique avec vous. Elle est contre.

Le clergé a posé les assises de la nation bretonne ; il l'a sauvée plusieurs fois de la mort et le fera encore. Combien y aurait-il de troupes bretonnantes, sans le clergé ? Etudiez-le donc dans ses œuvres, avant de le juger en bloc, sur quelques défaillances individuelles ; étudiez son rôle, obscur ou éclatant, dans la succession de nos annales. Je suis bien tranquille sur les résultats de vos recherches : en homme loyal, vous saurez reconnaître et dire la vérité telle qu'elle est.

Si seulement ils avaient pour deux sous de sens politique et pratique, ceux qui, avant et bien plus que Louis Le Roux, pensent et parlent ainsi à tort et à travers du rôle du clergé breton dans la nation, ils se diraient : voici une chose traditionnelle *en pays celtique*. L'autorité sociale, c'est le chef religieux qui la possède ; la charge de « pasteur du peuple », c'est le chef religieux qui la remplit. Ce fut le druide, ce fut le moine, ce fut et c'est le prêtre. Au lieu donc de l'attaquer comme des aveugles et comme des sourds à propos de tout et de rien, au lieu de le maudire et de le décrier, tâchons de nous en faire un allié. Contre lui on ne peut rien ; sans lui, pas grand'chose ; avec lui, tout.

Le jour où certains bardes plus fouilleurs des arcanes morts que des réalités vivantes auront compris cela, je vous jure que les choses bretonnes iront rapidement mieux.

BLEIMOR.

Pendant que Bleimor étudiait ainsi la langue et l'histoire de son pays, pendant qu'il guerroyait contre les amis trop tièdes ou trop zélés de la Bretagne, une mauvaise nouvelle vint le frapper : celle du départ de Groix, de son bienfaiteur, nommé missionnaire diocésain, à Sainte-Anne d'Auray : « Vous dire mon chagrin, à quoi bon ? Vous savez que depuis ma seconde vous avez été mon guide précieux, mon meilleur ami. Vous savez que rien qu'à vous voir, à vous parler, les sombres pensées dont ma tête fut si souvent pleine, s'en allaient d'elles-mêmes et mes meilleures raisons de courage et d'énergie je les trouvais en vous. Et de combien d'autres bienfaits, je ne parle pas des matériels, Dieu les sait, ne vous suis-je pas redevable ? Que de fois, je suis entré au presbytère, en songeant : « Je le verrai, je lui causerai et tout mon chagrin s'en ira. » Quand je partis pour Paris, voici deux ans passés, le Supérieur me dit : « Ecrivez le plus souvent que vous pourrez à M. Corignet, restez toujours en relation avec lui ; c'est un guide sûr sur lequel vous pouvez compter. » Oui, je vous écrirai fidèlement tant que l'un de nous ne sera pas mort et que vous ne me direz pas, vous aussi : « assez, vos lettres me font mal ». Mais, que le presbytère de Groix, me sera sombre et vide, maintenant que la lumière de ma vie s'en est allée de lui !

Ma mère m'écrit : « Dis-lui ce que je n'ai pas pu lui dire, car j'avais le cœur trop chargé à l'heure de mon « Kenevo ». Moi, non plus, je ne sais rien vous dire. Je vous jette-là, mes pensées tout en désordre, comme elles se présentent, et toutes amères. Vous pardonnerez mon désarroi, je voudrais pouvoir mieux vous exprimer cette chose, à la fois douce et triste : quel que soit celui qui viendra après vous à Groix, personne ne vous remplacera dans nos cœurs, et nos prières de chaque jour appelleront les grâces de

Dieu sur vous. Oh! votre route à travers le monde sera bénie, parce que vous apportez avec vous, une belle couronne : les regrets inconsolables des humbles que nous sommes et de tant de pauvres gens que vous réconfortiez et qui vous aimaient.

Encore une séparation que Dieu m'impose : tous ceux qui m'étaient chers s'en vont : ceux-ci sont morts, d'autres me laissent, vous partez. Voilà la vie dont je suis las. Mais il faut que je reste, pour les miens. Et je serai fort pour rester, malgré qu'à chaque tournant de route, je me retrouve seul avec ma misère. Après tout, qu'est-ce que ma misère et que suis-je? Je n'ai pas le droit de me plaindre. Que Dieu me pardonne cette faiblesse des larmes qui me montent aux yeux à vous écrire et qu'Il me garde.

Pardonnez-moi, vous aussi, à cette heure où vous vous en allez, toutes les peines connues ou inconnues que si souvent, je vous ai causées. Vous m'avez mené jusqu'aux portes du sanctuaire, mais les degrés se sont dérobés sous mes pas. Qu'importe, votre œuvre est faite, et le mérite acquis devant Dieu. Je lui demande, chaque jour, cette chose unique : que vous n'ayiez jamais à rougir de moi...» (Lettre à M. l'abbé Corignet, 20 juillet 1910.)

En septembre, il obtient une permission de dix jours, pour s'en aller respirer l'air de la mer et « l'odeur alléchante du pardon de Puwizi.» Il n'a pu voir son bienfaisant ami, il lui écrit : « Locmaria est inconsolable de votre perte et Locmaria n'est pas le seul. Le presbytère me semble vide à présent et un vers me venait à la pensée, en y errant :

Un seul être vous manque et tout est dépeuplé. »

A cette tristesse, d'autres viennent s'ajouter. Il fait part à son bienfaiteur de ses inquiétudes sur la santé de sa sœur, de son frère et même de sa mère : « Mêmes tristes histoires à Klavezig. Ma mère s'affaiblit de jour en jour. Elle aura bientôt soixante ans. Quand je considère cela et la possibilité de la perdre tout à coup ; quel problème angoissant que celui de mon avenir! M'en aller, si Dieu rappelait à Lui ma mère, qui s'occuperait des deux pauvres malheureux qui resteront après elle? Priez pour moi encore et toujours... »

En même temps, le problème de sa vocation et de son avenir

se pose avec plus d'insistance que jamais. Les deux seuls chemins qui s'ouvrent devant lui, à la sortie de la caserne, sont : se faire moine bénédictin ou rentrer dans la vie laïque : « Si j'étais seul au monde, je vous prie de croire que je n'hésiterais pas un seul instant. La vie laïque ne m'a jamais attiré par aucun de ses aspects, et ce serait pour moi une joie immense, un honneur dont je suis indigne, de vouer à Dieu ma vie tout entière. Mais j'ai une famille dont je suis en quelque sorte le chef. Puis-je l'abandonner ainsi pour aller où mes goûts m'appellent? Je dis « des goûts » et ne parle pas de vocation : ces obstacles quasi insurmontables que Dieu met sur ma route ne sont-ils pas un signe précisément que je ne suis pas appelé? Qui en décidera?... » (Lettre du 13 septembre 1910.)

« Il y aura deux ans, aux premiers jours du mois prochain, j'étais en retraite à Cormontreuil, près de Reims. Un père jésuite, très expérimenté, puisque depuis de longues années, il ne s'occupe que de direction, y reçut ma confession, et je le fis descendre, jusqu'au fond de ma misère. Et il me dit : « Les commandements avant les préceptes. Avant tout, vous vous devez à votre famille. Mais espérons que d'ici la fin de votre service militaire, Dieu aura aplani bien des difficultés. » Deux années se sont passées et le problème est resté toujours semblable, et je ne vois comment, l'an qui reste, aplanirait les difficultés que je vous expose... »

Sa mère est aux prises avec de sérieuses difficultés matérielles. Le père a dû emprunter pour faire construire la « maison blanche » de Kerclavezigs et les créanciers sont las d'attendre : « Vous voyez que ma situation est plutôt dure et que je me vois, après le mirage bénédictin, dans la nécessité de m'arrêter à considérer cette autre perspective : la vie laïque. »

Dans la situation sans issue où il se trouve, il se tourne vers son meilleur ami : « Votre conseil sur ces questions me sera très précieux. Car je ne vous cache pas que la décision que je prendrai ne viendra pas de moi. Elle sera fournie par quelques consultations pareilles à celle du Père Jésuite dont je vous ai parlé. Je suivrai l'avis de la majorité des consultés. Vous êtes un de ceux-là. Il y a, peut-être, quelque cruauté à vous demander avis sur une chose où vous êtes à la fois juge et partie, mais la question est trop grave en soi pour que je la résolve seul. Et vous êtes le premier aux lumières de qui je dois faire appel. Donnez-moi votre réponse devant votre conscience et Dieu... »

Le bon prêtre consulté lui répond : « Priez et poursuivez vos consultations. » Un de ses anciens directeurs est du même avis et ajoute que s'il rentrait dans « le monde », sa vie serait pénible et pleine de regrets, qu'il ne pourrait à lui tout seul soutenir ses pauvres malades. Il souffre de cette dernière réponse, car il croit que cet ecclésiastique s'imagine qu'il tient à rentrer dans le siècle, que sa demande n'était qu'un faux-fuyant pour envelopper un aveu qu'il n'osait faire franchement ! « Vous du moins, dit-il, à son guide, vous savez que rien n'est plus faux et que je n'aurais pas demandé mieux que d'être prêtre et que je me ferais religieux, aujourd'hui encore, sans une minute d'hésitation, si le bon Dieu ne m'avait pas, en privant ma mère de tout secours, rendu chef de famille... »

Le Père Jésuite, son Directeur de Paris, à qui il s'est aussi adressé, est tombé malade précisément le jour où il a reçu sa lettre. Trois jours après, il mourait, sans avoir pu lui répondre : « Vous voyez que jusqu'ici, je ne suis pas gâté, en fait de lumière... » Reste le Supérieur du Grand-Séminaire de Vannes, auquel il a jadis exposé la situation de sa famille, après l'avoir mis au courant de son état de santé à lui, et de celui de ses sœurs et frère. A sa sortie du Séminaire, il lui a laissé le choix entre un monastère et la vie laïque. Il lui écrit de nouveau et le prie de demander au père Marsille, prieur en Belgique, des anciens bénédictins de Kergonan, à quelles conditions précises, il pourrait être admis dans son couvent. Lorsqu'il aura reçu cette réponse, il décidera, bien qu'il n'ait « aucune confiance en lui-même, à ce sujet ». « Si la solution que je choisis n'est pas la bonne... j'aurai fait tout ce qu'il est possible de faire pour s'éclairer dans un pareil cas... » Sa mère ne sait rien encore quant à sa situation actuelle : « Quel coup, pour elle, quand elle apprendra tout ! Son rêve à elle aussi sera brisé, comme le vôtre, comme le mien, pour elle ce sera une catastrophe absolument inattendue. Que Dieu la bénisse et lui donne des forces... »

La réponse du Père bénédictin lui arrive : « Les paroles de ce moine ont été dures à entendre, et j'ai bien failli me mettre à pleurer. Comme vous, je m'attendais à ce qu'il m'accepte. Il n'a pas été ainsi. Que la Volonté de Dieu soit bénie ! en cela comme en le reste. Maintenant que j'ai réfléchi, plusieurs jours et plusieurs nuits, à cette rentrée dans le monde qu'il m'a donnée, comme étant la décision de Dieu, j'ai été effrayé, songeant combien peu j'y suis préparé. Ce ne sont pas les médisances que feront de moi ceux qui ne sauront pas le motif de mon départ du Séminaire (je tiens à ce que le plus petit nombre possible le sache ; mon départ, pour le commun, doit paraître volontaire) ; ce ne sont pas les heures dures prévues, ni les souffrances personnelles qui me font peur. Mais jusqu'ici, je n'étais pas seul, je marchais encadré avec les autres, ayant camarades et guides. A présent, ce sera l'isolement et le « débrouille-toi tout seul. » Est-ce trop d'espérer, de croire, malgré la peine que je vous cause, que vous voudrez bien me conserver votre amitié et votre appui. J'ai d'autres afflictions, mais là, c'est moi qui suis le fort, le guide, pauvre guide ! Tandis que vous avez été toujours mon soutien et mon réconfort à moi, jusqu'à présent. si je vous perds, je serai bien seul et bien faible contre le monde.

D'autres m'abandonneront, sans doute, parce qu'ils aimaient l'habit plutôt que l'homme, je ne leur en veux pas, je n'en ai pas le droit, qu'y a-t-il en moi qui puisse mériter et retenir l'affection ? Mais vous, je ne crois pas, bien que je n'aie rien fait pour attirer votre bienveillance et que je m'en sente indigne profondément.

Pourquoi ne m'a-t-on pas laissé partir, à la mer, lorsque mon père mourut, l'année où vous êtes venu à Groix. Je vous aurais évité ainsi le gros chagrin de votre œuvre de huit ans détruite. Mais là, encore, je n'ai fait qu'obéir... Que Dieu soit béni dans toutes ses voies ! Ce que je vais devenir ? Je n'en sais rien... Priez pour moi, plus que jamais, j'ai besoin de beaucoup d'énergie et Dieu seul la donne. Moi, je ne vous oublierai jamais... »

C'était pour une âme tendre et pieuse comme la sienne, la plus cruelle des épreuves, mais loin de se laisser abattre par ce malheur, de se lamenter ou de se révolter contre le ciel, il ouvre l'Evangile, ce livre de vie où chaque parole du Christ qui « a souffert les maux les plus durs est une fontaine de forces. » Et de son cœur « rassasié d'amertume » s'échappe l'un des plus beaux poèmes qu'il ait écrit, *Fiat* [1], cet hymne magnifique de résignation et de bénédiction.

1. Voir « *A GENOUX* », p. 100.

Il oublie ses souffrances, pour compatir aux maux d'autrui. J'ignorais qu'il se débattait dans ces transes morales, lorsque je lui confiai, en avril 1911, que je souffrais physiquement et surtout moralement, dans cet immense Paris « aux tourmentes fatales » et que je cherchais, dans la lecture de Nietzsche, une diversion à ma douleur. « Ta lettre sans me surprendre, me déclare-t-il, m'a affligé. Ce n'est pas avec toi que j'irai chercher des détours pour exprimer ma pensée. Je t'avoue franchement que ce « Nietzsche » sur ta table et dans ton estime m'a fait de la peine. Je t'envoie pour le remplacer, avec avantage : *La Douleur* de Blanc de Saint-Bonnet. Ce livre avec mon *Imitation* me suit partout. Il est un peu dur à lire, mais les pensées sont si belles, elles te feront du bien. Lis-le, approfondis-le ; après tu compareras la marchandise et en toute loyauté, tu concluras.

Sois tranquille. Cette crise de dégoût et de désespoir, où tu te débats présentement, était prévue. Fatalement, elle devait venir, et aucune de tes confidences, à ce sujet, ne m'étonnera, aucune. Jeune, comme tu l'es, exilé, isolé et obligé de lutter pour la vie, un moment devait arriver où tu te laisserais vaincre par le découragement. C'est la marque que tu as conservé ta délicatesse d'âme ; si tu l'avais perdue, tu aurais hurlé avec les loups, au lieu de t'éloigner d'eux, avec horreur.

Cependant ne va pas trop loin. Il n'y a pas que des loups de ce côté-ci de la mort. Des cœurs aimants, des âmes nobles, on en trouve encore ailleurs que dans les rêves brumeux de Nietzsche. Ferme ce livre et lis celui toujours ouvert de la Bretagne. Là, tu trouveras toujours des frères pour t'accueillir. Quand tes études finissent-elles ? J'ai hâte de te voir revenu en Bretagne. Alors, nous reprendrons, à quelques-uns, tes rêves d'adolescent commencés à Sainte-Anne, rêves de résurrection et de grandeur pour la patrie aimée, sauf Dieu, plus que tout. Le mouvement breton prend chaque jour plus d'ampleur ; les énergies les plus diverses y concourent, si diverses que je prévois une prochaine scission. Alors, si je suis encore là, je t'appellerai et tu viendras — n'est-ce pas que tu viendras ? — *corde cum Leonis* (avec un cœur de lion), te joindre au petit groupe de jeunes que nous voulons former et qui se donnera mission de défendre jusqu'au bout, sans lâcher pied, la culture catholique et celtique, en Bretagne. Plus tard,

nous reparlerons longuement de toutes ces choses. Sache seulement que je compte sur toi pour être mon frère d'armes, dans ces
batailles que nous ferons et qu'on nous fera très rudes. Gourenner
lemm da bluen! (Lutteur aiguise ta plume!) Écris-moi bientôt
et aussi souvent que tu voudras : va c'halon a vezo digor bemdeiz
évidout, ha va fluen prest da redek. Kenavo, Léon ker, kred mat
emon ganid a greiz kalon en da boaniou, me ive am eus bet deiziou
ha miziou kalet ka kri, aboue ni hon beuz kuitaet douar beniget
Santez Anna. Mes Doue ha Zent hor bro en deus va c'honfortet
bepred. Me ho fed hirio evidout, ha sant Leon ive (il m'écrivait
le jour de la fête de saint Léon le Grand). Skriv eul lizer hir, digor
da galon d'in, lavar d'in da fouaniou. En eur c'halon karantezus
e kouezo da gomzou. Ha na vern petra a zigouesfe ganid pe ganim,
kred start emoun brepred, da vignon da viken en Doue ha Breiz.
Yann [1]. »

Il ne me parlait guère, dans ses lettres, des heures cruelles qu'il
vécut. Pourtant, en m'annonçant, en août 1911, la mort d'un de nos
condisciples, Jean C..., jeune prêtre : « Qu'il est heureux celui-là,
disait-il » et il m'avouait que je n'étais le seul à souffrir de la vie :
« J'ai eu ma part aussi, et je ne m'en plains pas, puisque Dieu qui
est Père l'a voulu. Je sors de la caserne, le mois prochain. Mais ce
ne sera pas pour rentrer au Séminaire. La raison de cet abandon
de la soutane, peu le sauront ; pour tous, je veux que mon départ
paraisse volontaire. En réalité, il ne l'est pas. Il y a quatre ans que
je suis renvoyé, avant mon départ pour Paris. Un règlement,
commun aux Grands-Séminaires bretons, interdit l'accès des
Saints-Ordres aux sujets qui ont, dans leur famille, certains cas
pathologiques... C'est mon cas. Je vais donc rentrer dans le monde,
gagner du pain pour les miens, pour ma mère qui atteint ses
soixante ans et ne peut guère travailler. A ma sortie de caserne,

---

1. Mon cœur te sera toujours ouvert, et ma plume prête à courir. Au revoir, cher Léon,
crois bien que je suis avec toi de tout cœur dans tes peines. Moi aussi, j'ai vécu des jours et
des mois cruels et durs, depuis que nous avons quitté la terre bénie de Sainte-Anne. Mais
Dieu, les saints de notre pays m'ont réconforté toujours. Je les prie aujourd'hui, pour toi,
et saint Léon aussi. Ecris-moi une longue lettre, ouvre-moi ton cœur, dis-moi tes peines.
Tes paroles tomberont dans un cœur affectueux. Et qu'importe ce qui peut t'arriver ou
m'arriver, crois fermement que je suis toujours, ton ami à jamais en Dieu et la Bretagne.

JEAN.

je préparerai mon brevet pour devenir probablement instituteur libre, peut-être à Groix.

Le motif de mon exclusion, tu le vois, n'a rien de déshonorant pour moi... Ma mère ne sait rien encore, on va lui apprendre la triste nouvelle, ces jours-ci... Quel coup pour elle! Je te demande, cher Léon, un bout de prières, pour les miens et moi. Je vais en avoir tant besoin. Quand même, avec la grâce de Dieu, je ne me découragerai pas... » Il était bien de cette race,

Que rien ne peut dompter, quand elle a dit : Je veux!
BRIZEUX.

VI

A MESNIÈRES

Le 23 septembre 1911, J.-P. Calloc'h quitte la caserne et le 2 octobre, il se rend à Mesnières (Seine-Inférieure) où une place de surveillant lui est offerte, dans une institution semblable à celles de Priziac et de Reims.

Il a bien fallu annoncer son changement d'état à ses parents : « C'est M. le Recteur qui s'est chargé de cette délicate et triste mission, écrit-il à M. l'abbé Corignet. Ce fut très dur, ils la reçurent d'une manière presque agressive pour celui qui l'apportait. Tout est arrangé maintenant. La chose est définitivement acceptée. On la connaît à Groix... »

A Mesnières, il rencontre, comme professeurs et maîtres d'études, des gens un peu de tous les pays, d'anciens frères de toutes les congrégations. Il aura un dortoir à faire, ce qui l'ennuie : « Mais si l'on me donne, dit-il, des honoraires convenables (le Supérieur attend de me voir pour les fixer), j'y resterai. Sinon, non. »

Il a l'intention de n'y séjourner qu'un an, afin d'y préparer son brevet : « Dès que je l'aurai, je rapplique à Groix où j'ouvrirai, en novembre, l'école de pêche que M. le Recteur m'offre de fonder. Et si cela va, je ne vois pas pourquoi je changerais. Ce ne sera pas le Pactole, mais si je puis arriver à 1000 ou 1.200 francs par an, à Groix, ce sera suffisant pour notre petit train de vie... »

Un examen pour l'obtention du brevet élémentaire a lieu le 23 octobre. Le Recteur de Groix désire qu'il s'y présente, le Directeur de Mesnières, après avoir fait des difficultés, subitement lui conseille de tenter l'aventure. Passif, il obéit, mais se demande les raisons de ce revirement : « Sans doute que ma tête ne lui revient pas, et comme je lui ai dit que si, par impossible, j'étais reçu, — car c'est fou de se présenter au brevet sans préparation ! — je retournerais à Groix, il est probable qu'il désire m'y expédier plutôt que de me donner des honoraires. Car je suis ici, dans une singulière position. Venu, pour être surveillant auxiliaire, avec promesse de me fixer mes honoraires, — quand je vous aurai vu, et ils dépendront de ce que vous aurez à faire ; je donne beaucoup aux surveillants auxiliaires, quand je donne (phrase du Directeur), — je me suis vu, à mon arrivée, parce que je me présente, à l'examen, dans quinze jours, déchargé de toute surveillance, sauf d'un dortoir la nuit. De sorte que, si par hasard, j'étais reçu, je me demande aux frais de qui j'aurai été nourri et logé. Si c'est aux miens, c'est un guet-apens. Et si je suis collé — ce qui est le plus probable, — je ne suis même pas sûr d'avoir des honoraires, n'étant que surveillant auxiliaire, et lesdits surveillants ne sont pas payés. Je serai probablement obligé, le 23, après mon échec, de poser moi-même la question au directeur. S'il ne me donne pas, au moins, 500 francs l'année, je fais mes malles et repars à Groix... Je travaille toute la journée, sans autre interruption que la messe du matin, les repas et le salut du soir. Je demande au bon Dieu de me faire recevoir, puisque la chose arrangerait davantage M. le Recteur dont les intentions sont toutes à la gloire de Dieu (c'est mon grand argument dans mes prières). Priez aussi aux mêmes fins. Le Bon Dieu et la Vierge vous entendront plus facilement que le chemineau que je suis. C'est égal : si j'étais reçu, quelle tête je ferai à la Commission ! Ce sera le comble de l'ahurissement. A propos de comble, j'y habite. Ma mansarde est accrochée sous le toit d'une des tours principales du château de Mesnières. C'est le comble du froid. Heureusement, j'ai un bon poêle pour l'hiver, mais... j'ignore si on me donnera de quoi le bourrer... Le château est de style Renaissance et d'assez belle apparence, parc remarquable, escaliers abominables, chambres lamentablement petites. Le pays est assez accidenté, des pâturages sans fin, des prairies herbeuses émaillées de vaches, comme disait Fénelon, de bœufs, de cochons, de poules, d'oies. Paturage et élevage sont les deux richesses du pays. Mesnières est une toute petite commune de 300 habitants, dont une dizaine environ viennent à l'église. Population riche et raréfiée : pas d'enfants... » (Lettres à M. l'abbé Corignet, 6 octobre 1911.)

Après quinze jours de préparation au brevet, il part pour Paris et se présente devant les examinateurs : « Je suis allé sans encombre jusqu'à l'oral, déclare-t-il, malgré 1 sur 20 en arithmétique. A l'oral, je n'ai eu de bonnes notes qu'en français. Il me manquait sept points pour être reçu. Ce sera pour le mois de juin, espérons-le... » (Lettre à M. l'abbé Corignet, 28 octobre 1911).

Il retourne à Mesnières où « il aura beaucoup de travail, et peu d'honoraires. » Aussi voudrait-il trouver un journal de Paris où écrire, moyennant finances ; il ne sait à qui s'adresser pour en dénicher un. Il aimerait bien travailler pour la *Bonne Presse*... « Mais qui me servira d'introducteur dans ce sanctuaire... Priez le bon Dieu de me suggérer un moyen efficace... »

Il songe à une licence de lettres, il serait plus à son aise, comme professeur d'enseignement secondaire, quelque part en Bretagne, il me prie de l'aider à trouver à Paris, soit un poste de répétiteur, soit un poste de secrétaire assez bien rétribué, qui lui laisse des loisirs pour préparer ses examens.

Il se plaint de la façon d'agir du Directeur de Mesnières qui lui a joué « un tour de Normand ». « Ayant commis la bêtise, me confie-t-il en février 1912, de venir ici sans fixer, à l'avance et d'une façon formelle, les conditions de mon entrée dans la maison, je me suis vu obligé, au bout du compte, d'y accepter la place du comptable qui venait de partir. Et me voici, depuis novembre, alignant chiffres sur chiffres, fourré jusqu'au cou dans la comptabilité en partie double dont je n'avais même pas idée, avant de venir ici. Je ne sais pas si j'en ai davantage depuis. C'est un travail écrasant. Pas une minute de repos, même le dimanche. Je n'ai pu faire qu'un article de journal depuis que je suis là, alors que j'en avais fait d'innombrables à la caserne. J'en ai pourtant promis, comme j'ai promis des poèmes au *Clocher Breton*, comme j'ai promis aux *Annales de Bretagne*, une étude sur le breton de Groix. Je n'ai pas le temps de tenir aucune de mes promesses. Tu as dû savoir que l'*Hermine* de Tiercelin était morte. C'est ce qui m'a fait transporter mes pénates au *Clocher Breton* dont je compte devenir, plus tard, le collaborateur assidu, puisque notre projet de revue à nous — momentanément du moins — a échoué, faute de ressources. » Nous avions, en effet, conçu le dessein de fonder une revue mensuelle pour le pays de Cornouailles, sur le modèle de *Dihunamb*.

L'*Union Régionaliste Bretonne* traverse, en 1912, une crise. Une scission se produit dans son sein. Les dissidents forment un nouveau groupe : l'*Unvaniez Arvor* (La Fédération Régionaliste Bretonne) dont Calloc'h fait partie : « J'espère bien, écrit-il à son confident habituel, que le clergé sera avec nous... Ce serait le moment pour nos prêtres de montrer, en entrant dans ce groupement nouveau, qu'ils sont bretons autrement qu'en paroles... » Il est même nommé, malgré lui, dans son nouveau groupe, secrétaire de la Section de langue bretonne, « ce qui l'obligera, pendant les vacances prochaines, à se rendre au Congrès de Douarnenez. » M. Yves Le Moal de Guingamp lui écrit pour lui demander son avis sur une *Union Catholique Bretonne*, « *Emgleo Feiz ha Breiz.* » Il y donne son adhésion.

Après trois ans de séparation, je le revois à Paris, en juillet 1912. Toute sa personne respirait la force et la santé. Très grand, le buste large, la tête puissante, la mâchoire inférieure légèrement proéminente, le regard clair, la figure énergique avec un pli de souffrance au front ; une physionomie de penseur et de lutteur. Il avait conservé son enthousiasme de jadis et sa foi dans l'avenir. Il me tient compagnie toute une après-midi et m'apprend la prochaine parution, à Lorient, d'une revue d'*Action Bretonne* « la plus vivante de toute la Bretagne, à sympathie catholique ». « Yves Le Diberder en aura la direction principale, elle s'appellera *Brittia*, c'est le nom vieux celtique de la Bretagne, d'après d'Arbois de Jubainville et René Le Roux qui font autorité dans la matière. Les principaux collaborateurs seront Méven Mordiern et ton serviteur. De confiance, j'ai fait mettre ton nom de guerre, parmi ceux des collaborateurs. » Un peu plus tard, il m'écrivait : « Le premier numéro de *Brittia* va paraître. Tu connais sa ligne de direction. Le jour où elle cessera d'être ce qu'il est entendu qu'elle sera, j'ai dit à Diberder que je me séparerai publiquement de lui. Nous ferons en doctrine et en littérature bretonne tout le catholicisme et les actes de foi que nous voudrons. La revue ne recevra aucun article qui puisse porter ombrage à l'orthodoxie la plus stricte. Cela a été dit et redit. Ma collaboration n'a été acquise qu'à ce prix... »

VII

SON SECOND SÉJOUR A PARIS

Brûlant du désir de revoir son pays natal, J.-P. Calloc'h débarque à Groix, le 10 août. Le travai! écrasant, qu'exigeait la tenue de la comptabilité à l'Institution de Mesnières, l'a beaucoup fatigué ; il veut se reposer une quinzaine de jours, près des siens et espère, pendant ce temps, trouver, en Bretagne, un emploi suffisamment rétribué, pour pouvoir aider sa mère. Le 13 août, il me prie, par écrit, de demander pour lui, à la Faculté de Droit, la feuille du *curriculum vitæ*, afin d'obtenir l'exonération des inscriptions. Il craint d'être obligé de retourner à Mesnières. Il est heureux de retrouver en Bretagne son ami, Yves Le Diberder qui prépare le lancement de sa revue *Brittia*. Il l'aide à traduire, en breton, un récit irlandais déjà publié par d'Arbois de Jubainville : *Derdriu pe Harlu Mibion Husneh* (Derdriu ou l'Exil des Fils d'Usneh). Un fragment paraît dans le premier numéro de *Brittia* suivi d'une étude de J.-P. Calloc'h sur *Les Abris* et l'*Almanach du marin breton* (Brittia, septembre 1912, numéro 1).

Au début de septembre, je reçois coup sur coup, plusieurs missives de mon ami : « Je ne retourne plus à Mesnières, je n'ai pu m'entendre avec le Directeur. Vois au galop, s'il y a encore quelque poste vacant à l'Ecole Supérieure de Commerce et présente-moi comme candidat.

Réponds-moi *illico*. C'EST TRÈS PRESSÉ... Dépêche-toi (*Hast buan*) de me donner signe de vie... »

Continuant mes études de médecine à Paris, j'occupais à l'Ecole Supérieure de Commerce, Avenue de la République, un poste qui me permettait d'être libre toute la journée. En l'absence du

Directeur, le sympathique M. Wiriath, je m'adresse au Sous-Directeur et au Surveillant Général. Je leur expose la requête de Calloc'h ; sur ma recommandation, sans même l'avoir vu, ils acceptent sa collaboration.

Et quelques jours plus tard, j'avais le plaisir de partager ma chambre avec lui. Isolée dans un angle du bâtiment où les bruits de la rue arrivaient assourdis, elle était d'une simplicité monacale, avec ses deux lits de fer, ses deux armoires et ses deux tables. Nous rapprochâmes ces dernières et assis en face l'un de l'autre, nous reprîmes nos entretiens de jadis, sur notre Bretagne tant aimée que nous avions dû quitter. Nous nous fîmes part de nos projets : nous étions résolus à conquérir surtout l'indépendance qui nous permettrait de réaliser nos rêves d'adolescents et de travailler à la gloire de Dieu et de la Bretagne. Plus que jamais Calloc'h désirait consacrer toutes ses forces, au service du breton et du relèvement national ; aussi voulait-il étudier l'histoire de son pays, acquérir une connaissance très approfondie de sa langue, en faire un instrument capable d'exprimer clairement ses idées, et enfin produire des œuvres originales. Son ambition était de convertir à ses idées le plus grand nombre possible de ses compatriotes, de susciter un mouvement intellectuel dans les classes cultivées bretonnes.

Deux années de séjour à Paris lui suffiraient pour préparer sa licence d'histoire, et son diplôme en poche, il regagnerait la Bretagne, y solliciterait un poste de professeur dans une institution libre ; cette situation lui permettrait d'écrire les ouvrages dont il rêve.

Dès son entrée en fonction, il déchante, en constatant que cette place de répétiteur d'externat, qu'il occupe à l'Ecole de Commerce, l'oblige à y demeurer toute la journée. Elle lui accorde des heures de loisir, mais très éparpillées et ne lui permet pas de suivre les cours de la Sorbonne. Il lui faudra étudier dans sa chambre, en étude, tout en surveillant ses élèves. Il prend, cependant, une première inscription, à la Faculté des Lettres et conte ses doléances à M. Corignet « Je suis surveillant d'externat, je suis pris dans la journée seulement et je fais un dortoir, une nuit sur quatre ; 50 francs le premier mois et 100 francs ensuite. Je ne pourrai avoir la messe qu'un dimanche sur deux et je fais gras à un repas tous les vendredis. Si je trouvais autre chose, certes, je la prendrais. Mais c'est très difficile de trouver des places qui rapportent et je suis obligé de regarder avant tout à la question d'argent. Si je pouvais en trouver une, en Bretagne, même dans le Commerce, j'abandonnerais volontiers celle-ci pour elle... L'idéal serait d'avoir, à Lorient n'importe quoi, me permettant de donner au moins 100 francs par mois à ma mère. On me cherche ce n'importe quoi. Mais je ne sais si on réussira » (Lettre du 4 octobre 1912.)

Il sent que le milieu, dans lequel il doit vivre, est hostile à ses croyances et à ses idées. Il est tout autre que celui de Reims et de Mesnières ; il comprend des étudiants, aux allures un peu libres, des intellectuels à la recherche d'une position sociale. Jean-Pierre est quelque peu gêné dans cette ambiance areligieuse sinon antireligieuse, aussi conserve-t-il, à l'égard de ses confrères, une attitude plutôt froide et réservée dont il ne se départira guère durant son séjour dans cette maison.

Il ignorait le respect humain, toujours il remplit fidèlement ses devoirs de chrétien, jamais il ne cacha ses convictions, ne rougit de sa foi. Il disait vrai, en écrivant ces phrases : « Dans le milieu où je suis forcé de vivre, pour avoir dès le début exposé, avec insolence, que j'étais réactionnaire et clérical, pour avoir expliqué, sans douceur, à quelques cuistres, que si l'on abordait, irrespectueusement devant moi, certaines questions, je dégageais, à l'avance, toute responsabilité au sujet de diverses explorations de braies auxquelles pourrait se livrer mon pied, durant, dis-je, que je me faisais traiter ici de « sacristain », de « calotin » ce « curé manqué » (les aimables garçons ne savaient d'ailleurs pas à quel point ils tombaient juste) et que je répondais luxueusement à ces injures, de jeunes vicaires de mon pays, dont plusieurs furent mes bleus à Sainte-Anne, me bombardaient anticlérical. C'est philosophique la vie! » Et dans son allocution aux élèves de l'Ecole Supérieure de Commerce, le jour de la distribution des prix, le 12 juillet 1918, l'excellent M. Wiriath, le Directeur qui portait la plus grande estime à Calloc'h, avait raison de s'écrier : « Le réconfort dans une vie qui n'était pas unie, il le puisait dans une foi ferme, aimée, trésor hérité des ancêtres, qu'il pratiquait sans ostentation, mais aussi sans respect humain, cette pire forme de lâcheté. »

Malgré tout, il sent qu'il ne peut s'adapter à ce genre de vie, il cherche, pendant toute une année scolaire, à s'évader de cette atmosphère où il étouffe, il multiplie les démarches, pour obtenir un poste en Bretagne.

Au début de l'année 1913, il apprend le départ du Directeur de l'Ecole de Pêche de Groix. Il brigue cette succession dont il apprécie les avantages : « environ 4.000 francs par an, six mois de vacances et tout ça à Groix. » Il se renseigne au Ministère de la Marine sur les conditions à remplir ; il sollicite l'appui de quelques parlementaires bretons, fait agir des amis dont l'influence peut lui être utile. Le Conseil de l'Administration de l'Ecole, présidé par le maire, se prononce à l'unanimité, en sa faveur. Un de ses camarades de caserne, sur le dévouement duquel il peut compter le fait recommander, d'une façon toute spéciale, au Préfet du Morbihan ; il lui assure qu'il obtiendra satisfaction, qu'à son avis, c'est chose faite. Mais Jean-Pierre Calloc'h devait compter avec le sectarisme de l'époque. La Préfecture, après enquête locale faite par l'Administrateur de la Marine du quartier, après avoir reçu des lettres de Groix révélant « le tout et le reste », sur le compte du candidat, refuse mordicus de l'agréer. Il est trop clérical : « Cette affaire, raconte-t-il, à son confident, était, en suspens, depuis cinq mois. Je me suis remué tant que j'ai pu pour aboutir à cela. Aussi bien, je n'avais jamais trop compté là-dessus et ça ne m'a pas empêché de prendre mes inscriptions de licence dont je compte passer l'examen l'an prochain... »

Il n'oublie pas sa mère, il lui écrit tous les dimanches, la réconforte par ses bonnes et encourageantes missives, lui demande des nouvelles des siens, s'attriste d'apprendre que sa sœur garde le lit, que son frère va de mal en pis, que la maman est très fatiguée. A la fin de chaque mois, il lui fait parvenir les quatre cinquièmes de ses maigres émoluments.

Paris, cette ville pleine de tentations et de fièvres, ne l'éblouit pas, il ne cède pas, une seule fois, à ses charmes.

Il y conserva la pureté de son âme et de son corps et ses ferveurs. Jamais il n'entra dans un théâtre de la capitale. Très épris de musique, il assista, quelquefois, aux concerts Touche et Colonne.

Les jeudis et jours de congé, je l'accompagnais à la Bibliothèque

Nationale ou aux Archives Nationales. Il continuait à y chercher des documents pour sa future *Histoire de l'Ile de Groix*. Le résultat de ses trouvailles était consigné dans un volumineux cahier, aujourd'hui la propriété du Dr F. Davigo qui a l'intention de compléter l'œuvre de son compatriote et de la publier.

Il emprunte des ouvrages d'histoire à la Bibliothèque de la Sorbonne et à celle de l'Ecole Supérieure de Commerce et, aux heures de liberté, dans sa chambre, il lit, étudie, prend des notes. Son armoire lui servait de bibliothèque, les rayons portaient quelques ouvrages rapportés de Bretagne ou achetés aux bouquinistes des quais : Homère, Virgile, César, Saint-Augustin, les Pères de l'Eglise voisinaient avec les œuvres de Jaffrennou, d'Yves Le Moal, de Vallée, de l'abbé Le Clerc, du Père Dom Gougaud (*Les Chrétientés Celtiques*), de Barthélémy Pocquet, de d'Arbois de Jubainville, de Loth, avec des romans de Wels, de Conan Doyle, de Stevenson, de Ruduyard Kipling, et de Sienkiewicz. Sur sa table de travail, se trouvaient à côté de son chapelet le *Novum Testamentum*, la *Biblia Sacra*, l'*Imitation de Jésus-Christ*, et la *Vie des Saints* en breton ; sa flûte reposait sur les *Irish Songs* et sur le recueil des *Chansons populaires du pays de Vannes* publiées par L. Herrieu avec musique notée par Duhamel. Très épris de musique, il aimait à me jouer des airs bretons qu'il réussissait à déchiffrer ou qu'il composait. C'est là, qu'il écrivit pour *Brittia*, des poèmes, en langue bretonne, où s'épanchait son âme pieuse, émue, prompte aux larmes. Un grand nombre des pièces que renferme le recueil « *A GENOUX* », furent composées sous mes yeux, dans cette chambre de l'Ecole Supérieure de Commerce. Il me les faisait lire, les traduisait en français, les transcrivait sur un gros cahier à la suite de ses poèmes en vers français écrits au collège : « Dans un an ou deux, confiait-il à M. Corignet, je pense pouvoir réunir mes poésies en un petit volume. Ça s'appellera *Ar en Deulhin*. La préface sera très courte, très originale, sans l'être.

C'est celle-ci qui a été faite depuis longtemps :

E hanu en Tad, hag er Mab hag er Spered-Santel [1].

---

1. Au nom du Père, du Fils et du Saint-Esprit.

Ce sera tout... Mais ce sont là des choses lointaines... »

Il y rédigeait, en français, de longues nouvelles, d'inspiration bretonne, telles *L'Etrange aventure de Jeb an Ozac'h Meur* et le *Vœu de Gwaron*. Il me fit lire le début d'un roman d'aventures qu'il avait imaginé : *Les Trois Marins de Groix* dont l'action se déroulait au temps de la Compagnie des Indes.

Il ne demeurait pas oisif, un seul instant, échangeait une ample correspondance avec ses amis, notamment avec M. Y. Le Diberder directeur de *Brittia*, Bulletin mensuel d'études et d'Action Nationale bretonne.

Les premiers numéros de cette revue contiennent quelques articles de Calloc'h écrits sur un ton acerbe qu'il devait regretter plus tard. Il entretient M. Le Diberder de son projet de fonder une ligue pour la diffusion et la culture de la langue bretonne, essaie de faire partager, à son camarade de lettres, ses convictions religieuses, réussit à l'amener à ses conceptions politiques. Il arrive que le Directeur de *Brittia* veut faire un voyage à Bruxelles, pour voir le Duc d'Orléans et lui exposer la doctrine du Nationalisme breton, avant de lancer un manifeste, en faveur de l'idée monarchique, car le Prince, croit-il, est disposé à faire revivre le contrat de 1532.

Mais bientôt Calloc'h et M. Le Diberder ne sont plus d'accord, sur la méthode à suivre, pour répandre leur doctrine. Le Directeur reproche à son collaborateur d'être moins enthousiaste, de lui ménager son aide. La raison est que Calloc'h est froissé par la fougue mêlée d'une pointe de vanité de son ami, et surtout, le ton violent des articles de la revue l'inquiète.

D'autre part, il reçoit de M. Le Senne, vicaire général de Vannes, aujourd'hui évêque de Beauvais, un mot qui le désole. En le remerciant d'un cantique auquel il a donné l'imprimatur, M. Le Senne lui dit : « Si vous faites toujours partie de la rédaction de *Brittia*, permettez-moi d'user de cette occasion pour vous dire combien son dernier numéro est regrettable. Il n'est pas permis de traiter un évêque comme on y traite Mgr de Saint-Brieuc » (Voir *Brittia* mois de mai p. 392-393). Cette lettre refroidit son zèle à l'égard de *Brittia*, il désapprouva hautement la manière de faire de M. Le Diberder, d'autant plus qu'il apprenait qu'un certain nombre de lecteurs de *Kroaz ar Vretoned*, dans l'évêché de Saint-Brieuc refusaient le journal de M. Vallée, parce que le nom de ce dernier se trouvait mêlé aux attaques dirigées contre l'évêque.

Certes, il goûtait les joies intellectuelles, mais elles n'arrivaient pas à le satisfaire, seul l'amour de Dieu rassasiait pleinement son cœur avide de calme et de paix intérieure. Le dimanche, s'il était de service, il priait un de ses collègues de le remplacer, pendant quelques instants, et il courait entendre la messe à Saint-Ambroise, l'église la plus proche. S'il était libre, il se rendait à Notre-Dame-des-Victoires, *Ti er Vam é* (c'est la maison de la mère) il y buvait la paix *men goalh, men goalh* (à satiété) : « On y prie si bien, disait-il, et les grâces de toutes sortes y ruissellent si abondantes», où bien il dirigeait ses pas vers la *Chapelle des Bénédictines de la rue Monsieur,* humble petite église, où l'on écoute sans se lasser, *mouéhieu kevrinus er guerhiézed e kannal d'er Pried* (les voix mystérieuses des Vierges qui chantent à l'Epoux). Nous l'avions découverte, après une lecture d'*En route* de Huysmans et nous aimions à y suivre les offices chantés par la voix tenue et voilée des moniales. Je me rappelle l'avoir accompagné plusieurs fois à la Basilique du Sacré-Cœur de Montmartre, lorsque les Bretons de Paris s'y rendaient en pèlerinage, sa puissante voix dominait celle des chanteurs, quand les cantiques bretons retentissaient sous les voûtes de la magnifique église.

Quelle joie pour lui, lorsqu'il pouvait quitter Paris et retourner vers les siens! « J'ai revu Groix, écrit-il à un ami, à la fin de juillet 1913, par un temps superbe. J'ai déjà tué mon cochon, tiré mes échalottes, bu des korvad[1] de lait, mangé du boudin, causé avec deux ou trois bonnes bouteilles de chez toi, chez le Père D..., fumé des cigares de la première grand'messe de M..., et retenu ma place pour aller au thon, dans une quinzaine... » Le 11 août, je recevais, de lui, une carte venant de Saint-Guénolé, près de Penmarc'h, elle portait ces mots : « *Suave mari magno... Deizmat, Kenavo* ». Il se trouvait en mer, à bord du thonier, l'*Aquilon*, capitaine Even. Il

---

1. Ventrées.

avait embarqué, dans l'espoir de faire bonne pêche et de rapporter quelque argent à sa mère.

Hélas! après avoir parcouru l'Océan, du golfe de Gascogne aux côtes d'Irlande, pendant dix-huit jours, l'équipage revint à terre, avec neuf poissons. *Peden ar Moraër* (La Prière du Marin) rappelle cette désastreuse campagne.

Pendant une escale, à Saint-Guénolé, il croit reconnaître, en la personne d'un acheteur de thon, M. Auguste Dupouy, le poète de *Partances*, mais n'ose lui adresser la parole. A son retour à Paris, en novembre, Calloc'h lui écrit pour le féliciter d'un article publié sur les *Pêcheurs bretons*, il en profite pour lui demander quelques renseignements sur son séjour en Bretagne, au mois d'août. Il apprend qu'il ne s'était pas trompé, son client de Saint-Guénolé était bien M. Dupouy. Destinant à la *Revue de Paris* une étude sur les Pêcheurs bretons, il se documentait en allant aux provisions. « C'est dommage que nous ne nous soyons pas reconnus, lui écrit M. Dupouy ». Mais il aura l'occasion de passer par Paris prochainement et sera heureux de le rencontrer, de l'interwiever sur les chalutiers de Groix et de Lorient. C'est à la suite de cette entrevue, que Calloc'h écrivit une longue étude sur *Les Pêcheurs bretons en Mauritanie*[1], il la destinait au *Correspondant*, mais le directeur de cette revue ne l'accepta pas et elle demeura en manuscrit. Je ne sais s'il communiqua ce travail à M. Dupouy, mais il lui adressa des articles parus dans le *Pays breton*, des notes, des indications précises, sur la vie du bord, sur la drague, sur les escales, le débarquement à la Rochelle. L'écrivain le remercie de ses précieux documents où il aura beaucoup à prendre[2], « les farces des pêcheurs groisillons à la Rochelle amuseront certainement les lecteurs » ; il met, à la disposition de Calloc'h, les quelques relations sur lesquelles il peut compter, à Paris, écrit au poète Frédéric Plessis pour lui annoncer la visite de « Bleimor », l'invite à aller voir Charles Le Goffic « qui reçoit d'une façon très simple et très accueillante, le dimanche matin... » Notre ami est enchanté de pouvoir frayer avec les poètes, les écrivains, les savants bretons séjournant à Paris.

1. Cf. *Union Agricole* du 8 novembre 1924 et suivants.
2. M. Auguste Dupouy préparait alors son livre sur les *Pêcheurs Bretons* (E. de Boccard, éd., Paris, 1920). Il y est fait mention de ces renseignements, p. 154).

En novembre 1913, il écrit à M. Loth, l'érudit et savant professeur de langues celtiques, au Collège de France : « Monsieur et Cher Maître, Bien que n'ayant jamais été votre élève, au sens propre du mot, vos livres m'ont appris assez de choses, pour que je me croie autorisé à vous donner ce titre. Aussi bien, je suis votre élève « de désir », car s'il est un cours à Paris auquel je serais heureux d'assister, c'est bien le vôtre. Malheureusement, je ne suis pas maître de mon temps.

Mais venons au fait. Depuis 1906, je m'occupais de recueillir, au cours de mes conversations de vacances, les mots groisillons, maritimes ou autres qui me paraissaient spéciaux à l'île. Ce petit travail est aujourd'hui terminé [1]. Étant donné, le temps que j'y ai mis, je crois pouvoir affirmer que très peu de mots m'ont échappé. J'y ai joint une collection (incomplète) de noms de côtes, anses, rochers, etc... (écrits comme on les prononce) et compte finir l'an prochain, au plus tard, par une transcription des noms du cadastre. Vous devez avoir ce cadastre. Beaucoup de noms y sont défigurés, (il fut dressé sous Louis-Philippe) par des gens qui ne savaient pas le breton. Cependant plusieurs termes sont assez reconnaissables et ne présentent guère d'intérêt linguistique. Lorsque vous rentrerez à Paris, je pourrai d'ailleurs vous le communiquer, si vous ne l'avez pas. Mais je suis loin d'avoir la vraie prononciation de tous les mots.

Autre question, et peut-être indiscrète : l'abbé Le Bayon m'a dit que vous lui aviez offert autrefois, une « bourse d'études » du Ministère de l'Instruction Publique, pour étudier le breton de Groix. D'autre part, Le Diberder m'assure qu'on ne donne plus de ces « bourses d'études » pour l'intérieur. J'ose vous demander ce qu'il en est au juste [2]... »

M. Loth invite Jean-Pierre à venir le trouver au laboratoire de phonétique du Collège de France, le reçoit à son domicile, l'honore de son amitié, l'aide dans ses démarches, pour trouver la situation qu'il rêve et qui lui permettrait de préparer sérieusement sa licence d'histoire, tout en assistant aux cours de langues celtiques du Collège de France et de la Sorbonne. Un des grands regrets de

1. Nous en possédons le manuscrit.
2. Copie d'une lettre adressée à M. Loth.

Calloc'h était de ne pouvoir s'y rendre. Comme il m'était loisible de suivre ces cours, le soir venu, je lui résumais la leçon que j'avais entendue. Il m'aidait à rédiger, pour le *Pays Breton*, un compte-rendu des conférences faites sur les Pays Celtiques, par M. Morvan Goblet, à l'Ecole des Hautes-Etudes Sociales.

Il était à l'affût de tous les écrits qui paraissaient sur la Bretagne et toujours prêt à riposter aux attaques des détracteurs de son pays ou à rectifier des erreurs. Lecteur assidu de l'*Action Française*, il répond, en ces termes, à un article de ce journal : « Très intéressant votre *Nord contre Midi* dans l'*Action Française* d'hier. J'ai beaucoup remarqué le mot sur la « gloire » des Français à voir que leur pays ne traîne au pied « le boulet d'aucune Irlande. »

Melchior de Voguë (que Dieu lui fasse paix) écrivit, pourtant, jadis, un article sur l'*Irlande française*. C'était, au temps des fermetures d'écoles libres, vers 1901. De cet article, je n'ai retenu que le titre ; mais beaucoup de Bretons, avec moi, le trouvèrent fort bon, ce titre. L'Irlande française de M. de Voguë, c'était la Bretagne.

N'allez pas croire que c'est un séparatiste qui vous parle. J'ai fait campagne antiséparatiste dans les journaux de mon pays. Mais nous ne pouvons nous empêcher d'admirer la belle inconscience des Français, si intelligemment en éveil pour applaudir aux diverses manifestations des nationalismes irlandais, polonais, alsacien, balkanique, etc., ils ne semblent pas se rendre compte qu'ils feraient mieux de s'occuper, quand *il en est temps encore*, de canaliser, dans le sens français, les « nationalismes » qui peuvent surgir chez eux, entre autres (s'il n'est pas le seul) le nationalisme breton.

Que le mot ne vous effraie pas. D'abord nous ne le lâcherons jamais, et par conséquent, il vaut mieux vous en accommoder. Puis une nation n'est pas nécessairement un état, du moins suivant le Larousse, et nous ne tenons pas à redevenir un état pour des raisons bretonnes qu'il serait trop long de vous exposer. Mais nous voulons rester une nation, sans sortir de l'Etat français. Cela parce que nous avons un ensemble de traditions, une langue, un génie propres que nous n'entendons, *à aucun prix*, laisser disparaître !

Or la France bafoue, tous les jours, cette langue, ce génie, ces traditions. Je sais. Vous voudriez que nous disions, non « la France » mais « la République ». J'ai pour la République, aussi peu d'estime que vous, mais je suis bien obligé de constater, qu'en se conduisant en marâtre envers la Bretagne, elle ne fait que suivre l'exemple des rois. Devant cette attitude, nous aussi, monsieur, et *depuis long-temps*, nous supputons ce que le service de la France nous coûte. Lorsque votre article m'est tombé sous les yeux, je venais justement d'achever un projet de réponse à un entrefilet paru dans le *Matin*, de samedi dernier. Je n'envoie pas cette réponse au *Matin* qui me dégoûte et d'ailleurs n'aurait pas inséré, je vous l'envoie. Vous y reconnaîtrez la trace des préoccupations particularistes que votre article signalait. Et c'est la coïncidence toute fortuite, entre les deux, qui m'a incité à vous écrire.

On ne remarque guère, dans vos journaux, les manifestations de notre nationalisme. A part le *tolle* que souleva le manifeste séparatiste, le mouvement breton est décrété d'inexistence. Et pourtant, s'il ne fait pas plus de bruit, c'est pour une raison toute matérielle, et que l'avenir fatalement écartera : nous n'avons pas d'argent. Le jour où nous en aurons, on sera bien obligé de s'occuper de nous, et sans doute beaucoup de Français resteront stupéfaits du travail opéré silencieusement dans l'âme bretonne, aux jours que nous vivons. On ne sait pas en France, ce que la persécution religieuse et les malpropretés républicaines ont tué de patriotisme français, en Bretagne. Même, et surtout dans le Clergé qui est toujours, en pays celtique, la grande pour ne pas dire, l'unique puissance sociale. La lettre des cinq évêques (celui de Nantes séparant sa cause de celle de son métropolitain de Tours, pour se rallier à la crosse de l'archevêque de Rennes), parlant au nom du « peuple breton » pour rejeter une loi française, est un symptôme dont on n'a pas chez vous, saisi toute la valeur. Je pourrais vous en citer bien d'autres (par exemple celui d'un prêtre que je ne nommerai pas, mais très bon prêtre, essayant de toutes ses forces de m'attirer au Comité du « Parti nationaliste (séparatiste) breton » dont il fait partie).

Nous sommes quelques nationalistes antiséparatistes, en Bretagne, qui suivons vos efforts avec sympathie, mais sans foi. La Monarchie selon l'*Action Française* nous apparaît comme la seule chance de salut pour la France, mais nous ne faisons pas partie de vos organisations, parce que de notre histoire, l'histoire des rapports de la Bretagne et de tous les gouvernements français, depuis le contrat de 1532, se dégage une leçon de défiance insurmontable. Qui vous dit que le duc d'Orléans ne suivra pas l'exemple de son triste aïeul le « Régent » qui noya, dans le sang de nos gentilshommes, une tentative de restauration de nos libertés. Qui nous dit qu'il nous accordera, avec l'autonomie administrative et économique (et Brest-Transatlantique!), cette indépendance morale que nous voulons : l'absolue égalité devant la loi, des deux langues bretonne et française, en *Bretagne?* Ce dernier point nous y tenons par-dessus tout. Les deux autres, malgré leur grand intérêt, restent secondaires devant lui. Nous voulons, et coûte que coûte, nous bâtirons ce foyer intellectuel breton qui nous manque. Si ce n'est pas avec l'Etat français, ce sera contre lui. Cela dépend de son attitude uniquement.

En 1909, j'eus l'honneur de soumettre, par lettre, quelques réflexions de ce genre à M. Maurras qui me répondit par une chanson sur l'unité : « Il est bon d'être le nombre, il est beau de s'appeler les enfants de la France! » Très pathétique, en vérité. Mais même pour l'honneur de nous appeler Français, nous ne pouvons accepter que la Bretagne meure. L'unité française, nous en voulons bien, mais nous implorons qu'on ne nous force pas à choisir entre elle et le salut de l'âme bretonne. »

Voici la réponse à l'entrefilet du *Matin,* à laquelle il fait allusion ci-dessus. *L'Action Francaise* la publia en novembre 1913 :

POUR L'HONNEUR DES CONSCRITS BRETONS

Le *Matin,* du samedi 15 novembre, a publié un résumé des statistiques officielles relatives aux résultats des derniers conseils de révision. L'article disait notamment :

Si l'on ne comprend pas les engagés volontaires, les plus fortes moyennes sont celles du Pas-de-Calais, 86,97 % pour 1912, et du Cher, 77,4 % pour 1913. *La moyenne la plus basse se rencontre dans le Finistère,* 51,7 % *pour 1912 et aussi pour 1913, 64 %.*

Nous recevons, à ce sujet, la très intéressante communication suivante, que nous nous faisons un devoir d'insérer :

On me communique un numéro du *Matin*, samedi 15 novembre, où l'on peut lire (p. 2, col. V), que le département qui présente, au conseil de revision, la proportion la plus forte de mal-bâtis serait le Finistère : 48,3 % de déchets. Celui qui me fait lire cet entrefilet n'a pas manqué d'ajouter le cliché connu sur la Bretagne alcoolique et dégénérée, etc...

Comme le *Matin* est très lu et que d'autres que mon ami se seront sans doute fait la même réflexion, vous rendriez service à la vérité en rappelant ceci : A peu près toutes les localités maritimes de Bretagne ne fournissent au recrutement territorial que des déchets. *Ce sont les laissés pour compte de l'Inscription Maritime.*

Dans ces paroisses, en effet, tous ceux qui sont assez forts pour cela exercent le métier de marins et font leur service dans les équipages de la flotte. Il n'y a à rester terriens, et par conséquent à se présenter au conseil de révision, que les infirmes. Si l'on songe que sur plus de 800.000 habitants du Finistère, les deux tiers environ vivent sur la côte, et que la proportion de « bons pour le service » parmi nos inscrits maritimes est de 99 %, sinon 100 %, on songera avec moi que la statistique publiée par le *Matin* est, en ce qui concerne la Bretagne, d'une fausseté qui touche à la calomnie.

Nous fournissons à la France les deux cinquièmes de son armée de terre (plus de la moitié de la cavalerie) et les quatre-cinquièmes de son armée de mer. Que la guerre éclate demain, la première victime des boulets prussiens sera un Breton, car ils remplissent les garnisons de l'est ; et, dans la marine, si un canon éclate ou un navire saute, il y a toujours, comme par hasard, des Bretons pour sauter avec. Compulsez la liste de ces catastrophes dont la marine française semble avoir pris la douce habitude ; sur quatre tués ou blessés, trois sont bretons. La proportion est constante.

Conclusion : si ces Bretons « dégénérés et alcooliques » n'étaient pas là, et un peu là, les frontières de la France seraient dégarnies ; la moitié des chevaux de France chargeraient sans cavalier, et la flotte de la France resterait somptueusement en panne.

Les Français ne savent pas cela. Mais les Prussiens le savent. Et la province qu'ils exigeraient, en cas de conflit victorieux avec la France, ce ne serait pas la Champagne, mais la Bretagne. Car ils sont persuadés que l' « annexion » de la Bretagne signifie la mort de la France. Ont-ils tort ?

BLEIMOR.

Voici les réflexions que lui suggère la lecture d'un article sur le renouveau celtique, avec citation de Charles Le Goffic :

« 1º La langue bretonne n'est pas plus une déformation du *welche* que le welche n'est une déformation du breton. Toutes deux sont des langues néo-celtiques venues d'un même tronc, mais que certaines influences historiques et géographiques ont peu à peu différenciées. Ainsi en fut-il autrefois des dialectes grecs que vous aimez.

« 2º La langue bretonne actuelle dérive de deux sources : le fonds c'est le celtique du continent, le reste est bas-latin, par où la langue bretonne est *française*, au même titre que le provençal ou la langue de l'Etat qui a gardé ce nom pour elle toute seule. Donc il serait antifrançais de vouloir sa mort.

« 3º Cette langue, aucun Breton n'a l'idée ridicule de l'imposer à tous les Français, pas plus que de chasser de Bretagne la langue « française » de l'Etat. Mais nous tenons à la sauver à tout prix. Le Goffic « souhaite ardemment » qu'elle le soit. Nous le savions et par là, il est un de nos maîtres. Mais nous savons aussi que M. Le Goffic aurait pu contribuer largement à ce salut, en écrivant, dans sa langue natale, en devenant, ce qui lui eût été facile, un de nos classiques bretons. Or, à part le sône dont vous parlez, il ne nous a rien donné, à nous bretonnants. Si notre langue meurt, il faudra bien ranger au nombre des causes de sa disparition, l'absentéisme de nos grands écrivains qui tout en « souhaitant ardemment » que la langue bretonne vive, l'ont délaissée pour donner tout leur talent à la langue de l'Etat.

4º Pour que la langue bretonne vive, il est nécessaire de travailler à la construction d'un foyer intellectuel breton, à la restauration d'une culture celtique, *en Bretagne*. M. Le Goffic objecte : « Il ne nous reste des Celtes que ce que nous ont transmis les écrivains grecs et latins. » Des Gaulois, peut-être ; des Celtes, non. Les Celtes de Grande-Bretagne et d'Irlande nous ont laissé des « dépouilles », plus précieuses pour nous autres leurs fils, sinon aussi riches, que celles des Grecs et des Latins. Et, notre religion mise à part, qui du reste n'a rien de grec, l'apport gréco-latin n'a pas grand'chose à voir ici.

« 5º Là où nous pensons avec vous qu'il ne faut pas renier cet apport, c'est en Bro-C'hall (nom que les Bretons donnent à la partie non-bretonne de la France). Au lieu des « magnificences *bretonnes* » de votre phrase, mettez « gauloises » ou *françaises*, au sens restreint du mot et vous aurez dit une vérité. Mais nous pensons, d'autre part, que votre classicisme fait une part bien maigre à l'apport celtique. La France est au moins mi-celtique de race et de civilisation. Pourquoi exclure de sa littérature tout ce qui n'est pas grec ou latin ? Il y a de bons maîtres en Athènes et en Rome. C'est entendu. Mais il y en a aussi en Irlande et en Galles, voire en Armor, où naquirent *probablement*, les romans de la Table Ronde. Et ces maîtres ne sont pas plus étrangers à l'âme française que ceux de l'antiquité classique. Car vous oubliez, et M. Le Goffic avec vous, l'influence profonde qu'exercèrent l'Irlande et la Grande-Bretagne sur la société mérovingienne et carolingienne. Si la civilisation occidentale ne sombra pas sous les invasions barbares sans cesse renouvelées de cette époque, à qui le doit-elle, sinon aux écoles et aux missionnaires d'Erin et de Grande-Bretagne. « L'âme irlandaise et calédonienne », l'âme celtique a sauvé l'Occident de la barbarie. A part cela, c'est vrai, elle « n'a guère compté dans le monde. »

BLEIMOR.

M. Le Dault, l'ancien directeur du *Fureteur Breton*, lui fait connaître l'adresse de M. René Le Roux, résidant alors à Paris. Il lui rend visite, se lie d'amitié avec le savant autant que modeste celtisant. Celui-ci met sa bibliothèque à la disposition de Bleimor, lui indique les volumes qui peuvent contribuer à sa formation bretonne. Il lui prête : La *Religion de la Gaule avant le christianisme* de Renel, la *Religion des Gaulois de* A. Bertrand, des romans celtiques, comme les *Mercenaires* de Cahun et l'*Anneau de César*, de Rambaud ; moyen-âgeux comme la *Flèche noire* de Stevenson, les œuvres de Sienkiewicz, les romans préhistoriques de Rosny : *Erymah*, les *Xipéhus, Vamireh*. Il l'engage à bien lire ce dernier roman où il y a de si belles descriptions. « Seule une culture scientifique étendue, une connaissance approfondie de la nature, peuvent donner au style, une telle justesse, une telle vérité, une telle délicatesse et un tel éclat. Le chapitre intitulé le « Mammouth » est un chef-d'œuvre. Nous aurions bien besoin d'avoir quelques ouvrages de cette valeur, en breton. » Il lui recommande également la lecture de Le Play ; «*La Réforme Sociale* de Le Play est un véritable chef-d'œuvre, malheureusement trop peu lu et trop peu étudié. Et bien que G. Le Bon ne soit pas croyant, on peut dire que ses ouvrages confirment et complètent admirablement tout ce qu'a avancé Le Play. De tels livres valent cent fois mieux que tous les romans du monde, surtout à notre époque où nous sommes entourés de dangers et de difficultés. Même au point de vue breton, on peut en tirer une foule d'enseignements précieux. » Il lui donne d'excellents conseils et l'invite à écrire, en *langue bretonne*, des livres d'inspiration celtique, lui communique des lettres de M. Vallée sur l'*Emzao breizek* (la Renaissance bretonne) et la formation de néologismes bretons, lui indique les meilleurs textes bretons à lire : 1° *La collection de Kroaz ar Vretoned* : « Je considère, lui dit-il, l'étude de cette collection comme ABSOLUMENT INDISPENSABLE à quiconque veut mettre la main à la culture de la langue bretonne, à cause des nombreux articles de Vallée, qui sont de vrais chefs-d'œuvre et des modèles sans rivaux jusqu'à présent. Tous les articles de Vallée doivent être très soigneusement étudiés, au double point de vue : *a*) du vocabulaire ; *b*) de la syntaxe. 2° Les *Notennou diwarbenn ar Gelted Koz*; 3° Abbé Le Clerc, *Ma Beaj Jerusalem*; 4° les ouvrages de Kloada ar Prat (bon léonard classique); 5° du colonel Bourgeois (sa traduction du traité d'agriculture du Frère Abel, publié vers 1903 ou 1904, dans la *Résistance de Morlaix*). 6° d'Yves Le Moal (*Les 2 Pipi Gonto*). Pour le XIXe siècle : 7° La collection de l'ancien *Feiz ha Breiz*; 8° Abbé Guillou, *Buez Saint-Théodot* ; 9° Abbé Inizan, *Emgann Kergidu, Toull al Lakez* ; 10° La Villemarqué, *Ali d'al Lenner* (13 pages d'introduction écrites pour les *Marvailhou Grac'h koz* de Milin) ; 11° Abbé Morvan, *Istor an Testamant Koz hag an Testamant Nevez* ; 12° G. Milin, *Sonjit ervad en ho finveziou diveza, Jezus skouer ar Gristenien, Penaoz karet Jezus-Christ, Marvailhou* ; 13° Abbé Henry, *Levr ar C'heneliez, Buhez an Duk a Vourdel* ; 14° Mgr Graveran, *Kelennadurez an Ao'n Escop a Gemper* ; 15° *Lizeriou Feiz ha Breiz* ; 16° Abbé Durand, *Ar Feiz hag ar Vro*.

De concert avec quelques amis, il veut fonder une ligue : *Ar Brezoneg Beo*, dont voici les statuts rédigés par lui.

Ar Brezoneg Beo

Projet de statuts.

1. — But.

ARTICLE PREMIER. — Sous le titre de *Ar Brezoneg Beo* (Le breton vivant), il est fondé en Bretagne, une ligue pour la défense, l'enseignement et la culture de la langue bretonne. Le siège social est à...

ART. II. — Le but de la Ligue est de recueillir, au moyen de cotisations et de souscriptions, des fonds destinés à soutenir les œuvres consacrées à l'enseignement du breton : *Breuriez ar Brezoneg*, en Tréguier, *Brediah er Brehoneg*, dans le pays de Vannes. Le plus tôt possible, la Ligue aidera à la création d'œuvres analogues en Cornouailles et en Léon.

ART. III. — Une partie des fonds recueillis par la Ligue sera employée à la publication et à la diffusion abondante de petits livres en breton, destinés à faciliter l'enseignement de cette langue : grammaires, histoires, géographies, morceaux choisis, agriculture arithmétique, hygiène, etc...

2. — Composition.

ART. IV. — La Ligue aura à sa tête un *Comité de direction*, composé comme il suit : un président, trois vice-présidents, trois secrétaires, un trésorier plus..., membres.

ART. V. — Le Comité de direction n'est pas élu par les ligueurs. Il se recrute lui-même.

ART. VI. — L'ensemble de la Ligue se compose de membres qui s'engagent à verser, tous les ans, une cotisation. La première année, pour faciliter le bon lancement de l'œuvre, les ligueurs sont invités à verser, à l'avance, la cotisation de trois années successives ou plus, s'ils le désirent. Toutefois cela n'est pas obligatoire.

ARTICLE VII. — Voulant englober, dans un vaste mouvement pour leur langue, tous les Bretons pauvres ou riches, il a été décidé que les cotisations seraient multiples, chacun choisissant celle qui peut donner. L'échelle s'en établit ainsi : 0 fr. 25 ; 0 fr. 50 ; 1 fr. ; 3 fr. ; 5 fr. ; 10 fr. ; 20 fr.

ART. VIII. — Recevront le titre de *membres fondateurs*, les ligueurs qui auront versé, la première année, une cotisation de 500 francs. Un versement initial annuel de 100 francs donne droit au titre de *membre bienfaiteur*.

ARTI. IX. — Par les soins du Comité de direction, une section de la presse et publicité sera constituée. Elle aura la charge de lancer, dans tous les journaux où cela sera possible, une souscription annuelle en faveur de la langue. A elle, principalement, reviendra le soin de la propagande.

ART. X. — Les *Breuriezou ar Brezoneg* créés ou à créer resteront autonomes. Elles devront seulement justifier de l'emploi des fonds alloués par le Comité.

Vu : *Le Président :*

Les Vice-présidents :   *Les Secrétaires :*   *Le Trésorier :*

Les Membres :

BL.

(S'il y a lieu retoucher ou ajouter).

Je lui connus très peu de relations à Paris. Il aimait à rendre visite et à prêter son concours à Louis Le Moal président du *Cercle breton Saint-Yves,* à Saint-Denis. Cet ardent patriote breton, frère de l'écrivain breton Yves Le Moal (Dir-na-Dor), tombé comme Calloc'h au champ d'honneur, avait réussi à grouper, autour de lui, un grand nombre des Bretons disséminés dans cette grande plaine de Saint-Denis, aux portes de la capitale. Il était arrivé par sa ténacité, par son exemple, à attirer à la messe des Bretons qui avait lieu à la Basilique de Saint-Denis, le premier dimanche de chaque mois, de nombreux compatriotes qui ne chantaient durant l'office que des cantiques en langue bretonne. Il organisait men-suellement, *au Cercle de Saint-Denis,* des fêtes où l'on jouait des pièces bretonnes, où l'on chantait des sônes et des gwerzes. Calloc'h parut plusieurs fois sur la modeste scène et charma, par ses chansons bretonnes, l'auditoire nombreux qui se pressait dans la petite salle.

Ses multiples occupations, à Paris, ne lui faisaient pas oublier ses amis de Bretagne. Il écrivait fréquemment à son bienfaiteur, à son premier maître, M. l'abbé Leroux, à Loeiz Herrieu, directeur du *Pays Breton* et de *Dihunamb* qui lui conseillait d'ouvrir une souscription pour la publication de son futur ouvrage, *Ar en Deuhlin,* le priait de lui adresser des *sonnenneu morel* (des chansons de mer), et l'invitait, lors de son prochain retour en Bretagne, « à venir goû-ter la soupe au Goh-Ker. »

Au début de l'année 1914, des événements surgissent à Groix ; ils l'intéressent au plus haut point : « C'est une déclaration de guerre à outrance, lui écrit-on, entre le nouveau Directeur de l'Ecole de Pêche et le maire soutenu par le Conseil d'Administration de cette école, au sujet d'une subvention accordée au Directeur. » Le Conseil d'Administration, très mécontent de la façon d'agir de ce pédagogue, fait l'impossible pour le faire partir de Groix. S'il réussit, il a l'intention de proposer, de nouveau, la candidature de Calloc'h. La place était lucrative et J.-P. Calloc'h avait un si vif désir de retourner en Bretagne, qu'il se laisse de nouveau tenter et renouvelle ses démarches. En avril, un de ses amis déplacé de Groix, parce que sa présence, parmi les pêcheurs, pouvait influencer fâcheusement le succès d'un candidat gouvernemental, aux élections législatives, lui apprend que le conflit qui met aux prises maire et directeur, s'accentue, et que si la place devient vacante, il sera le candidat proposé par le Conseil d'Administration ; il lui conseille de décrocher un brevet d'aptitude à l'enseignement nautique, pour se mettre à l'abri de tout prétexte d'incapacité.

Mais des événements bien plus graves que ceux de Groix allaient se dérouler. Lorsque le 20 juillet 1914, il m'accompagna jusqu'à la gare de l'Est (j'allais en Meurthe-et-Moselle, près de la frontière du Luxembourg, remplacer pendant trois semaines, un de mes amis qui y exerçait la médecine), nous ne jugions pas une guerre si prochaine. En nous serrant la main, nous nous dîmes au revoir, en promettant de nous retrouver, en Bretagne, pendant nos vacances. Hélas ! l'au-revoir devait être bien long. La guerre éclate brusquement et dès les premiers jours d'août, je me trouve isolé du reste de la France, par la brusque avancée des Allemands en Belgique et en pays luxembourgeois. Je dus subir, pendant cinquante-deux mois, les rigueurs de l'occupation sans pouvoir donner, aux miens, signe de vie. Ma famille, mes amis, me crurent mort. Les premières dépêches officielles annonçaient que Villerupt, ma résidence, avait été brûlée et que les habitants avaient été fusillés par l'ennemi. Calloc'h s'inquiéta de mon sort. Il écrivit à ma sœur, au Ministère de la Guerre, demanda au Préfet de Meurthe-et-Moselle, de faire une enquête, parmi les survivants de Villerupt.

« Dans le nombre, il y aura bien quelqu'un qui pourra nous renseigner... Si Palaux est mort, ce sera un compte à régler entre les Boches et moi. Nous étions amis depuis 14 ans ; à Sainte-Anne d'Auray nous avions fait nos études ensemble, dans la même classe, et après nous être perdus de vue un an ou deux, voici que nous nous étions retrouvés à Paris, en 1911. Quand viendra l'heure de tirer mon coup de fusil, je me souviendrai de ces choses... Adieu, cher Monsieur, je vous demande un bout de prières. Je vais en avoir tant besoin... (Lettre du 14 novembre 1914, communiquée par M. Tonnerre de Douëlan.)

VIII

LA GUERRE. AUX TRANCHÉES. SA MORT

> *Nag en nandek-kant peuarzekvet blé goudé Gan-*
> *nedigeh er Hrist er hreu ;*
> *El penn er Peur en un taol doh fenestr er bediz,*
> *diroll geté er horolleu ;*
> *El en tèr gonz ar er vangoer, é amzér koen-meur*
> *Balthazar,*
> *El ul loèr à ganv hag a lorh, dallet pep héol d'hé*
> *splanndér goùeu ;*
> *A-us de zremùelcu didalùé er Gatel Europ :*
> *Drem-goèd er Brezel! [1]*

La Guerre! Il l'avait prévue, comme la plupart des gens clair-voyants de l'époque. « Tu verras, me disait-il, au début de l'année 1914, tu verras que l'Allemagne saura profiter, sans tarder, de nos dissensions intestines. » La confirmation de ces paroles ne se fit pas longtemps attendre. Le 2 août 1914, « la Face sanglante de

---

1. *Or, la mil-neuf-cent-quatorzième année après la naissance du Christ, dans l'étable,* — *Comme la tête du Pauvre tout à coup à la fenêtre des mondains, livrés aux danses déréglées,* — *Comme les trois paroles sur le mur, au temps du grand souper de Balthazar,* — *Comme une lune de deuil et de terreur, aveuglant chaque soleil de sa splendeur sauvage,* — *Au-dessus des horizons méprisables de la catin Europe,* — *La face sanglante de la Guerre !*

Deit Spered Santel, « *A GENOUX* », p. 30.

la Guerre apparaissait au-dessus des horizons de la catin Europe. »
Le Germain se ruait de nouveau vers l'Occident, semant la ruine
et la mort sur son passage. La France appela, à son aide, tous ses
enfants ; il s'agissait de son honneur, de son indépendance, de sa
vie. « Je ne dors plus, écrit-il. Il y a une voix qui m'appelle, une
voix étrange. » Et pour résister à l'agresseur, il « se lève », veut
accomplir « le geste ancestral, » s'en aller au-devant de l'ennemi
« une chanson aux lèvres ». Dès le premier jour de la mobilisation,
il se présenta aux bureaux militaires de Paris. Mais ayant été versé
dans le service auxiliaire, il est renvoyé « dans ses foyers » jusqu'à
nouvel appel. Il quitte la capitale, le 5 août, met quarante-huit
heures, pour venir de Paris à Lorient où il couche « dans la paille
avec les réservistes. » A Groix, il cherche ses amis, la plupart
d'entre eux sont déjà partis vers la frontière : « Gouli int, tier kun
Keltia! Pe saùé heol en hanù ar er flangen, er oazed zo oeit
kuit get ou gléannier... [1] » Devant les foyers éteints « on voit
pleurer de pauvres femmes et des petits enfants qui songent,
qui songent... » Et la voix « étrange voix forte, âpre et habituée à
commander, agréable aux jeunes hommes » devient de plus en
plus obsédante. Il veut partir, comme engagé volontaire. Il écrit
au Dr Vincent, médecin militaire à Lorient, qui lui répond :
« Trop tard! une dépêche ministérielle du 21 août suspend les
engagements de la Flotte pour les non-inscrits et même pour les
inscrits n'ayant pas encore fait de service. Seuls, les anciens matelots et gradés sont réadmis. » L'encombrement des dépôts a rendu
ces mesures nécessaires, on a eu trop de réservistes, il a fallu les
renvoyer dans leurs foyers. « Tout cela, ajoute le Dr Vincent, n'est
que provisoire. Il suffit d'une brusque consommation pour qu'on
engage à nouveau et largement» et il conseille à Calloc'h de choisir,
comme auxiliaire, soit les fourriers, soit les infirmiers : « Vous aurez
de la besogne, puisque les Teutons se servent de balles dum-dum
et d'armes blanches dentelées... » A Lorient, il lui est répondu qu'il
ne pourra s'engager avant une vingtaine de jours ; désolé, il en fait
part à un de ses compatriotes : « Et çà me fait encore une quinzaine

---

1. Elles sont vides les douces maisons de la Celtie! Comme le soleil d'été se
levait sur la vallée, les hommes sont partis avec leurs épées... (« *A GENOUX* »,
p. 30).

de jours à passer à Groix... Le pays est triste... Les thôniers rentrent pleins de poissons qu'ils jettent, les usines étant fermées. Tout Groix va vivre de thon salé pendant huit jours [1]... » Il attendit, près des siens, durant tout le mois de septembre, la convocation qui ne vint pas.

En octobre, il rentre à Paris, reprendre son poste à l'Ecole Supérieure de Commerce. Il reçoit des nouvelles d'un de ses meilleurs amis, blessé au cours de la bataille de la Marne, lequel souffre d'une horrible blessure à la cuisse : « Ah! mon pauvre vieux, s'écrie le blessé, quand il a fallu mettre dans l'appareil ma cuisse fracturée et la redresser... Quelles douleurs! Quelles douleurs. J'en frémis encore. J'en ai été malade pendant deux jours, sans presque pouvoir parler. La plaie n'est pas encore fermée ; il faudra au moins, trois semaines. C'est long. Le pus cependant n'est pas très abondant, en comparaison de quelques-uns ici qui infectent la chambre littéralement. Autrefois j'étais dans leur cas ; c'est pourquoi il ne faut pas se plaindre [2]... » Au reçu de cette missive toute imprégnée d'héroïsme, Calloc'h court se faire ins- crire au Bureau de Recrutement ; il passe une visite médicale à Vincennes, le 6 novembre, est versé dans l'infanterie. Comme il s'informe de la date de l'appel : « Dans cinq ou six jours, lui est-il répondu. » « Les cinq ou six jours sont passés, écrit-il, à un cama- rade, et j'attends toujours ; mais cela ne saurait tarder. On nous appelle par petits paquets, au fur et à mesure des besoins et des vides dans les dépôts. Comme c'est le recrutement de Paris qui dispose de moi, j'ignore en quel dépôt je serai dirigé. ». Mon sort l'inquiète : « Toujours rien au sujet de Palaux... Il a dû être fusillé. Sa sœur est sans nouvelles de lui, depuis fin juin... Rien de neuf à Paris. Au début des Taubes venaient nous rendre visite... Main- tenant ce sont des avions français ; les Boches ne viennent plus exhi- ber leurs queues de poissons au-dessus de la ville. On aime autant ça. Non que personne en ait peur, seulement les bombes tuaient du bon monde et on n'a pas besoin de ces histoires-là... Il fait un sale temps : pluie et brouillard, brouillard et pluie... Me prome- nant dimanche, place de la République, un agent m'a demandé mes

1. Lettre à F. Davigo.
2. Lettre de Joseph Corvest, mort de ses affreuses blessures.

papiers... Les boulevards ne sont pas partis à la guerre. Il y a toujours autant de monde qu'auparavant et le même monde. Du reste je n'y suis passé qu'une seule fois. Je trouve le temps long... long... long... » (Lettre à M. F. Davigo, 20 octobre 1914).

Le 16 novembre, sa sœur cadette meurt. « Une des plus jolies et des plus distinguées jeunes filles de l'île ! » Sa mère lui relate, en breton de Groix, les derniers moments de la pauvre malade : « Le samedi, elle s'est plainte plus que jamais. Le dimanche, profitant de ce qu'elle était plus tranquille, je me suis rendue à la messe dite pour elle, en l'honneur de Notre-Dame de Pitié, à la chapelle de Quelhuit. J'ai demandé, en grâce, à la Vierge Marie et à saint Joseph, de mettre un terme à ses souffrances. Je l'ai veillée, durant toute la nuit, en priant ; la pauvre malade tenait un chapelet d'une main et le crucifix de l'autre. Au matin, après avoir reçu l'extrême-onction, elle s'est éteinte, ma main dans la sienne. Un grand nombre de personnes l'ont accompagnée au cimetière, et tous ceux qui l'ont connue disaient qu'elle était sûrement une sainte... »

Cette disparition l'affecte grandement, il a hâte de partir au front. Ses amis s'efforcent de le consoler, de l'encourager : « Votre sœur là-haut, lui écrit Mme A..., vous sera plus utile, elle veillera sur vous, priera pour vous... Pour ce qui est de votre décision de partir aux tranchées, allez où l'inspiration vous pousse, c'est Dieu qui le veut. Qu'Il soit avec vous en tout et partout. Je n'ai pas besoin de vous souhaiter bon courage, vous en avez assez. J'espère bien que vous n'allez pas chercher la mort. Faites comme tout bon Français, défendez la Patrie et n'exposez pas votre vie inutilement, car ce serait un suicide en quelque sorte et cela est défendu, c'est en plus une lâcheté... Chaque jour, pendant le saint sacrifice, je vous recommanderai à Dieu et à la Vierge... »

Ayant fait part à son ami, M. R. Le Roux, de ce deuil cruel, celui-ci le réconforte, lui promet l'aide de ses prières. Il a lu le manuscrit *Ar en Daoulin* que Calloc'h a bien voulu lui communiquer. Il le complimente sincèrement. « Ce qui me plaît par-dessus tout, c'est que vos poésies sont religieuses et patriotiques. »

La bonne maman, sachant que son fils va sans tarder rejoindre ses camarades qui se battent dans la boue et sous la neige, lui expédie des « caleçons en molleton, des jerseys, des chaussons, des bas en laine, un passe-montagne, une ceinture de flanelle ». Comme il lui a avoué qu'il s'ennuyait de ne pas recevoir sa feuille de route, elle lui répond qu'il regrettera la bonne place qu'il occupe à Paris, lorsqu'il lui faudra parcourir à pied des kilomètres de route, avant d'arriver, à moitié mort, sur le front... Il fait un temps horrible à Groix : pluies diluviennes journellement, impossible aux bêtes et aux gens de sortir. « Ton frère et moi prions Dieu pour que tu demeures à Paris jusqu'au beau temps, car pitoyables sont les souffrances, nous raconte-t-on, de ceux qui sont sur le front ; ceux qui ne sont pas tués, sont gelés ou meurent de fatigue. »

A la fin de décembre, il retourne au bureau de recrutement. Il y apprend qu'il dépend du bureau de Lorient. Il prie un de ses compatriotes d'aller voir un de ses condisciples de Sainte-Anne d'Auray, secrétaire à ce bureau : « Demande-lui : 1er si c'est bien Lorient qui m'affectera ; 2e tâche de savoir où l'on m'a affecté ; 3e s'il n'y aurait pas moyen de m'affecter au 62e... Si c'est là que je dois aller, j'aimerais être incorporé dans quelques jours... Rien de neuf à Paris. Le Ministère est revenu, avec quelques milliers d'embusqués, qu'aucune revision, ceux-là, ne fera partir » (Lettre à M. F. Davigo, 19 décembre 1914).

Au premier janvier 1915, il est « toujours loin du théâtre des opérations », mais plus impatient que jamais de s'y rendre. A un ami, auquel il adresse une chansonnette qu'il a composée : *Les P'tits Poilus de* 1915, il déclare : « Dire qu'ils seront peut-être partis avant leur chantre, les pauvres gosses. Je ne me suis jamais tant ennuyé de ma vie. Des types plus vieux que moi, ayant passé la visite, trois semaines après moi, sont déjà partis depuis quinze jours et moi qui ai dit au revoir à tout le monde, je suis toujours là... » (Lettre à M. F. Davigo, 10 janvier 1915).

Pour tromper l'attente, il écrit le beau poème qui a pour titre *Deit Spered Santel, Kánn doné-mat d'er blé neüé* (Veni Sancte Spiritus ! Chant de bienvenue à l'an nouveau) et l'envoie à M. R. S..., directeur du *Clocher Breton* qui le remercie de cette belle poésie «laquelle ouvrira dignement le numéro de janvier » et le prie de se souvenir quelquefois de *Kloc'hdi Breiz* [1] quand il sera sous les armes.

---

1. *Le Clocher Breton.*

Le 24 janvier, son oncle M. Adam lui écrit : « Tu m'as fait comprendre que tu t'impatientais d'aller au front. Eh bien! tu vas être satisfait. Ta feuille de route vient d'arriver, aujourd'hui, chez toi ; tu es incorporé au 62e, à Lorient. » Le surlendemain, joyeux, il débarque dans cette ville. Il y demeure, comme simple soldat, jusqu'au premier avril. Ses chefs jugeant qu'il y avait, en lui, l'étoffe d'un officier, l'envoient au centre d'instruction de Saint-Maixent.

« La vie à Saint-Maixent, raconte-t-il à un ami, n'a rien de sensationel. A l'Ecole, il y a un petit parc assez joli, avec des pelouses « émaillées de fleurs » où vont butiner les abeilles.

Nous sommes, ici, un bataillon à six compagnies de 150 hommes environ. Soit 900 hommes. Les deux-tiers sont du midi, personne ne sait pourquoi. Environ 270 membres de l'enseignement, instituteurs en majorité, 63 prêtres, etc. Comme une personne de la ville a mis une grande salle à la disposition des prêtres, le commissaire de police de Saint-Maixent a déjà parlé d'ouvrir une enquête et de surveiller tous ces curés. Union sacrée, sacrée union!... Peu de loisirs. Pas de permissions. Il en sera ainsi jusqu'au 31 juillet. Mais j'espère qu'on nous renverra à nos corps, avant de nous nommer aspirants... » (Lettre à M. F. Davigo, 28 avril 1915).

Le 15 juillet, il félicite M. Mocaër, d'une conférence qu'il a faite à Lorient sur le « Nationalisme breton », lui demande des nouvelles « des amis à la bataille. Nous sommes hors du monde ici ; on ne sait rien de la Bretagne. » Il espère être à Lorient entre le 10 et le 15 août, et désire « lui confier, en dépôt, un modeste manuscrit (une trentaine de poésies bretonnes) à publier » au cas où il ne reviendrait pas.

Le 13 août, il est de retour au dépôt de Lorient, et part à Groix, en permission de huit jours, avec le grade d'aspirant.

Le 25 août, il traverse Paris, pour gagner le Bourget. Le 27 août, il quitte ce camp à minuit. Le voilà « *Sur les Chemins de la Guerre, Ar Henteu er Brezel.* » Un train le conduit jusqu'à Pierrefonds, où il arrive vers cinq heures. Le temps de jeter ses bagages dans une charrette, et il s'en va à pied à Rethondes, accompagné d'une douzaine de camarades, « marchant vers le canon comme les Rois Mages vers l'Etoile. »

Il prend, à Rethondes, les voitures régimentaires du 318e qu'il cherchait et avec elles, atteint Choisy-au-Bac.

Après avoir dîné « et bien dîné », raconte-t-il, il monte dans une autre voiture qui le transporte jusqu'à la ligne de feu, à travers le Bois de l'Heure et le Bois de Saint-Mard.

C'est dans le bois de Saint-Mard que se trouve son régiment. Le colonel qui est à son bureau, dans une misérable petite ferme, l'affecte à la 20e compagnie qui se trouve en première ligne. Avec un homme pour guide, il se dirige vers elle [1].

« A trois heures de l'après-midi, écrit-il, à Mme A..., je suis allé, à travers d'interminables boyaux, finir la soirée à 150 mètres des Boches. Un joli début. Je suis même allé plus près que çà de ces messieurs. Nos postes d'écoute ne sont qu'à 80 mètres des leurs, et j'estimais de mon rôle de les visiter. De plus, dans les tranchées, nous creusions une mine : elle allait, en avant de nos postes, rejoindre ou plutôt longer une autre mine où l'on entendait travailler les Allemands. Encore que rien ne m'obligeât à y descendre, j'ai voulu examiner çà. De sorte que j'ai été à six ou huit mètres des Boches... sans en voir un. C'est bizarre la guerre... Mes chefs sont gentils, mes soldats des Bretons... »

Il ne passe que quarante-huit heures en première ligne, le tour de son régiment étant venu d'aller au repos. Il redescend, dans la nuit, sous une pluie battante, à Trosly-Breuil. Il y séjournera du 29 août au 7 septembre ; une chambre lui a été louée, dans cette localité : « J'y suis comme dans celle que j'avais à Paris. Si ce n'était les coups de canon, dont on entend le grondement jour et nuit, nous ne penserions pas que nous sommes à la guerre ». Il s'y repose à peine. Le jour qui suit son arrivée à Trosly, son colonel lui donne l'ordre d'aller, avec 125 hommes, couper des arbres dans la forêt de Compiègne « pour les gourbis des tranchées. » Il mange à la popote des sous-officiers ; le sergent Le Clec'h, qui en faisait partie, nous apprend que, les premiers jours, il ne parlait presque pas, « étudiant son monde. » Mais au bout de quelques temps, il rompit son silence, devint expansif, causa familièrement avec ses hommes (presque tous des Bretons) et leur chanta des chansons bretonnes : *Kousk Breiz-Izel, Dalc'h sonj o Breiz-Izel, Bro goz va Zadou* [2], etc.,

---

1. Lire dans « *A GENOUX* », les chapitres relatant son arrivée aux tranchées, **p. 180** et les suivantes.

2. *Dors, ô Bretagne, Souviens-toi, ô Bretagne, Vieux Pays de mes Pères.*

«que nous reprenions en chœur, si bien que les officiers, le capitaine P..., de Marseille pourtant et le lieutenant P..., se faisaient un plaisir de venir nous écouter [1] ». M. J. Le G..., qui fut aussi sergent au 318e, 20e compagnie écrivait, quelque temps après la mort de Calloc'h, à un prêtre qui aimait bien notre ami : « Le Grand », ainsi l'appelions-nous familièrement, mélancolique comme le ciel d'Arvor, s'enferma dans un mutisme quasi complet, les premiers jours. Mais, quand la brume d'arrivée se dissipa, ce nouveau frère d'armes, se révéla charmant compagnon, causeur agréable. Sa conversation, tantôt grave, tantôt enjouée, mais d'habitude au-dessus des lieux communs, n'allait pas sans quelques pointes d'ironie, voire même de malice à l'adresse de ses contradicteurs. De suite, il se posa en catholique convaincu sans respect humain, mais aussi sans vaine ostentation, et il ne laissa passer non plus aucune occasion de montrer qu'il était avant tout : Mab Breiz (Fils de Bretagne)... Ses idées n'étaient évidemment pas celles de tout le groupe. Un sous-officier, instituteur laïque (tombé lui aussi comme officier au champ d'honneur, huit jours après Jean-Pierre); se posait en esprit fort et essayait de faire la contre-partie. Je suis presque tenté de bénir leurs divergences de vues qui nous valurent plus d'une séance intéressante et d'importantes mises au point sur divers sujets, au plus grand bénéfice des auditeurs. Inutile de dire que notre regretté ami en sortait avec tous les honneurs du combat. Il avait pour confondre son adversaire de ces coups de massue étayés sur des preuves indéniables dont on ne se relève pas. Ceux qui en furent témoins se rappellent encore cette soirée, où l'apôtre de l'idée laïque, ayant proposé Aulard comme modèle d'impartialité en histoire, se vit rabrouer de telle façon qu'il n'y revint jamais plus.

Au cours d'une autre discussion, un interlocuteur ayant émis l'avis que la langue bretonne devait être purement supprimée à cause de sa pauvreté et de son peu d'adaptation aux progrès modernes, Calloc'h eut un haussement d'épaules et un sourire plus humiliant que toutes les réfutations. Pourtant, d'un mot, il relève le prestige de la vieille langue : « Essayez, dit-il, de sonder ce qu'il y a de profond, de philosophique dans cette simple interrogation :

1. Lettre de M. Le Cléc'h, de Carhaix.

Penaos e ma ar bed ganeoc'h [1] ? et comparez-en toute la richesse avec l'état squelettique du maigre : comment allez-vous ? français. L'autre, en fait de profondeur et de philosophie ne vit que le néant et cherche encore sa réponse. Dans nos petites fêtes de famille, pendant nos courts séjours à l'arrière, les chansons grivoises et ordurières s'effaçaient devant les chants bretons berceurs, comme les flots de nos rivages, dont Jean-Pierre connaissait un nombre considérable... Nous l'admirions tous, quand redressant sa haute taille, il lançait à tous les échos, de sa puissante voix, avec un frisson d'orgueil celtique :

Ar Vretoned a zo tud kalet ha krenv [2]... »

Le 7 septembre, à six heures du matin, avant de regagner les tranchées, il assiste à la messe dans la forêt de Compiègne. « Un petit autel a été préparé au pied d'un hêtre. Des branches vertes autour de la planche nue, et,au lieu du Tabernacle, de chaque côté de la croix, les fleurs du jardin le plus proche. Je suis venu ici, hier soir, me confesser ; pour la première fois, j'ai reçu, debout, le sacrement de pénitence. Un autre sacrement aujourd'hui... Pas une cloche n'a sonné pour annoncer cette messe et cependant il y a des gens autour de l'autel de bois. Voici : deux cents Bretons de mon régiment ont eu faim du pain de Dieu, et ils sont venus vers Lui... Ils ont le chapelet à la main, le chapelet aimé des familles de Bretagne. Je ne me fatigue pas de les regarder ; que le visage de mon peuple est beau lorsqu'il est élevé vers Dieu!... Comme le *Judica* commence, les canons se taisent... Un prêtre soldat passe à travers la foule, distribuant à chacun un « livre de cantiques de Cornouailles »... Les voici qui montent, nos prières, nos chants. Si aisément, si doucement! Les larmes m'en viennent aux yeux. Pourquoi ont-il choisi aussi, pour le chanter, ce matin, le chant que j'aime par-dessus tous les autres, le plus beau des chants de la guerre ? Le *Cantique du Paradis* a annoncé le prêtre, et nous laissons alors nos pensées s'envoler avec cet air, pour monter jusqu'à

---

1. Traduction littérale : *Comment est le monde avec vous ?*
2. *Les Bretons sont des hommes durs et forts.* (Lettre du sergent J. Le G. dans *Dihunamb*, mai 1925).

l'éternelle cathédrale, jamais achevée, qui demeure dans les rêves des Celtes, et où nous mettons avec la Vierge et les Saints, tous ceux que nous avons aimés sur les chemins de ce monde [1] ». Deux cents Bretons, avec lui, communient, ce matin-là de septembre, et la messe finie, s'en vont occuper les postes avancés dans les secteurs au nord-est de la forêt de Laigue, où ils demeureront jusqu'à la fin de décembre.

Aux tranchées, il pense à ses amis qui prient pour lui en Bretagne : « Merci de vos prières. Sans doute ont-elles contribué à me préserver jusqu'ici et je suis sûr que leurs bons effets se continueront jusqu'à la fin. Ici, à toute heure du jour et de la nuit, on est exposé, on peut recevoir une bombe, un obus, une balle. Mais le plus souvent tout cela passe à côté de nos hommes et nous n'avons pour ainsi dire pas de pertes. Quelques blessés et encore peu grièvement.

Les nouvelles de notre offensive de Champagne, d'Artois et des Flandres sont accueillies, ici, avec une émotion qu'on ne peut s'imaginer à l'arrière. Nous nous attendons, si le mouvement prend de l'extension, à marcher à l'avant entre le 1er et le 15 octobre. Toutefois, c'est une simple impression ; on ne nous a fait à ce sujet, aucune communication. Mes hommes sont des paysans de la Cornouailles. On n'entend parler que breton et inutile de vous dire si j'en suis heureux. Ils sont pleins de volonté, de calme et d'endurance. De vrais soldats. Le jour où l'on nous lancera en avant, ils feront du beau travail. Je tâcherai de faire comme eux. Sûrement, je ne chercherai pas la mort, puisque j'ai une famille à ma charge. Mais je ne la crains pas non plus. Si Dieu veut qu'elle vienne, qu'elle vienne ! Jésus sait consoler nos mères. Reçu un mot de M. C... Il a découvert que je suis brave. Quelle idée ! Comme si tout le monde n'était pas brave par ici. On fait ce qu'on peut, de son mieux, voilà tout... Kénevo. Union de prières, comme toujours... » (Lettre à Mme A..., le 29 septembre 1915).

A M. A. Colin de Larmor, qui lui envoya une hache d'abordage, il fait part de ses impressions éprouvées au contact de ceux qu'il appelle « mes gars de Cornouailles ». « La Bretagne d'après-guerre ne sera pas tout à fait la même qu'avant. Il y a un fait nouveau.

____

1. Voir « *A GENOUX* », p. 197 et les suivantes.

Notre peuple a pris conscience de sa valeur. Il est redevenu fier d'être Breton... Le sentiment national est réveillé. A nous de souffler dans ce foyer, d'alimenter cette flamme... » Et quelques jours plus tard, il lui expose « un plan d'action après-guerre » dont il a dessiné les grandes lignes avec M... [1].

A un autre de ses amis, M. Lucien D..., il raconte sa vie dans les tranchées : « Aimez-vous, la musique? lui demande-t-il, si oui, vous auriez eu des joies aujourd'hui, en supposant qu'on vous ait envoyé me rejoindre, à temps, pour assister à la chose. La chose c'est un bombardement : 75, 80 de montagne, 90, 95, 105, 150 et pièces lourdes et crapouillots, tout ce monde-là s'est mis à chanter, vers onze heures. Une chanson française bien entendu. Mais il y en a une boche aussi, la réponse, qui comporte plusieurs couplets, comme l'autre. Celui du 77, par exemple, du 75, hélas! aussi, car ils nous en prirent quelques-uns voici un an ; celui du 88 autrichien, bon ténor ; le cafouillis du 150 qui n'éclate pas ; le roulement du 210, les points d'orgue épouvantables du fameux minenwerfer. Tout cela fait un ensemble de sons assez réussi, sous un ciel de pluie froide, dans un décor de terre remuée pleine de cadavres, de fils barbelés et de rats... » Un pan de sa tranchée s'écroule. « Des obus pleuvent tout près, tout près. S'il en tombe un sur mon gourbi, cette lettre sera finie. Mes « murs » de terre tremblent sous les rafales. Demain il y aura encore du travail dans ma tranchée. Nous sommes les castors qui rebâtissons, sans cesse, l'abri détruit. La guerre est la grande école de patience... Mais quelle vie splendide! *Savoir* que chacun de vos pas, chacun de vos gestes, chacune de vos sueurs mérite à la patrie un morceau de Victoire, de la victoire définitive, quel réconfort! La guerre ennoblit [2]... »

A la mi-décembre, il obtient six jours de permission ; il se rend à Groix et à Locmiquélic où résident de ses parents ; en revenant, il s'arrête à Nantes, pour rendre visite à son bienfaiteur M. l'abbé Corignet, soldat-infirmier à l'hôpital de Doulon. Le jour de la Noël, il est de nouveau au milieu de ses soldats, il écrit : « Il n'y a rien de neuf, au pays des Poilus. De la pluie, de la boue, de la

1. Lire cette intéressante lettre adressée à M. A. Colin dans « *A GENOUX* » p. 218-219.
2. « *A GENOUX* », p. 220-221.

pluie. C'est l'hiver. Tout de même, c'est plus supportable ici qu'à l'arrière. Le visage de la Bretagne m'a paru triste à en mourir, et je vous assure que cela ne m'a aucunement affecté de reprendre le train, pour revenir vers la guerre. Il n'y a à ceci rien de singulier, la vie est ici.

La mort aussi. La veille de mon retour, un schrapnell a tué un de mes hommes et blessé deux autres. Cela peut arriver, n'importe quand et à n'importe qui. La guerre est un jeu de hasard, pourrait-on dire, si l'on ne savait que le vrai nom de ce « hasard » c'est la Providence. Je compte sur vos prières plus que jamais. Ce sont elles, peut-être, qui m'ont préservé jusqu'à présent, car il y eut des jours, des nuits surtout où je fus bien près d'y passer. Priez surtout pour que, si Dieu m'appelle à Lui au cours de ces batailles, je puisse être admis dans sa miséricorde. Il y a bien des jours où mes pensées sont dispersées loin de Lui, bien des fois où je ne songe pas à Lui offrir mes misères et mes travaux. Vos prières suppléeront à l'insuffisance et à l'indignité des miennes.

Actuellement nous sommes au repos dans une forêt (la forêt de Laigle) où l'on a construit, pour nous, un certain nombre de baraques en bois. Dans quelques jours, nous remonterons vers les Boches, la boue, les rats, les bombes, un tas d'agréments qu'il est impossible de se procurer dans le civil. C'est dur la guerre, mais c'est beau, monter la garde, au front de la France. » (Lettre à Mme A..., 3 janvier 1916).

Le 1er janvier, il assiste, avec ses soldats, à un concert donné par Théodore Botrel. Et six jours plus tard, ils remontent en ligne, à Quennevières, au barrage des Bretons, endroit très dangereux. Ici se place un fait qui nous a été relaté par le sergent Le Clec'h, il démontre la générosité de l'aspirant Calloc'h. Dans la nuit du 7 au 8 janvier, un infirmier ivre se dirigea vers les Boches, voulant déserter, il emportait, six bidons de « pinard », sur le dos ; Jean-Pierre l'aperçoit, saute le parapet, le rattrape promptement, le ramène, malgré sa résistance, dans la tranchée et l'enferme dans un gourbi. Il se contente de lui administrer une formidable raclée. Il ne porta pas de punition, car cette tentative de désertion eût conduit l'homme au Conseil de Guerre. Il ne punissait jamais, « se contentait de gourmander, de houspiller les fortes têtes ». « Aucun gradé, écrit le sergent J.-L. G., n'a porté plus d'intérêt à ses hommes, aucun n'a mis plus de conscience dans l'accomplissement de ses devoirs d'état. Les hommes connaissaient bien le bruit de ses grandes bottes de marin (devenues légendaires, comme sa hache d'abordage), quand, pendant son service de quart, Calloc'h passait d'un poste avancé à l'autre, d'une sentinelle à l'autre, sans voir les flaques d'eau qui, aux nuits d'hiver, transforment, en fondrières continues, la suite des boyaux. Pour chaque guetteur, il avait un mot aimable, presque toujours en breton, et les hommes, à son départ, ne manquaient pas de se dire : « Hema da vihana a ra e zever hep damant d'e boan [1] » (Lettre du sergent. J.-L. G., *Dihunamb*, mai 1925).

Le 8 février, après un repos de quelques jours, à Chelles, non loin de Pierrefonds, sa section part pour le camp de Crèvecœur. « Il fait un temps de chien, neige, pluie, vent. Jean-Pierre porte le sac des hommes les plus fatigués, sans prendre la peine de le retirer à l'étape. Le 13 février, nous arrivons au camp et nous cantonnons à Puits-la-Vallée où nous séjournons jusqu'au 24 du même mois. Dans la nuit du 24 au 25, nous sommes alertés. Il est bruit d'un départ pour Verdun, nous sommes presque contents d'y aller, pour ne pas sauter inutilement sur les mines de Quennevières. Mais non, nous retournons vers la zone de combat, par des pays connus : Compiègne, Choisy-au-Bac, le Puits d'Orléans, pour occuper les tranchées au bois de Saint-Mard, où le 5 mars nous avons le malheur de perdre un camarade, ami de Jean-Pierre, le sergent L.... frappé d'une balle à la tête dans un entonnoir, à 20 mètres à peine, des Boches [2]. » Là, durant tout un mois, enterrés profondément, à quelques mètres de l'ennemi, dans la boue jusqu'à mi-corps, ses hommes tiennent tête aux coups de mains des Allemands, pendant que lui guette, observe les mouvements qui se dessinent dans les lignes voisines.

Le 25 mars, il écrit : « Ici aussi, il commence à faire chaud, malgré le verglas. Pas de grosses attaques — j'ai cependant perdu neuf hommes et j'ai trois décorés pour citations — mais des bombardements comme je n'en ai subi jamais. L'on dort peu et l'on est fatigué physiquement. Et puis on s'en moque... Vive la France ! »

---

1. Celui-ci fait son devoir, sans souci de sa peine.
2. Lettre du sergent Le Clec'h, de Carhaix.

A un ami, qui lui demande s'il a fait des progrès au jeu d'échecs il répond : « Non je n'ai pas le temps de me fortifier dans les échecs. Je consens volontiers à ce que tu me battes après la guerre. D'ici là, je jouerai d'autres jeux et je ne désire y battre que les Boches... Tu occupes un château !... moi, je suis à 10 ou 15 pieds sous terre et sous un bombardement en ce moment-ci. Il en pleut de la ferraille. Autrefois, on ramassait les têtes d'obus, pour faire des bagues, des cannes, etc., actuellement, nous en avons de trop... et puis, à l'heure actuelle, c'est le cache-cache avec les grosses bombes, les saucisses, les grenades, les obus-mines (1 m. 5 de haut, 24 cm. de calibre et un poids effroyable)... » Il lui apprend qu'il se trouve au bois de Saint-Mard, entre Tracy-Le-Val et Quennevières, qu'il a eu douze hommes hors de combat, dans sa section, depuis son retour de Crèvecœur : « Ce qui fait trente jours de tranchées. C'est peu en comparaison de Verdun, mais beaucoup en regard de nos pertes antérieures » (Lettre à M. F. Davigo, 25 mars 1916).

Il vient d'être promu adjudant et les cent francs qu'il a touchés, à cette occasion « se sont engouffrés dans l'achat de leggins, d'un ciré, et dans une petite « nouba » offerte aux camarades. » (Lettre à M. F. Davigo, 21 avril 1916).

Le 26 avril, par étapes, à la tête de sa section, il gagne la Somme où se prépare une attaque qui doit se déclancher au 1er juillet. Jean-Pierre a sa hache d'abordage à sa ceinture. Au moment du départ, un de ses hommes glisse, avec sa musette pleine de grenades qui éclatent et blessent mortellement le soldat. Après ce malheureux début, il arrive, sans incident, au camp de Wiencourt, non loin de Villiers-Bretonneux (secteur de la Somme). Là, son régiment est dissous, il est affecté au 219e, où il a affaire à un colonel qui lui fait la vie dure, à cause de ses opinions religieuses. « Il n'y a pas qu'à l'arrière, mon vieux, écrit-il à un camarade qu'on se moque de l'union sacrée. Politiciens, en temps de paix, il y en a qui ont l'aplomb de le rester durant la guerre, et de juger de ce point de vue ceux qui se font casser la figure pour leur gagner des galons et des citations »... En juillet, il croyait être nommé sous-lieutenant. « C'était l'avis de son commandant de compagnie et de son chef de bataillon, ce n'était pas celui de son colonel qui le mit... au rancart, de même que son compatriote et ami, l'abbé Le Cam, pour la même raison. »

Après avoir, pendant deux mois, préparé l'attaque, participé à quelques petites bagarres, n'ayant éprouvé que peu de pertes, il croit que sa division va partir à l'assaut, très prochainement. Le 28 juillet il écrit : « Nous allons attaquer. Kenevo, vieux. Si je suis tué, — car les Boches marmitent, marmitent presque autant que nous, — tu diras que je suis mort, en Breton, et en bon état de conscience... Tu prendras chez moi, mes cahiers de documents sur l'*Histoire de Groix* et tu t'arrangeras avec le Dr V..., pour les publier après la guerre. Mon nom devra figurer avec le sien, comme auteur du livre. Autre condition : pas d'anticléricalisme là-dedans, ni d'antiroyalisme. S'il n'accepte pas, poursuis mes recherches pour ton compte (*Archives départementales du Morbihan, de la Loire-Inférieure, archives des notaires de la région*) et publie. » (Lettre à M. F. Davigo, 28 juillet 1916).

Au cours de la seconde phase de l'offensive de la Somme, son régiment attaqua. « C'est beau un départ pour l'assaut, relate-t-il, le 4 août. Nos Bretons ont été splendides. Sans enthousiasme, sans Marseillaises, en silence, bien alignés, au pas. Des fusants ont éclaté, des mitrailleuses se sont mises à crépiter : cela ne troublait point leur calme surnaturel. C'était si beau que je n'en pouvais plus, et je crois bien que j'ai pleuré. Ah! les vaillants [1]... »

Au cours de ces assauts, la mort n'a pas voulu de lui ; beaucoup de ses frères d'armes sont tombés à ses côtés, les balles ennemies l'ont épargné, bien qu'il ait payé d'exemple, aux endroits les plus périlleux. Le 13 août, en souhaitant bonne fête, à l'une de ses bienfaitrices, il lui dit : « Mes vœux seront courts, comme mon loisir. Ils seront ardents comme mes prières, courtes aussi. Pourtant toute ma journée est une prière, puisque je les offre toutes au bon Dieu. Quand on a la chance d'avoir de la misère, tous les jours, c'est le moment d'essayer de convertir ça en mérite... Nous venons de battre les Boches qui ont été merveilleux ici comme partout... Combien reviendront de 500.000 soldats que la Bretagne a levés?... Nous serons relevés bientôt sans doute. Cela fera du bien de se laver un peu, et de n'être pas réveillé, toutes les nuits, par une alerte, souvent sans cause. » (Lettre à Mme A..., 13 août 1916).

Au début de septembre, il change de secteur, ses hommes et lui

____

1. « *A GENOUX* », p. 226.

sont transportés, en camions-automobiles, devant Soissons, à Fon-
tenoy. Cette région du front connaît le calme. Il y conquiert les
galons de sous-lieutenant. Tout en demeurant au 219ᵉ d'infanterie, il est affecté à la 13ᵉ compagnie.

Un temps de repos, puis il s'en va avec ses soldats devant Lassigny, au Plémont, exécuter des travaux de défense en première ligne.

En décembre, il revoit son île. Les sept jours de permission qu'il
passe à Groix, lui font grand bien. Il tient compagnie à sa mère,
ne rend visite à personne, et l'on est mécontent de lui : « C'est que
la guerre me rend de plus en plus sauvage, déclare-t-il.» (Lettre
à M. F. Davigo, 8 janvier 1917).

Du travail par-dessus tête et peu de sommeil l'attendent au
retour. Pendant que ses hommes creusent des tranchées ou les
consolident, il veille à leurs côtés. Et c'est au cours de ces heures
de garde qu'il écrit ce magnifique poème : *La Prière du Guetteur*.

Au début de janvier 1917, il l'adresse à M. René Bazin. Le
7 janvier, *L'Echo de Paris* publie sous le titre : *Pour la Légende*, l'article suivant signé de l'éminent académicien :

« Ceux qui entendent, pendant un voyage, une chanson qui leur
prend le cœur, ceux qui entendent seulement une phrase belle,
doivent les noter, car le monde a besoin d'être soulevé un peu...
Les poètes sont chargés, non pas seuls, de cette mission d'assistance. Ils ne savent pas tout leur pouvoir d'allègement. Ils perdent
bien du temps, en amusements vains. Mais nous qui écoutons le
vent qui passe, nous qui recevons tant de lettres d'essais, de demandes... nous éprouvons parfois, lisant la lettre d'un inconnu,
cette émotion qui ne trompe pas et que nous devons faire partager,
comme un bien de la communauté française... C'est ainsi que je
veux publier aujourd'hui, les vers d'un soldat de Bretagne...

Le lieutenant C... décrit, en vers bretons, du dialecte de Vannes,
Le Guetteur dans la tranchée. Il ne m'a rien demandé, il n'a mis
dans l'enveloppe que les vers bretons, la traduction, — heureusement — et son nom :

Jugez et dites si ce n'est pas une belle chose :

KARTER-NOZ ER HLÉYEU

PÉDEN ER GÉDOUR

Custos, quid de nocte?
(Is. XXI, II).

En tioelded ponnér e dénùas ardro d'ein,
Ar ledanded el lann liu en noz um lédé,
Ha me gleùas ur voueh ar er hleu é pédein :
O péden er hadour pe gouéh gouleu en dé !

« Héol klanù en néanneu goanù, chetu éan oeit de guh,
Kléhier en Angelus en des sònnet é Breiz :
Marù é en oéledeu, hag er stéred e luh :
Lakeit ur galon grénù, o mem Doué, é me hreiz.

« Um erbédein e ran d'Oh ha d'Hou Mam Mari,
Dioallet mé, mem Doué, d'oh sponteu en noz dall,
Rak bras é me labour ha pounnér me ari :
Dirag talbenn er Frans déit é me zro gédal.

« Ya. Ponnér me ari. Ardran d'ein e choma
El lu. Kousket e ra. Me zo lagad el lu.
Ur garg divalaù é, her gout e ret. Hama,
Beeh genonn, me freder e vo skanù el er plu.

I,   LA VEILLÉE DANS LES TRANCHÉES

PRIÈRE DU GUETTEUR

Les ténèbres pesantes s'épaissirent autour de moi, — Sur l'étendue de la plaine, la couleur de la nuit s'épandait, — Et j'entendis une voix qui priait sur la tranchée, — O la prière du soldat, quand tombe la lumière du jour !

Le soleil malade des cieux d'hiver, voici qu'il s'est couché, — Les cloches de l'Angelus ont sonné dans la Bretagne, — Les foyers sont éteints et les étoiles luisent, — Mettez un cœur fort, ô mon Dieu, dans ma poitrine.

Je me recommande à Vous et à Votre Mère Marie, — Défendez-moi, mon Dieu, des épouvantes de la nuit, — Car ma tâche est grande et lourde ma chaîne, — Devant le front de la France, mon tour est venu de veiller.

Oui, ma chaîne est lourde. Autour de moi demeure, — L'Armée. Elle dort. Je suis l'œil de l'Armée, — C'est une rude charge, vous le savez. Eh bien ! — Soyez avec moi et mon souci sera léger comme la plume.

Me zo er martelod de gartér, er gèdour
E ya, e za, e uel oll, e gleu oll. Er Frans
'N des men galùet de vircin hé inour
Kemennet hé des dein kenderhel d'hé drouk-rans.

Me zo er Gédour bras én é saù ar er hleu,
Gout a ran petra onn ha me ouèr petra ran :
Iné Kornog, hé douar, hé merhed hag hé bleu
Oll kened er bed é, en noz-man, e viran.

Ker é péein er glod, marsé ; na petra vern !
Hanùeu er ré kouéhet douar Arvor ou miro :
Me zo ur steren splann ar dal Frans é lugern
Me zo er Gédour bras ar saù aùït é vro.

Kousk, o bro, kousk é peuh, me rei kartér eidous
Ha mar da de foénùein, hénoah, er mor german,
Breder omp d'ér herreg e ziuenn aod Breiz dous
Kousk, o Frans, ne vi ket soliet hoah en taol man.

Eit bout aman, lesket em ès me zi, me zud ;
Ihuéloh è 'n dléad 'mes um staget dohton :
Na mab, na breur ! Er Gédour oun, beunek ha mud,
Ar harzeu er retér me zo 'r garreg vreton.

Je suis le matelot, au bossoir, le guetteur, — Qui va, vient, qui voit tout, qui entend tout. La France, — M'a appelé, ce soir, pour défendre son honneur, — Elle m'a commandé de continuer sa vengeance.

Je suis le grand Veilleur debout sur la tranchée, — Je sais ce que je suis et je sais ce que je fais, — L'âme de l'Occident, sa terre, ses filles, ses fleurs, — C'est toute la beauté du monde que je garde cette nuit.

J'en paierai cher la gloire, peut-être. Et qu'importe ? — Les noms des immolés, la terre d'Armor les gardera : — Je suis une étoile claire qui brille au front de la France, — Je suis le grand Guetteur debout pour son pays.

Dors, ô patrie, dors en paix. Je veillerai pour toi, — Et si vient à s'enfler la mer germaine, — Nous sommes frères des rocs qui défendent le rivage de Bretagne douce. — Dors, ô France, tu ne seras pas submergée encore cette fois.

Pour être ici, j'ai abandonné ma maison, mes parents, — Plus haut est le devoir auquel je me suis attaché, — Ni fils, ni frère ! Je suis le Guetteur sombre et muet, — Aux frontières de l'Est, je suis le rocher breton.

«... — Neoah, liés a ùéh e rankan hirvoudein :
« Penos é mant ? Siouah, peur int, klanù martezé ! »
Men Doué, Hou péet truhé doh en ti e zo d'ein,
Rag n'em es kén ér bed meit er ré 'ouél duzé...

Breman kousk, o mem bro ; ma men dorn ar men gléan.
Gout e ran er vichér, me zo goaz, me zo krénù :
En tam Frans dan me mir birùiken n'ou do éan...
Petra onn diragoh, o men Doué, meit ur prénù ?

« — Pe saillan drest-d'er bleu, ur vouhal é men dorn,
Me faotred'lar marsé : « Arog, henneh zo gour ! »
Hag é tant ar me lerh ér fank, én tan, ér skorn...
Meit Hui, Hui oùer eoalh n'en donn meit ur péhour.

Hui, gout eoalh e ret pegen goann é m'inéanù,
Pegen krin me halon ha trukeh me hoanteu ;
Ré lies em guélet, o Tad e zo én néànu,
E heuliein henteu ha n'é ket Hou henteu.

« Ragsé, pe streù en noz é lorheu dré er glen,
E grehér er hleuyeu pe gouska mem bredèr,
Hou péet truhé dohein, cheleùet men goulen,
Deit, hag en noz e vo eidonn lan a splander.

Pourtant plus d'une fois, il m'advient de soupirer, — Comment sont-ils ? Hélas ! ils sont pauvres, malades peut-être ! — Mon Dieu ayez pitié de la maison qui est la mienne, — Car je n'ai rien au monde que ceux qui pleurent là.

Maintenant, dors ô ma patrie ; ma main est sur mon glaive ; — Je connais le métier, je suis homme, je suis fort ; — Le morceau de France, sous ma garde, jamais ils ne l'auront. — Que suis-je devant vous, mon Dieu, sinon un ver ?

Quand je saute le parapet, une hache à la main, — Mes garçons disent, peut-être : en avant, celui-là, est un homme, — Et ils viennent avec moi dans la boue, dans le feu, dans la fournaise, — Mais Vous, vous savez bien que je ne suis qu'un pécheur.

Vous, Vous savez bien combien faible est mon âme, — Combien desséché mon cœur, combien misérables mes désirs, — Trop souvent, Vous me voyez, ô Père qui êtes aux cieux, — Suivre des chemins qui ne sont pas Vos chemins.

C'est pourquoi, quand la nuit épand ses terreurs par le monde, — Dans les cavernes des tranchées, lorsque dorment mes frères, — Ayez pitié de moi, et écoutez ma demande, — Venez et la nuit pour moi sera pleine de clartés.

Doh me féhédeu koh, mem Doué, mem dioallet ;
Poèhet mé, poéhet mé é tan Hou Karanté
Ha m'inéo lugerno én noz èl ur piled,
Hag arhéled Hou lu e vinn hanval dohté.

« Men Doué, men Doué, me zo er gédour 'n é unan,
Mem bro e fi arnonn ha mé nen doun meit pri :
Dakoret d'ein hénoah, en nerh e houlennan ;
Um erbédein er ran d'Oh ha d'Hou Mam Mari.

L'émotion qu'avait éprouvée M. R. Bazin, à la lecture de cette sublime prière faite « d'énergie, de calme, d'oubli de soi » d'autres, en Bretagne surtout, la ressentirent. Dans le *Journal de Pontivy*, du dimanche 4 février 1917, M. E. Gilles, son directeur écrivait : « René Bazin nous a donné, dans l'*Echo de Paris*, la traduction française d'une poésie bretonne d'un de nos compatriotes, le sous-lieutenant C..., qui nous présente, en des vers où se reflète, dans toute son originalité, l'Ame celtique, un des thèmes de la grande épopée que nous vivons : *le Guetteur dans la tranchée*.

Tous ceux qui tiennent à la Bretagne, par quelques fibres intimes, comprendront la grande beauté de ces vers. Car chez nous, tous les enfants du pays, — les mécréants eux-mêmes — s'inclinent avec respect devant ce qui leur paraît sublime, devant ce qui transporte l'âme en une atmosphère éthérée, serait-elle auréolée d'un nimbe de mysticisme. Aussi, avons-nous demandé, à l'éminent académicien, de nous mettre en relations avec l'auteur de cette poésie, qu'il annonçait écrite dans le dialecte de Vannes. C'est qu'elle a, à notre avis, sa place toute marquée dans la presse de Bretagne. René Bazin a eu la grande obligeance de nous servir de trait d'union, et le sous-lieutenant C..., nous a adressé ses vers bretons.

Quelle n'a pas été notre surprise, en retrouvant, en cet héroïque Poilu, un traditionnaliste ardent, un fureteur sagace et averti, un

---

Mon Dieu, protégez-moi contre mes anciens péchés, — Brûlez-moi, brûlez-moi dans le feu de Votre Amour, — Et mon âme brillera la nuit, comme un cierge, — Et je serai semblable aux archanges de Vos cohortes.

Mon Dieu, mon Dieu, je suis le veilleur tout seul, — Ma patrie compte sur moi et je ne suis qu'argile, — Accordez-moi seulement la force que je demande, — Je m'en remets à Vous et à Votre Mère Marie !

érudit celtisant qui, avec son ami Yves le Diberder, lança *Brittia*, revue à l'esprit novateur et aussi quelque peu frondeur : son pseudonyme *Bleimor* est, certainement encore, sur les lèvres de tous ceux qui ont pris part au mouvement régionaliste qui s'est manifesté dans notre péninsule à l'époque d'avant-guerre. Et nous devions d'autant mieux nous en souvenir personnellement, qu'il lui arriva parfois, attendu, qu'en ce temps-là, il y avait encore des barrières intérieures — aujourd'hui, il n'y a plus que celles qui nous séparent des Boches — de nous décocher quelques flèches satiriques.

« Si vous persistez, nous écrit-il, à vouloir publier cette poésie... » Si nous persistons? Mais ce serait nous faire injure que d'en douter. »

Après avoir cité la *Prière du Guettteur*, M. Gilles ajoute : « Quelle foi patriotique, et quelle émotion religieuse — émotion profondément sincère et d'autant plus respectable! — dans cette poésie. On a eu raison de dire que si la langue bretonne est dure, elle a, par contre, des images d'une harmonieuse beauté touchant souvent au sublime. Aussi chacun conviendra que ces vers méritaient, à plus d'un titre, d'être publiés. Ne constituent-ils pas, d'autre part, un de ces éléments de la guerre dont parle René Bazin qui, en somme, est la forme poétique populaire de l'histoire? Ne serait-ce qu'à ce titre, il convenait de les classer dans nos annales bretonnes de la Grande Guerre. »

Dans cette région de Lassigny où il séjourne durant les mois de janvier et de février, le secteur est calme. Il fait des évolutions à l'arrière, « manœuvres et manœuvres » dures, à travers les terres labourées, surtout quand il a neigé et gelé, la nuit, pour dégeler dans la journée : « on en a plein les bottes, mon vieux... Les attaques vont recommencer au printemps, ou avant, nous en sommes, tant mieux. Nous savons par trois mois de Somme, toutes les misères qui nous attendent, mais puisqu'on est en guerre, autant la faire sérieusement. C'est le seul moyen d'en finir. Nos hommes sont, du reste, admirables de patience et de courage. Il est malheureux que la guerre décime une race comme celle-là. »

A son ami qui lui annonçait fièrement qu'il avait plusieurs marraines, il lui en demande des nouvelles : « Et tes trois marraines?... Vont bien? Trois marraines! Jugebeuh!

> J'avais une marraine,
> Que mon cœur, mon cœur a de peine...

Moi je n'en ai pas. Pas de ça. Kenevo, mab (fils). Je t'embrasse [1].»
Comme l'exprimait si bien son sergent J.-L. G., « le côté sérieux,
chez le sous-lieutenant Calloc'h, n'excluait pas toute plaisanterie. »
En exemple, il nous cite les deux anecdotes suivantes : « Pendant un repos de quelques jours dans un village non loin des champs
de bataille de la Somme, nous avions l'occasion de voir passer,
chaque jour, des convois de prisonniers devant notre cantonnement.
Dépassant, de son impressionnante stature, tous ses voisins, il se
plaçait au premier rang, prenait à ses côtés, un caporal presque
d'égale taille et d'un volume peu ordinaire, puis nous toisant d'un
œil narquois : « Arrière, gringalets, nous criait-il, je veux que les
Boches aient bonne opinion de nous et de notre cuisine! »...

« Un dimanche, en descendant des tranchées, nous nous rendons
tous deux à la messe de 9 heures. Fatigué, par suite de la marche,
je m'endors bientôt, quand je me sens poussé du coude, tandis
qu'on me glisse à l'oreille : Le lieutenant saint Pierre te regarde.

— Le lieutenant ?... Instinctivement à cette évocation d'un chef
hiérarchique, je me redresse, puis écarquillant des yeux, je vois, à
mes côtés, l'ami Calloc'h, un sourire satisfait aux lèvres, tandis que
d'un doigt discret, il me montre le bon saint, qui là-haut, dans le
chœur, un galon d'or tranchant sur le blanc du manteau, semble
me regarder d'un air paternel. » (*Dihunamb*, mai 1925).

Les attaques vont reprendre, sentant l'approche du danger,
Jean-Pierre se recommande plus que jamais aux prières de ses
amis. « Bientôt nous allons en avoir terriblement besoin, tellement
besoin, que je pourrais bien ne pas aller du tout en permission.
Enfin à la grâce de Dieu... Ma destinée personnelle, dans cette
guerre, ne m'intéresse que médiocrement. Ce qui m'attriste
parfois, c'est de songer à ce que deviendront les miens, si je dis-
parais. Que la part du cœur est donc difficile à garder... Le sol est
dur depuis trois semaines, grand gel. Il fait très froid. On se
demande jusqu'à quand cela va durer. Les journaux d'aujourd'hui
assurent que la Bretagne se dégèle. Peut-être, le mouvement

---

1. Lettre à M. F. Davigo, 5 février 1917.

viendra-t-il jusqu'ici .Quel travail, alors dans les tranchées ! Toutes vont « venir en bas », comme on dit en breton. Une quinzaine à l'arrière, après quoi, nous irons à l'attaque, sur un point quelconque du front. Puissions-nous, cette fois, enfin, crever pour toujours les lignes boches... » (Lettre à Mme A..., le 10 février 1917).

Il avait le pressentiment de sa mort prochaine, quand il écrivait : « Dans peu de temps, à une date encore imprécise, pour plusieurs raisons, nous allons recommencer à nous battre. Si tout se réalise de ce que prévoient les grosses têtes, la partie promet d'être intéressante. Je te dirai ça, si je reviens... » (Lettre à M. F. Davigo, 11 février 1917).

Avant de tomber, sur le champ de bataille, il retourne, au début du mois de mars en Bretagne, embrasser sa mère ; il a le plaisir de rencontrer à Lorient plusieurs de ses bons camarades. A son retour, en passant par Paris, il rend visite à M. René Bazin qui lui offre un exemplaire de *Gingolph l'Abandonné*, un de ses derniers romans. Des régions dévastées, Jean-Pierre lui écrit pour le remercier de la bonté de son accueil : « Aux temps passés, le barde, pour remercier, chantait une chanson. Je vous envoie donc une fin de de poème, celui que j'aime le mieux parmi le peu que j'ai écrit (Il s'agit de l'*Ile des Anges* (Chapelle des Bénédictines, rue Monsieur). Voir « Trois sanctuaires, Trois prières. »)

Il habite, en ce moment-là, 26 mars 1917, un pan d'église, dans un village « dont toutes les maisons ont été incendiées ou détruites par les explosions. Sans ombre de motif du reste ; simplement le plaisir de détruire. L'église était toute neuve, 1912. Ils l'ont fait sauter en s'en allant. Seul, un grand Christ, sur un pan de mur, demeure intact parmi les ruines. Et ce symbole m'a plu. Cette église-là ressemble assez à l'Europe d'aujourd'hui...[1] »

L'ennemi recule. Sentant notre offensive prochaine, le Boche venait d'évacuer le terrain que nous menacions le plus. Repli brusque que nous n'avions pas prévu.Il se réfugiait derrière une nouvelle ligne : « la ligne d'Hindenburg » du nom de son chef, ligne très fortifiée et formidablement défendue qui allait depuis Arras jusqu'à Vailly, par Saint-Quentin et La Fère.

A la tête de ses hommes, le 17 mars, J.-P. Calloch part à la pour-

1. *A GENOUX*, **p.** 230.

Le sous-lieutenant Jean-Pierre Calloc'h.

suite de ces brigands qui ont dévasté et détruit tout ce qu'ils ont
pu. « Maintenant, je comprends, écrit-il, cette expression biblique :
« l'abomination de la désolation. » On ne peut pas décrire, il faut
voir. Des villages entiers rasés au sens strict du mot, maisons,
église, arbres, murs, rien n'existe plus. Quand nous irons chez ces
brutes, je t'assure que nous en ferons autant, en nous en allant.
Rien ne restera debout. Il faut. Ça leur apprendra [1]. » De voir
toutes ces ruines, malgré la fatigue, cela lui « donne du cœur au
ventre ». Le premier village où il retrouve des civils, est Porque-
ricourt. Femmes, enfants vieillards se cramponnent à ses soldats
et les délestent de leurs biscuits, chocolats, etc... Avec ses hommes, il va de l'avant, le plus vite possible, et arrive à Noyon, à
temps pour empêcher les Boches de faire sauter la tour de l'église
qui était minée. Les cavaliers marocains qui les ont devancés, ont
passé, au fil de l'épée, les bandits retardataires. La caserne de la
ville brûle, ils continuent leur route et entrent à minuit à Coullemel
où les habitants ont été enfermés, trois jours durant, dans l'église,
pendant que leurs demeures étaient pillées et incendiées. Le
22 mars, ils passent le canal de Saint-Quentin, à Quessy-Tergnier ;
le 23 et 24, à Fargniers et à Travecy. Ils y sont relevés par le 62e,
et viennent à Rouez, faire des travaux.

Le 2 avril, le régiment marche vers le Nord, sous une pluie
battante, par Jussy, Montescourt, et s'arrête, pour passer la nuit,
dans des carrières, à proximité de l'ennemi. Le 3 avril, à 15 heures,
il se démasque, attaque, prend Cerizy et La Guinguette. « Il n'y
a plus de tranchées, on s'abrite où l'on peut, dans des trous d'obus,
sous la neige, dans la boue. Le 4 avril, on prend les fermes de
Lombay et de la Folie. Quelques jours, en réserve à Benay et à
Hinacourt, et l'on remonte devant la Folie, face à Itancourt, à la
lisière du bois d'Urvilliers, à quelques kilomètres au sud-est de
Saint-Quentin[2] ». « Je me trouvais en réserve, le 10 avril, nous écrit
le sergent Le Clec'h, occupé, avec mes hommes, à creuser des
trous de tirailleurs — dans la journée il nous était impossible de
nous montrer — quand, en pleine nuit, je ne puis fixer l'heure, on
me prévient que le sous-lieutenant Calloc'h vient d'être frappé

1. Lettre à M. F. Davigo, 31 mars 1917.
2. Relation du sergent Le Clec'h, de Carhaix.

à la tête par un obus qui a fait deux victimes. Les brancardiers ont reçu l'ordre de transporter son corps à Cerizy, à quatre kilomètres à l'arrière, je demande et leur donne deux volontaires pour les aider, et je vais, dans la nuit noire et glaciale, saluer une dernière fois, mon lieutenant et ami. »

Et c'est ainsi que mourut à 28 ans, un mardi de Pâques fleuries, « pour la délivrance de notre Terre, pour la Beauté du monde, pour maintenir la douceur des horizons français et puis, pour *la Gloire Bretonne*», Jean-Pierre Calloc'h, le barde Bleimor, « celui-là qui chantait dans la nuit pour affermir la Foi au cœur de ses frères » et dont l'âme droite et fière, monta « joyeuse et confiante vers son Juge » :

Eurus er ré-varù hag é varù e Doué[1].

(« *A GENOUX* » p. 145).

Le 29 avril 1917, le bon maître F. Vallée, le directeur de *Kroaz ar Vretoned* (la Croix des Bretons) faisait part à ses lecteurs de la grande douleur que lui causait la mort de son cher collaborateur :

EUR GWALL-GANV : MARO BLEIMOR

Setu eur gwall-gelou o tigouezout ganimp : maro an is-letanant Calloc'h, hon c'henvrôad ha kenlabourer ker, ar Barz mat « Bleimor », kouezet war au talben an 10 eus ar miz-man.

Eur c'holl pounner eo evit Breiz-Izel, ar pounnera hini zoken abaoe derou ar brezel.

Ganet e 1888, en enez Groa, eus eun tiegez mat a besketaerien, e reas e studi e Santez-Anna. Eno e kreskas c'hoaz e ziou garantez, ar garantez ouz e Feiz kristen hag ar garantez ouz e vamm-vro Breiz, a dlee beza reolennou e holl vuhez.

UN DEUIL CRUEL : LA MORT DE BLEIMOR !

Une mauvaise nouvelle nous arrive : la mort du sous-lieutenant Calloc'h, notre compatriote et cher collaborateur, le bon barde Bleimor, tombé sur le front, le 10 de ce mois.

C'est une lourde perte pour la Bretagne, la plus lourde depuis le début de la guerre.

Né, en 1888, à l'île de Groix, d'une excellente famille de pêcheurs, il fit ses études à Sainte-Anne. Là grandirent encore ses deux amours, son amour pour la foi chrétienne, son amour pour la mère-patrie, la Bretagne qui devaient être la règle de toute sa vie.

1. Heureux les morts qui meurent en Dieu.

Ar vad en dije graet da Vreiz, ma en dije Doue lezet e vuhez gantan, a heller da veiza diouz ar pez a reas er bloaveziou re verr ma kemeras perz en hon emzav brezonek. Gwall-izel e oa neuze Kaoz ar brezoneg : diskaret e oa bet « Strollad mirourien ar Yez vrezonek » gant ar gwasa hag ivez ar galloudeka eus hon enebourien ; war zisleberi ez ae bemdez « Kevredigez Breiz » hag a-boan ma krede c'hoaz « Unvaniez Arvor » sevel he fenn. Evit ar varzed ne gomzed anezo nemet evit o goapaat...

Neuze eo en em unanas « Bleimor » gant e vignon Diberder da groui eur gelouenn nevez « Brittia ». Eun taolkaer a yaouankiz e voe, a vanas hon enebourien batet gantan, a zihunas ar re vorgousket, hag a rôas da anaout e oa e Bleimor, ouspenn eur barz hag eur skrivagner dourniet-dreist, danvez eur Rener, a zo kaeroc'h !

Evel-se e voe ivez menoz e ofiserien diwar e benn, pa voe galvet da zoudard, pa 'z eo gwir e savas ken buan eus a zoudard da is-letanant. Eur gwir Rener e oa anezan, moarvat, evit ar re dindanan. Bretoned e oa e zoudarded eveltan, ha, bep zizun, e lakae evez mat ma tigouezje ganto eur pakadig « Kroaziou ar Vretoned », d'o frealzi en o foziou war an talben.

Eur zervich bras a oa bet lakaet d'ezan en e vro c'henidik, digwener diweza. Ar re ac'hanomp n'int ket bet evit mont, en em unanent a galon gant ar pedennou a zav evitan war-zu Doue, en deiziou-man, eus kalon e vamm ger hag e zud glac'haret ! Ra zigemerint holl hon gwella gourc'he-mennou a genganv !

Le bien qu'il aurait fait à la Bretagne, si Dieu l'avait laissé en vie, on peut le préjuger d'après ce qu'il fit, pendant les années trop courtes qu'il consacra à la renaissance bretonne. Bien basse était alors la cause du breton, dispersée avait été « la troupe des défenseurs de la langue bretonne », par le pire et le plus puissant de nos ennemis, « l'Union Bretonne » allait en s'affaiblissant chaque jour, et à peine la « Fédération Bretonne » osait-elle lever la tête. Quant aux bardes, on n'en parlait que pour s'en moquer. C'est alors que Bleimor s'unit à son ami Diberder pour fonder une nouvelle revue *Brittia*. Ce fut un bel exploit de jeunesse, nos ennemis en demeurèrent ébahis, ce fait réveilla ceux qui étaient à moitié endormis et fit connaître que Bleimor, en plus d'un barde et d'un écrivain hors pair, avait en lui l'étoffe d'un chef, ce qui est plus beau.

Ce fut également l'opinion de ses officiers, lorsqu'il fut appelé comme soldat, puisqu'en vérité, il fut promptement nommé sous-lieutenant. Ce fut un vrai chef pour ceux qui furent sous ses ordres. Ses soldats étaient des Bretons comme lui et chaque semaine, il veillait à ce que leur parvient un petit paquet de *Croix des Bretons*, pour les réconforter au repos, sur le front.

Un service funèbre a eu lieu, pour le repos de son âme, vendredi, au pays natal. Ceux de nous qui n'ont pu s'y rendre, se sont unis, de cœur, aux prières qui sont montées vers Dieu, pour lui, en ces jours, du cœur de sa chère mère et de ses parents éplorés. Nous leur adressons nos plus sincères condoléances.

Setu aman eun nebeut linennou eus diweza skrid Bleimor, enno eur gentel a bouez evidomp. Evel e destamant eo, skrivet gantan e derou ar bloaz 1915.

« Kent pell e vin el lazadeg... Pe arouez a zo war va zal? Ha gwelet a rin da ziwez-te, bloavez nevez?

Ha petra 'vern? Abred pe ziwezat, ha pa zono an eur da vont daved an Tad, laouen ez inn! Jezuz a oar frealzi hon mammou.

Ra vezi benniget, bloavez nevez, hag e vefe, e-touez da dri-c'hant pemp deiz ha tri-ugent, va deiz diweza!

Ra vi benniget! Rak ouspenn kant vloaz o deus tremenet war ar vro-man, hep n'o dije anavezet nemet kounnar Doue, ha te, e vi estlammet gant E drugareziou.

Gwelet a ri distro ar C'hredennou harluet, an Trec'h o tarnijal adarre dindan plegiou banniel ar Frans, hag ar Vro adsavet da virviken.

Gwelet a ri va Breiz dishual abenn an diwez, hag he yez enoret, evel p'edo beo he marc'heien evit he difenn.

Bloavez nevez! Bloavez brezel! Ra vi benniget, hag e tigasfes, ez mantel, a-grevet gant an Nevez-hanv evit ar Bed, ar maro evidoun-me!

Petra eo maro unan, pe gant, pe maro kant mil, gant ma vo beo ha brudet ar Vro, gant ma kendalc'ho ar ouenn!

Ha, pa varvin, laret ar pedennou, ha va beziet evel va zadou, trôet va zal ouz an enebour.

Voici quelques lignes de la dernière œuvre de Bleimor où se trouve pour nous une leçon. C'est comme son testament, il l'écrivit au début de l'an 1915.

« Bientôt je serai dans la tuerie... Quels signes y a-t-il sur mon front? Année nouvelle, verrai-je ta fin?

Et qu'importe? Que ce soit tôt ou tard, quand l'heure sonnera d'aller vers le Père, j'irai joyeux.

Jésus sait consoler nos mères.

Sois bénie année nouvelle! quand bien même, au milieu de tes trois cent soixante-cinq jours, il y aurait mon dernier jour!

Sois bénie! Car plus de cent années ont passé sur ce pays-ci sans avoir connu autre chose que la colère de Dieu et tu contempleras toi, ses miséricordes.

Tu verras le retour des croyances bannies, la victoire flotter de nouveau sous les plis du drapeau de la France, et la patrie exaltée pour toujours.

Tu verras ma Bretagne enfin libre et sa langue honorée, comme quand ses chevaliers étaient vivants pour la défendre.

Année nouvelle, année de guerre! Sois bénie quand bien même tu apporterais dans ton manteau, en même temps que le printemps pour le monde, la mort pour moi.

Qu'est-ce que la mort d'un ou de cent, ou la mort de cent mille, pourvu que la patrie soit vivante et glorieuse, pourvu que la race continue...

Quand je mourrai, dites les prières et enterrez-moi comme mes pères, le front tourné vers l'ennemi...

Ha na c'houlennit tra d'im digant va Dasprenour, nemet al lec'h
diweza en e Varadoz... »

O ya, moarvad, al lec'hig-ze en devo bet er Baradoz Doue, na c'hou-
lenne ken en eskemm d'e vuhez roêt gantan a galon vat hag evel a-ratoz-
kaer evit ar Frans !

M. René Bazin qui l'avait accueilli si cordialement et auquel le
barde avait écrit une longue lettre, cinq jours avant de mourir,
faisait son éloge funèbre dans l'*Echo de Paris*, du 6 mai 1917 et
démontrait la perte cruelle irréparable que la France et surtout
la Bretagne venait de faire :

JEAN PIERRE CALLOC'H

«Vous vous souvenez peut-être d'un fragment de poésie bretonne,
que j'ai publié, ici, voilà quatre mois, le 7 janvier, sous le titre :
La Prière du Guetteur : « Je suis le grand veilleur, debout dans la
tranchée ; — Je sais ce que je suis et je sais ce que je fais ; —
L'âme de l'Occident, ses filles et ses fleurs ; — C'est toute la
beauté du monde que je garde cette nuit. »

La pièce, — texte breton et traduction en regard, — m'était
arrivée sans être accompagnée d'une lettre, sans autre indication
que le nom de l'auteur, le numéro de la compagnie d'infanterie
où Jean-Pierre Calloc'h était sous-lieutenant, et le numéro du
secteur. Je l'avais trouvée si belle, que j'avais résolu aussitôt de
partager avec d'autres l'émotion dont elle me pénétrait. Les grands
poètes sont bien rares, même simplement les vrais poètes. Celui-
là en était un grand, je ne crains pas de le dire. Il vient de mourir :
il n'avait pas vingt-neuf ans.

Je le connaissais. Oh! je ne l'ai pas assez connu! Il aura été pour
moi, un de ceux qu'on devine, et qui passent, et qu'on ne peut rappeler ; une de ces âmes rencontrées sur le chemin, dans la foule,
un moment et qui laissent au cœur tant de regrets qu'on se demande

Et ne demandez rien pour moi à mon Rédempteur, si ce n'est la dernière place dans Son
Paradis... »

Oh! oui, probablement, cette petite place, il l'aura eue ; dans le Paradis de Dieu, il ne
voulait qu'elle en échange de sa vie donnée de bon cœur, et sciemment pour la France.

de quel nom nommer cet attrait mystérieux, et cette certitude d'une amitié perdue. J'avais répondu au lieutenant Calloc'h. Quatre ou cinq lettres échangées et une visite d'une demi-heure : c'est tout ce que nous eûmes de commun dans la vie, et je ne pense plus à lui qu'avec douleur.

Un après-midi, que je travaillais, le 23 mars dernier, je vis entrer chez moi un homme de haute taille, robuste de corps et de visage, noir de cheveux, l'air sombre et fermé. Il s'assit devant moi, face au jour. Il tournait, entre ses doigts son képi comme un béret. A peine avions-nous dit quelques mots qu'il sourit, et que je reconnus toute la Bretagne timide, délicate et profonde. Il répondait par monosyllabes, autant que possible, mais le sourire était une phrase, et même plus.

— Vous êtes de l'île de Groix, monsieur ?

— Oui.

— Permettez-moi de vous interroger, c'est une présentation. Que faisait votre père ?

— Pêcheur.

— Et votre mère ?

— Elle cultive la terre.

— Je suis sûr qu'elle est une de ces mamans tendres, comme j'en connais plusieurs, qui vivent dans l'inquiétude, à cause de leur fils.

— Elle est habituée à attendre.

— L'île est croyante, n'est-ce pas ?

— Oh ! oui.

— Et la terre est bonne ?

Un long sourire où toute l'île fut présente.

— Très bonne. Ce sont les femmes qui la travaillent. Eux, ils sont en mer. Depuis l'âge de neuf ans, ils ne quittent guère la mer. Ils ont de l'audace, plus que les terriens.

— Vous naviguiez, vous aussi, je parie ?

— Tant que je pouvais : deux mois, trois mois avec eux.

— Ecrivez cela.

— J'y ai pensé.

— Etes-vous parti comme sous-lieutenant ?

— Non : soldat.

— Et combien êtes-vous d'officiers, sortis de Groix ?

— Seul.

— Vous avez publié des poésies, déjà ?

— Oui, dans les revues du pays.

— Mais vous en avez de nouvelles ?

— J'en avais une trentaine, que je ne voulais pas garder dans la tranchée, vous comprenez. Je les ai confiées à un camarade, qui a été envoyé dans le pays de Galles. Je lui ai écrit ; je n'ai pas reçu de réponse.

— J'espère que...

— Mais oui, il reviendra bien, un jour ou l'autre.

— Vous publierez alors le volume. Je vous promets qu'il en sera parlé. Où le publierez-vous ?

— Chez un imprimeur du pays. Ce n'est guère que des prières. Je lui donnerai pour titre : « *A GENOUX* », en breton et en français.

Nous causâmes encore un peu. J'avais cette impression, en le regardant et en l'écoutant, que cet homme était un marin, un poète, d'une sensibilité extraordinaire, déjà riche de souvenirs très rares, un soldat aussi, et un futur prêtre. Il me promit de revenir.

Un de ses amis, M. Yves Le Diberder, a écrit, dans le *Nouvelliste* de Lorient, un très bel article, pour pleurer et célébrer le poète breton tué à l'ennemi. « Il a été tué, dit-il, en première ligne, par un obus, au bois d'U..., sur le nouveau front au delà de Noyon, dans l'après-midi de ce mardi de Pâques dernier, 10 avril 1917... Né à Groix, en 1888, d'une famille de pêcheurs, il fit ses études à Sainte-Anne... Sous l'influence de certains de ses maîtres, auxquels il resta toujours attaché, il sentit s'éveiller en lui, outre une vocation ecclésiastique qui fut malheureusement contrariée plus tard, une vocation d'homme d'action et d'écrivain breton. Un très brillant avenir littéraire s'ouvrait devant lui. Son nom sera sans doute inséparable de l'histoire de la langue et de la poésie bretonnes... Parfaitement au courant de notre langue nationale en tous ses dialectes, il y était arrivé à une grande maîtrise. Il travaillait encore à la perfectionner, et il aura été un de ceux qui auront le plus fait avancer la restauration et l'unification du breton littéraire. Difficilement égalable dans la forme, il ne sera pas remplacé pour le fond. La profondeur singulièrement émouvante de quelques-uns de ses morceaux (beaucoup sont inédits), leur assure de vivre autant que notre littérature ».

Un peu plus loin, et pour montrer mieux quelle perte la France vient de faire, M. Le Diberder publie une pièce que Jean-Pierre Calloc'h écrivit au moment où il passait dans le service armé. Elle est tout entière admirable. Je n'en puis, faute de place, citer que des fragments :

« Or, la mil neuf cent quatorzième année après la naissance du Christ dans l'étable,

« Comme la tête du Pauvre tout à coup, à la fenêtre des mondains livrés aux danses déréglées,

« Comme les trois paroles sur le mur, au temps du grand souper de Balthazar,

« Comme une lune de deuil et de terreur, aveuglant chaque soleil de sa splendeur sauvage,

« Au-dessus des horizons méprisables de la catin Europe,

« La face sanglante de la Guerre !...

« Comme les chanteurs de la Bonne Nouvelle, qui vont par la Bretagne, de porte en porte à la fête bénie de Noël,

« — En souvenir des anges qui annoncèrent la paix aux hommes, la première nuit de l'Age chrétien —

« J'ai cherché mes frères, ce soir, pour leur dire les souhaits du barde.

« Et je n'ai trouvé personne à la maison.

« Les douces maisons de la Celtie sont vides, à part quelques foyers, de-ci, de-là, où le feu depuis longtemps est éteint.

« Et devant lequel on voit pleurer de pauvres femmes, et de petits enfants qui songent, qui songent.

« O mon Dieu, quelle peste a passé sur ce pays-ci ?

« Celte de la Haute-Ecosse, où es-tu ? Et toi, Celte d'Irlande ? Où donc es-tu, Celte de Galles ? O Celte de Bretagne, mon sang, où es-tu ?

« Elles sont vides, les douces maisons de la Celtie ! Comme le soleil de l'été se levait sur la vallée, les hommes sont partis avec leurs épées.

« Je ne dors plus. Il y a une voix, dans la nuit d'hiver, qui m'appelle, une voix étrange...

« Bientôt, je serai dans la tuerie. Quels signes y a-t-il sur mon front ? Année nouvelle, verrai-je ta fin ?

« Et qu'importe ? Que ce soit tôt ou tard, quand l'heure viendra d'aller vers le Père, j'irai joyeux : Jésus sait consoler les mères.

« Sois bénie, année nouvelle, quand bien même, au milieu de tes trois cent soixante-cinq jours, il y aurait mon dernier jour.

« Sois bénie! Car plus de cent années ont passé sur ce pays, sans avoir connu autre chose que la colère de Dieu, et tu contempleras, toi, sa miséricorde! »...

Cette poésie concise, pleine, humaine et divine, c'est-à-dire complète, qui nous la rendra? Elle seule émeut les cœurs, les élève, est assurée de vivre par eux. Et celui qui chantait ainsi est mort!

Ah! jeunes gens qui grandissez après ceux-là, et qui demain serez des hommes, quelle tâche sera la vôtre! Ne cherchez pas à remplacer les poètes, qui sont des êtres marqués du signe, deux ou trois par siècle. Mais cette noblesse de tant de combattants, cet esprit viril, cette foi en Dieu, cet amour de la France, cette volonté prompte à tout donner, ce long travail de préparation, qui s'est épanoui pour d'autres en sacrifice et qui s'épanouira pour vous en action continue, voilà ce qu'il faut que vous imitiez! En vérité, bientôt on pourra dire : « La France, ce n'est plus que vous! » Mais vous pourrez toute la refaire.

RENÉ BAZIN,
de l'Académie française.

Le 12 juillet 1917, lors de la distribution des prix, à l'Ecole Supérieure de Commerce de Paris, en présence du Président de la Chambre de Commerce, des membres de la Commission administrative, du Président de l'Association des Anciens Elèves de l'Ecole, des professeurs, des parents accompagnant leurs enfants, M. Wiriath le Directeur de cette Ecole, après avoir demandé à l'assistance de se lever, pour honorer les maîtres de cette maison, morts pour la Patrie, rappelait, en termes émus, le souvenir de son collaborateur :

« Jean-Pierre Calloc'h, disait-il, est tombé, en pleine bataille de l'Aisne, à Urvillers, le 10 avril dernier ; en mourant, il a eu la joie profonde de voir craquer, sous les efforts victorieux de ses soldats enfin déterrés, cette fameuse et si élastique ligne d'Hindenbourg. Il avait 28 ans.

Le lieutenant Jean-Pierre Calloc'h était Breton, Breton des îles.
Il semblait taillé dans le granit des falaises de son île de Groix :
de haute taille, fort, avec des yeux noirs profonds comme certains
abîmes au creux des rochers ; dans cet ensemble robuste, il y avait
je ne sais quoi de triste, de secret et de timide qui attirait et tout
ensemble suspendait l'élan. Il était des nôtres depuis octobre 1912 ;
probe dans son travail, discret dans sa vie, distant un peu et comme
vivant un rêve intérieur où il y aurait eu des lames de fond bru-
tales et tragiques et parfois le sourire étincelant de la mer d'été. Son
réconfort, dans une vie qui n'était pas unie, il le puisait dans une foi
ferme, aimée, trésor hérité des ancêtres, qu'il pratiquait sans ostentation, mais aussi sans respect humain, cette pire forme de la lâcheté.

Je le revois encore à l'heure grave des adieux où, dans un dernier
serrement de mains, tout le cher passé surgit rapide et précis et où
l'on interroge le destin muet. Le passé, c'était son île, toujours un
peu lointaine et mystérieuse comme un grand bateau à l'ancre,
ses falaises blanches sous le soleil radieux, ou mauves dans l'apai-
sement de la lumière, ou livides et frémissantes sous les embruns
et les coups de bélier des grosses lames transatlantiques. Son passé,
c'était aussi la lande fleurie de bruyères et de genêts, parure de cette
terre rude et ingrate d'Armor, la petite maison du hameau de Klavezig, où la vieille mère, habituée à attendre, écoute dans le silence
les pas qui ne résonneront plus, le menhir de Salver er Béd, au pied
duquel M. Calloc'h avait dû tant de fois réciter les chants gutturaux
des bardes de l'antique Celtie, qu'il devait égaler. Le destin, c'était la
boue, le froid, la fournaise et pire que tout : l'injustice des hommes;
c'était enfin la tranchée d'Urvillers où, le mardi de Pâques fleuries,
au milieu de ses Bretons fidèles, le lieutenant Calloc'h tombait
face à l'ennemi! Un pauvre tertre surmonté d'une humble croix
recouvre le corps de ce brave soldat. Mais l'âme s'est échappée du
tombeau, âme d'un vrai poète et de haute race. Ecoutez-la chanter
dans cette émouvante *Prière du Guetteur* » :

Et M. Wiriath lit l'admirable poème que nos lecteurs connaissent.

Le corps de notre ami, ramené à l'arrière, fut déposé dans un
cercueil en sapin. Après une courte cérémonie religieuse, à laquelle
assistèrent plusieurs de ses camarades de combat, il fut inhumé

dans le petit cimetière de Cerizy où reposaient déjà une foule de soldats, ses compatriotes. Une petite croix, faite de morceaux de bois fixés avec du fil de fer, indiqua l'emplacement de sa tombe qui portait le numéro 3.

Mais au cours de la ruée allemande contre les troupes britanniques, en mars 1918, l'ennemi s'empara, de nouveau, du terrain qu'il avait abandonné, l'année précédente, et y recommença ses dévastations. Le cimetière de Cerizy fut bouleversé de fond en comble, des tranchées y furent creusées, des sépultures violées ; la tombe de Calloc'h devint introuvable, pendant plusieurs années, malgré les recherches faites par un vénérable prêtre de la région, qui eût aimé rendre à la pauvre mère les restes de son vaillant fils. Sur ces instances, la terre du cimetière fut fouillée, mais en vain. Il commençait à désespérer. Cependant, ayant pu se procurer un plan indiquant l'endroit exact où avait été enterré l'officier breton, il demanda, au maire de Cerizy, de lui permettre de diriger lui-même les fouilles. Il fut heureux de voir ses efforts couronnés de succès. En mai 1923, il découvrit la tombe qu'il cherchait depuis si longtemps. Le cercueil fut ouvert ; au poignet droit du cadavre, se trouvait une plaque d'identité portant ces lettres : Calloc'h Jean-Pierre 1908, Lorient 1627. Le doute n'était pas possible, c'était bien le corps de Bleimor.

Voici, en quels termes, *Dihunamb*, la revue si chère au barde, annonçait, en juin 1923, cette nouvelle propre à réjouir tous les amis du poète breton :

RELEGEU BLEIMOR [1]

Kavet é alkent bé J.-P. Kalloh (Bleimor) lahet épad er brezél bras.

É bèred Cerisy é ma kavet. En ur charké é oè lakeit é gorv ha kavet e zo arnehon ur vedalen hag ur plak, dalhet doh é vréh get ur ranjen, hag e zo arnehi er girieu-men : *Calloch, Jean-Pierre, 1908, Lorient, 1627.*

1.   LES RELIQUES DE BLEIMOR

La tombe de J.-P. Calloc'h (Bleimor) tué au cours de la grande guerre est enfin retrouvée. Elle a été retrouvée dans le cimetière de Cerizy. Le cadavre avait été placé dans un cercueil ; au bras, attachées par une chaînette, il y avait une médaille et une plaque sur laquelle se trouvaient ces mots : Calloc'h Jean-Pierre, 1908, Lorient 1627.

Er huéh-men enta ne hellér ket fari.

Kaset é en doéré d'é geh vam hag embér merhat e vo gellet degas d'er vro relegeu hur mignon.

Ur leuiné e vo aveit é vignoned ol, gouiet en doéré-men.

De Hroé é vo degaset relegeu Bleimor ha lakeit e veint é béred é barréz, étal é dud kar.

En arben a gement-men, er chonj e zo deit d'er ré en des ean anaùet ha karet, seùel dehon ur bé kaer ha padus e zegaso chonj d'er rumadeu e zei ar hul lerh é hes lakeit én doar, én tachad-sé, un dén ha ne oè ket haval doh en dud aral.

Dihunamb, hag en doè degoret de Vleimor dor er Vrud, é tegemér é huerzenneu ketan, e zou bet choéjet get é dud aveit tolpein argant er ré ol e ven inourein er skriùagnour hemb par-sé en des groeit kement a inour de Vreih ha d'er brehoneg.

Er ré ol enta e zo chonjet de rein un dra benak eit seùel er bé-sé ehello kas ou argant d'en É. Mellag, 10 ru du Gaz, én Oriant, er hetan guellan, aveit ma vo gellet kampen pep tra éraok er gouian.

Marsé e vo tu de dolpein à Groé, aveit en dé ma vo beniget er bé, mignoned er heh Bleimor hag e zo eùé mignoned Breih hag er brehoneg.

Ur chervij e hellehè bout kannet aveit repoz é inéan en dé-sé.

Rah en treu-sé e vo kampennet devéhatoh, revé ma laro é vam.

Et péh e faot, drest pep tra, e zo seùel ar vé Bleimor ur bé hag e vercho aben, doh en très enahon, é hes, astennet ino, én doar beniget, ur Hristèn hag ur Breihad èl ne vè ket kavet stank.

Cette fois l'erreur n'est pas possible.

Cette nouvelle a été communiquée à sa chère mère et peut-être bientôt, pourra-t-on ramener au pays les restes de notre ami. Ce sera une joie pour ses amis d'apprendre cette nouvelle.

Les restes de notre ami ramenés à Groix seront déposés dans le cimetière de la paroisse auprès de ceux de ses parents.

A ce sujet, il est venu à l'idée de ceux qui l'ont connu et aimé, de lui édifier une tombe belle et durable qui rappelle aux générations futures que, celui mis en terre en cet endroit, était un homme qui ne ressemblait pas aux autres hommes. *Dihunamb* qui ouvrit à Bleimor les portes de la renommée, en accueillant ses premiers poèmes a été choisi par ses parents pour recevoir l'argent de ceux qui voudront bien honorer l'écrivain incomparable qui a fait tant honneur à la Bretagne et au breton. Ceux donc qui ont le désir de donner quelque chose, pour élever cette tombe, pourront adresser leur offrande à M. E. Mellac, 10, rue du Gaz, Lorient, le plus tôt possible afin que l'on puisse ordonner chaque chose avant l'hiver. Peut-être pourra-t-on rassembler à Groix, le jour de la bénédiction de la tombe, les amis du pauvre Bleimor qui sont aussi les amis de la Bretagne et du breton. Un service funèbre pourrait être chanté ce jour-là, pour le repos de son âme.

Toutes ces choses seront réglées plus tard selon les désirs de sa mère.

Ce qu'il faut par-dessus tout, c'est d'édifier sur la tombe de Bleimor, un monument qui

Laret e hren tuchant ne oè ket haval J.-P. Kallok doh en dud aral. Rah er ré en des ean anaùet mat en amzaùo genein. Ieuank flam é oè éntannet é galon get karanté Doué ha karanté Breih ha betag er marù é ma chomet bar é galon get en diù garanté-sé. Kement-sé en des ean douget de skriù el livr *biùan* ha *guiran* e zo bet skriùet beta bremen é brehoneg. Kement-sé en des ean douget eùé, allas ! de verùel ar en talben pel doh e vro, aveit dihuen Nerh er Spered doh tud ha ne anaùant meit Nerh el Lon.

Ur bé kristen ha breihek e chaoj enta doh J.-P. Kalloc'h hag aveit gober ur bé sord-se hembkin e tastumamb argant e vignoned.

L. H.

L'exhumation du corps de Bleimor, au cimetière de Cerizy, eut lieu en présence de deux membres de la famille du soldat, venus de l'île de Groix, pour le ramener au pays natal.

Le dimanche, 8 juillet 1923, la dépouille mortelle arriva en gare de Lorient et fut aussitôt conduite à l'église Saint-Louis où, au cours d'une cérémonie religieuse, M. l'abbé Dano, un des amis du poète, prononça une allocution exaltant les vertus de ce Breton si vaillant et si chrétien.

Puis, le vapeur de la Compagnie Groisillonne le prit à son bord, traversa les « Courreaux » et accosta à la jetée de Port-Tudy où une foule pieuse et recueillie reçut les reste du poète qui sut célébrer, en termes si touchants, son île natale.

Le lendemain une messe fut dite à l'église paroissiale pour le repos de son âme. La mère du poète y assistait entourée des membres de sa famille, des amis et des admirateurs de son fils, au premier

indiquera d'après sa forme, que sous lui, dans la terre bénite, est couché un chrétien, un Breton comme on n'en trouve guère.

Nous avons dit plus haut que Calloc'h ne ressemblait pas aux autres hommes. Ceux qui l'ont bien connu partageront notre opinion. Tout jeune son cœur fut enflammé par l'amour de Dieu et par celui de la Bretagne, et jusqu'à sa mort, ces deux amours ont rempli son cœur. C'est ce qui l'a incité à écrire le livre le plus vivant et le plus vrai qu'il ait été écrit jusqu'à présent, en breton. C'est ce qui l'a poussé aussi hélas ! à mourir sur le front, loin de son pays pour défendre la Puissance de l'Esprit contre des êtres qui ne connaissent que la Force de la Bête.

Une tombe chrétienne et bretonne convient donc à J.-P. Calloc'h et c'est pour construire une telle tombe que nous recueillerons l'argent de ses amis.

L. H.

rang desquels figuraient M. le maire de Groix, et les conseillers municipaux. Au cimetière, M. Mocaër, conseiller général d'Ouessant, directeur de la revue bretonne, *Buhez Breiz*, un des amis du barde, prononça quelques paroles, faisant ressortir la tâche accomplie par Calloc'h : « il sut dit-il glorifier son île, en l'aimant, en la chantant, en strophes magnifiques, dans cette langue maternelle qu'il réussit à illustrer. » Il conjura les compatriotes du poète « à rester fidèles à la patrie bretonne et à sa langue qu'il avait tant aimée, et les convia à travailler, en commun, au salut de la Bretagne, dans un large esprit d'union qui était bien celui dont rêvait le disparu...»

Puis M. Jégo, premier adjoint au maire de Groix, prononça le discours suivant :

Mesdames, Messieurs,

En cette douloureuse circonstance qui, en ce moment, nous réunit si nombreux au champ du repos, je me sens particulièrement honoré d'avoir été sollicité pour prendre la parole devant cette tombe, trop prématurément ouverte, d'un des enfants dont Groix peut s'enorgueillir, avec raison.

Aussi n'est-ce pas sans une légitime émotion, que je sens combien une voix plus autorisée que la mienne, vous eût fait apprécier la perte que notre île, la Bretagne même, a faite en la personne de Jean-Pierre Calloc'h. C'est donc, avec un respect, mélangé de tristesse, que je viens, en votre nom à tous, m'incliner profondément devant la dépouille mortelle, enfin arrachée du front, du barde breton, du héros que fut Jean-Pierre Calloc'h, sous-lieutenant au 219e régiment d'infanterie, tombé glorieusement au champ d'honneur, à Urvillers (Aisne), le 10 avril 1917.

La vie de J.-P. Calloc'h, son talent de poète, sont trop connus de vous tous, pour qu'il me soit nécessaire de vous en brosser un tableau tel qu'il mériterait de l'être. Il faudrait d'ailleurs, un maître, tel que René Bazin de l'Académie Française, qui, hélas! le connut trop tardivement, pour vous mettre, en lumière, la valeur de l'écrivain, et vous montrer également la belle âme de Breton que possédait cet enfant du pays. Cependant, avec votre indulgence, j'essaierai de vous esquisser, à grands traits, la carrière, trop vite fauchée de J.-P. Calloc'h.

Né en 1888, de parents foncièrement chrétiens, Jean-Pierre Calloc'h fut élevé dans les sentiments d'une foi profonde. Dès sa plus tendre enfance, et comme tous les enfants du pays, il connut le métier de la mer, et parfois, s'embarquait avec son père ou des amis, pour humer, lui aussi, l'air du grand large ; mais ses goûts, ses aptitudes ne l'y laissèrent pas longtemps, et il préféra l'étude des Lettres au maniement de la voile. Après de solides leçons, au presbytère de Groix, il entre au Petit-Séminaire de Sainte-Anne. Hélas ! c'était le moment où le malheur allait entrer à son foyer. Son père venait de s'éteindre, laissant une veuve inconsolable avec quatre enfants encore en bas âge, Jean-Pierre Calloc'h en conçut un profond chagrin, et à peine âgé de 14 ans, en son âme de poète, déjà frôlée par la Muse, il laisse déborder toute sa peine, dans cette pièce de vers, dont je ne puis résister, tout au moins, à vous citer cette strophe :

> Père, sur ton tombeau, j'ai versé bien des larmes
> Des larmes de regret et de doux souvenir !
> Pour moi, la vie, hélas ! a perdu tous ses charmes
> Je ne vois plus que peine et malheur à venir !

Jean-Pierre Calloc'h ne pensait peut-être pas dire si vrai ; car à partir de ce moment, il ne connut que les déboires de la vie ; son cœur était meurtri !

Après de fortes études, il quitte Sainte-Anne pour le Grand-Séminaire de Vannes, où il se sentait appelé. C'est là que, dans le silence du cloître, il composa, à ses moments perdus, cet admirable Cahier de Retraite tout imprégné de recueillement et de sentimentalité mystique [1]. Mais Dieu avait ses desseins et ne devait pas lui permettre les joies de l'autel, les consolations du sacerdoce, et à la veille de recevoir la prêtrise, il dut, pour des raisons de santé, faire le sacrifice de ses goûts et de sa vocation. Il faut avoir lu ses œuvres, condensées dans tout un ouvrage, pour constater avec quelle mélancolie, avec quel esprit de soumission, il nous dit, à ce moment, la peine qui étreint son âme de Breton. Tour à tour, nous le voyons brisé par la désespérance, puis aussitôt

---

1. Ce cahier, Mme Calloc'h a jugé à propos de le brûler (*Note de l'auteur*).

s'en remettant à la volonté divine. Nous n'aurions qu'à nous ins-
pirer de ses beaux sentiments d'abnégation, si parfaitement expri-
més dans cette petite pièce de vers intitulée *Fiat*, pour comprendre
la portée de son sacrifice. Ne pouvant se consacrer au service du
Seigneur, il veut se dévouer à l'éducation de la jeunesse : et, après
son passage au régiment, il va à Paris où, trois années durant, il
se fait surveillant d'étude. Mais là, dans la grande capitale, il se
sent perdu, et son âme assoiffée de recueillement, n'éprouve de
joies que dans les Temples de Dieu où ses visites se partagent entre
Notre-Dame des Victoires, qu'il appelle l'Ile des Pauvres, la
Basilique du Sacré-Cœur qu'il dénomme l'île des Nations, et la
chapelle des Bénédictines de la rue Monsieur, qui pour lui, est
l'île des Anges. Nous le voyons ensuite à Reims, où il passe une
année dans le même emploi ; mais, pas plus là, qu'à Paris, il ne
se sent chez lui et dans ses lettres à ses amis, il le laisse entrevoir :
« J'aimais bien ma Bretagne avant de venir à Paris, mais maintenant, je crois que j'en suis fou. » C'est que Jean-Pierre Calloc'h
avait une véritable passion pour sa Bretagne, ses sanctuaires et ses
marins ; et, c'est dans sa langue maternelle qu'il s'est plu à la
chanter, à l'exalter. N'avait-il pas d'ailleurs pris pour devise :
« Dieu et ma Bretagne », et il semblait que, dans ces deux mots se
renfermaient tous les trésors de son cœur. Avec quelle joie profonde,
il venait, à l'époque des vacances, respirer l'air natal ; et, tel que
notre grand Lamartine qui se plaisait à revivifier son génie sur les
bords reposants de ce poétique lac du Bourget, Jean-Pierre Calloch, lui aussi, aimait à venir chercher l'inspiration sur les rivages
de notre Grande Bleue, parfois si cruelle pour nos malheureux
marins.

Chef et soutien de famille, J.-P. Calloc'h comprit qu'il lui fallait
venir en aide aux siens. Il revint à Paris, où, comme surveillant
d'étude à l'Ecole Supérieure de Commerce et d'Industrie, il résolut
de préparer sa licence. C'est là qu'il se trouvait quand éclata le
grand conflit qui devait bouleverser le monde entier. A ce moment
déjà, l'orage grondait dans l'air, et des éclairs fulgurants nous
venaient de l'Est. L'Allemagne, notre éternelle ennemie, dans son
ambition de dominer l'Europe, semblait vouloir faire de notre
pays, sa vassale de demain ; et sous un prétexte fallacieux dont
l'Histoire a déjà fait justice, nous déclarait la guerre, avec l'idée

arrêtée de nous anéantir. Certes, le souvenir des sombres journées de juillet 1914 est encore trop présent à notre mémoire pour que j'aie à vous les rappeler. A l'appel de la France, réclamant le courage de ses enfants, au son du tocsin qui, à travers les airs, annonçait la présence de l'ennemi, Jean-Pierre Calloc'h répond, lui aussi : Présent. Mais, à son grand regret, il se voit versé dans l'auxiliaire, où, durant près d'un an, il assiste, impuissant, à l'invasion de notre territoire. C'est alors que son âme de Breton frissonne, que son cœur de Français palpite, et qu'à la vue de la Patrie blessée, mutilée, il demande à rejoindre ses frères d'armes au front. Après avoir, à Saint-Maixent, en juillet 1915, satisfait aux examens de sortie, il part, comme élève-officier, heureux de concourir, lui aussi, à la défense du sol sacré de son pays. Puisons plutôt dans l'intéressante notice que M. Pierre Mocaër a fait paraître, sur la vie de J.-P. Calloc'h : nous y voyons qu'à l'armée, l'élève-officier Calloc'h donne l'exemple du plus beau et du plus simple courage. Il fallait, nous dit-il, le voir à l'assaut quand, armé de la hache d'abordage que lui avait envoyée un ami de Larmor, il s'efforçait de se frayer un chemin, il était paraît-il terrible.

Successivement, nous le voyons en Artois, en Champagne, au Chemin des Dames, partout où le danger semble le plus menaçant, et partout il donne la preuve de sa bravoure. C'est vers cette époque, septembre 1915, que dans la veillée des tranchées, il composa cette belle poésie, cette prière, au langage si expressif, et qu'il a appelée : *La Prière du Guetteur*. Je voudrais pouvoir vous la lire tout entière, mais je ne puis abuser davantage de votre attention, et ne vous en citerai que la strophe bien connue :

Je suis le grand veilleur debout dans la tranchée,
Je sais ce que je suis, et sais ce que je fais ;
L'Occident, sa terre, ses filles et ses fleurs,
C'est toute la beauté du monde que je garde cette nuit.

Puis, un peu plus loin :

Je suis le grand guetteur debout pour son pays ;
Dors, ô Patrie, dors en paix, je veillerai sur toi.

Quelle beauté de sentiments, quel langage énergique, et quelle douceur, surtout quand c'est exprimé en cette belle langue bretonne qui lui en donne tout le charme.

Nommé, quelque temps après, sous-lieutenant, J.-P. Calloc'h reste affecté à la 20e Compagnie du 219e régiment d'infanterie. Bon et paternel pour ses hommes, il s'oublie souvent pour eux et prend, lui-même, leur place quand il les voit trop exposés. Que de traits de ce genre à son actif ! Mais la guerre dure toujours, et nous arrivons à la grande offensive d'avril 1917. Les assauts se multipliaient et la résistance de l'ennemi semblait fléchir. Jean-Pierre Calloc'h sent maintenant que de toutes ces attaques réité-rées, il en sortirait difficilement ; et, au matin du 10 avril, en ce jour de mardi de Pâques fleuries, il écrit une nouvelle lettre où il exalte les souffrances et la vaillance de ses hommes, et où il jette, comme un dernier adieu, en face du danger qui le guette. P.-J. Cal-loc'h ne se trompait pas : cette lettre, la dernière, fut retrouvée sur lui, sans adresse : le soir même il était fauché, au combat de Cerisy, par un éclat d'obus, et expirait glorieusement pour la France à Urvillers, en pleine bataille de l'Aisne : il avait à peine 28 ans.

Une telle conduite au feu devait avoir sa récompense : en 1920, la Croix de la Légion d'honneur était remise à sa famille, à titre posthume. Hélas! le lieutenant Calloc'h ne devait pas voir la victoire ; mais, du moins, eût-il la joie profonde, le matin du jour glorieux de son sacrifice, de voir craquer la fameuse ligne Hindenbourg, dont la rupture devait un an plus tard, nous assurer la Victoire. Six années se sont écoulées depuis, et les restes de Jean-Pierre Calloc'h qui reposaient au petit cimetière de Cerisy, sous un modeste tertre, à l'ombre de la petite croix de bois, ont pu enfin être découverts par des mains pieuses et ramenés dans sa chère île qu'il affectionnait tant.

A sa malheureuse mère, brisée par la douleur, à ses parents, à amis éplorés, j'apporte l'hommage ému de nos condoléances attristées et de notre admiration. A tous, je dis : Ne pleurez plus votre fils, notre ami, notre barde à l'âme si délicate n'est pas mort : il revit et restera toujours vivant dans la mémoire de ceux qui ont eu le privilège de le connaître et de l'apprécier. Il faut d'ailleurs et l'idée est, je crois, en bonne marche, qu'un mausolée de granit, digne du poète qu'il rappellera, perpétue à jamais pour les générations futures, le souvenir de cet enfant du pays que la Muse avait si bien doté au berceau.

Lieutenant J.-P. Calloc'h, votre nom, déjà inscrit sur le socle de notre monument aux morts de la Patrie, restera synonyme d'honneur et de vaillance ; il dira, plus tard, aux enfants de Groix que, parmi les innombrables héros de la grande guerre, il en est un qui aura particulièrement mérité de son pays. Vos œuvres, mon cher Calloc'h que des mains pieuses ont su réunir en un volume que vous avez voulu intituler vous-même « *A GENOUX* », auront leur place dans la bibliothèque de toute famille bretonne : et, ce titre, qui est comme la synthèse de votre foi ardente, restera également le témoignage vivant de votre belle nature de poète.

Dans les soubresauts du grand cataclysme qui nous a étreints, soyez encore et toujours le « Grand Veilleur » des destinées de la France. Faites que cette victoire, si chèrement conquise au prix de votre sang, ne demeure pas une victoire mutilée, mais qu'elle devienne enfin, pour nous, un gage précieux de paix et d'union entre tous les peuples.

Et maintenant, mon cher ami, vous allez dormir votre dernier sommeil au sein de cette terre de Groix que vous avez tant exaltée, reposez donc en paix sous l'égide de la Bretagne que vous aimâtes tant et qui ne vous oubliera jamais.

Comme les Psichari, à la foi ardente, et tant d'autres intelligences tombées au cours de la guerre, vous avez vous aussi, vu la coupe de vos jours s'échapper de vos mains et se briser sous les coups de la fatalité. Au moins, vous, mon cher Calloc'h, qui avez tant fait pour la culture de la langue bretonne, et tant souhaité son développement, vous aurez eu la consolation de voir une chaire de langue bretonne se créer au chef-lieu de notre belle Province. A vous qui fûtes un admirateur passionné de nos landes bretonnes où la foi est restée toujours si vive, à vous qui êtes demeuré un chrétien convaincu, ce n'est pas l'adieu brutal que j'adresse, mais des paroles d'espérance en une vie meilleure. Dormez donc désormais en paix, sous le regard de la Madone que vous avez si souvent chantée et dans le baiser du Seigneur.

Lieutenant Jean-Pierre Calloc'h, au revoir. »

Dès lors, tous ceux qui l'avaient connu et aimé désirèrent qu'on lui érigeât un tombeau magnifique, défiant les siècles, pour rappeler aux générations futures que celui qui repose en ce lieu, « n'était pas un homme comme un autre » (L. Herrieu).

La revue *Dihunamb* ouvrit, dans ce but, une souscription.

En très peu de temps, plusieurs milliers de francs furent recueillis. La plupart des habitants de Groix se firent un honneur de souscrire pour la tombe de leur glorieux mort. Leur exemple fut suivi par un grand nombre de Bretons qui témoignèrent ainsi de leur amour pour la Bretagne et la Langue bretonne.

Le 21 août 1924, le vapeur *Port-Tudy* quittait Lorient, à neuf heures du matin, ayant à bord un grand nombre d'amis et d'admirateurs du poète. Les directeurs de *Dihunamb*, MM. Herrieu et Mellac étaient entourés des bardes Jaffrennou-Taldir de Carhaix, L. Le Berre-Abalor, directeur de l'*Union Agricole* de Quimperlé, F. Even Kar-e-Vro, notaire à Tréguier, de celtisants connus : MM. les abbés Maréchal (Blei-Lann-Vaus) l'auteur de *Kousk-Breiz-Izel*, Le Clerc, professeur au Collège de Guingamp, grammairien distingué comme son oncle, l'auteur de *Ma Beaj Jerusalem*, Dano recteur de Saint-Caradec-Hennebont, Le Cam, vicaire à Kerentrec'h, ancien lieutenant au 219e d'infanterie, chevalier de la Légion d'Honneur, un des camarades de combat de Calloc'h, Rio, lecteur au Chapitre, le P. Morice des capucins de Lorient, le Dr L. Palaux, Pierre Laurent-Pengleuic, Le Nestour, René Villard professeur au lycée de Saint-Brieuc, Me Glotin et Me Lalau-Keraly avocats au barreau de Lorient, Me Poupon avoué à Quimperlé, M. Henaff, industriel à Audierne, M. Pierre Le Clec'h, sculpteur-marbrier à Carhaix, sergent au 219e d'infanterie qui combattit aux côtés de son lieutenant sur tous les champs de bataille et fit relever son corps dans la tranchée d'Urvillers. M. A. Le Quéré, l'auteur du monument, MM. Brickler et Debeauvais de *Breiz Atao*, M. Lylel Robert de la *Bretagne Touristique* et un certain nombre de correspondants de journaux régionaux et parisiens, etc. Des dames s'étaient jointes aux pèlerins, Mmes Herrieu, Henaff (Mona), Palaux, Mlle Marthe Le Berre, Mme Alléno, etc...

Le soleil fut de la partie. Après les tempêtes des jours précédents, la mer s'était faite douce. La bannière blanche de Bretagne, semée d'hermines, flotte à la dunette du vapeur qui traverse la rade de Lorient et franchit les « Courreaux ». L'Océan est calme et silencieux et sourit au soleil de ses milles lèvres.

A dix heures, le petit steamer aborde à Port-Tudy. Sur la jetée, les parents et amis de J.-P. Calloc'h : Hyacinthe Adam son oncle, ses cousines, MM. Pierre Jégo, Armand Jégo, premier adjoint au maire de Groix etc., souhaitent la bienvenue aux arrivants.

Et un long cortège monte vers l'église paroissiale où se presse une nombreuse assistance. M. l'abbé Jégo (de Languidic), parent du barde, célèbre la messe de *Requiem*. Le clergé nombreux qui remplit le chœur et la chorale des jeunes iliennes chantent alternativement les versets de l'Office des Morts. A l'issue de la cérémonie religieuse, une foule nombreuse se rend au cimetière de la paroisse, devant le monument de Bleïmor. L'emplacement où il s'élève a été concédé à perpétuité par la municipalité. Taillé dans le granit de Nizon, par le sculpteur A. Le Quéré de Pont-Aven., il se compose de trois pierres : une dalle d'un seul morceau, portant l'inscription suivante en langue bretonne :

IEHANN PER KALLOH

LESHUANET « BLEIMOR »
GANNET É GROÉ, 24 GOURHELEN 1888
MARUET, OFISOUR, ER BREZEL BRAS
ETAL URVILLIERS, 10 IMBRILL 1917
SKRIUET EN DES UR HAER A LIVR
« *AR EN DEULIN* »
BREIHIS, PEDET AVEITON [1].

Un socle de 0 m. 60 s'érige de cette dalle, avec une inscription bretonne qui fait connaître que ce tombeau a été construit grâce aux souscriptions des amis du mort. Ce socle supporte une croix

------

1.   (Jean-Pierre Calloc'h — du nom bardique « Loup de Mer » — né à Groix le 24 [2] juillet 1888 — mort officier à la Grande Guerre — auprès d'Urvilliers, le 10 avril 1917. Il a écrit un beau livre « *A GENOUX* » Bretons, priez pour lui).

2. Lire, 21 juillet 1888 *(Note de l'auteur)*.

celtique haute de 1 m. 86 (hauteur de la taille de Bleimor). Elle
est semblable à de nombreuses croix de l'île d'Iona. Sur le fût,
sont gravés trois motifs d'entrelacs irlandais, en des médaillons
ronds ou ovales. Ils sont dus au talent du capitaine Huerre de l'Armée du Rhin, en garnison à Mayence. Sur le cercle du Monde,
entourant les bras de la Croix, apparaissent des motifs de nos broderies « glaziks » dessinés par M. Ch. Louis greffier du Tribunal
Civil de Quimperlé, ami de Léon le Berre.

L'absoute est donnée, au monument même, par M. l'abbé
Allain, recteur de Groix. Et les dernières prières dites, près de la
tombe fleurie, M. A. Mellac, en remettant le monument à la famille
Calloc'h et à la garde des habitants de Groix, prononce l'allocution
suivante :

Monsieur le Recteur !
Monsieur le Maire !
Mesdames !
Messieurs !

Nous sommes venus à Groix, des quatre coins de la Bretagne
et de plus loin, pour commémorer la mémoire de Jean-Pierre
Calloc'h, et inaugurer son tombeau qui est le don d'un bon nombre
de ses admirateurs.

Quand, il y a sept ans déjà, nous apprîmes soudain que le lieutenant Calloc'h avait été tué à Urvilliers, notre cœur en fut profondément remué, non seulement parce que le Pays perdait en lui
un officier de la plus haute valeur morale, et du plus grand courage,
mais encore, et surtout, parce que la Bretagne perdait par surcroît
un barde enthousiaste et un poète vraiment inspiré.

En effet, Jean-Pierre-Calloc'h, connu des lettrés bretonnants sous
le nom de « Bleimor », avait été véritablement marqué du sceau du
génie.

Deux amours occupaient en entier son cœur : celui de Dieu et
celui de la Bretagne et de la mer bretonne.

A *Dieu*, il avait voulu vouer toute son existence; cela ne lui
fut pas permis, mais il eût, pendant les jours de combat terrible
qui précédèrent sa mort, la consolation suprême de pouvoir lui
offrir sa fin, pour toutes les belles causes qui lui étaient chères et

notamment, pour l'avenir de sa terre natale et du Peuple breton. Le maître accepta son sacrifice!

A *la Bretagne*, il avait voué tous ses instants de liberté d'homme pauvre, obligé de songer au pain quotidien, pour lui et pour les siens. Il a traduit cet amour ardent du peuple breton, de son sol et de sa mer, dans d'admirables poésies, rappelant à la fois un doux Brizeux et un Victor Hugo biblique, que M. Pierre Mocaër a fait publier, en un volume, sous le titre : *Ar en Deulhin* : « *A GE-NOUX* ». Cet admirable ouvrage eut le plus grand succès dans toute la Bretagne, tout comme en France et même à l'Etranger.

Mais les amis de *Bleimor* demeurèrent longtemps recueillis et silencieux, se demandant si jamais il leur serait donné de posséder sa dépouille mortelle et s'ils pourraient, un jour, la déposer au sein de notre sol sacré.

Or, il y a environ un an et demi, les Bretons, eurent la joie immense d'apprendre, avec sûreté, que le corps du barde lieutenant reposait dans le cimetière de Cerizy (Aisne).

Aussitôt, les directeurs de la revue bretonne *Dihunamb* où notre poète avait publié la plupart de ses premiers écrits, songèrent à lui élever un tombeau qui fut digne du barde inspiré.

Une souscription fut ouverte par cette revue et bientôt accoururent les pauvres et les riches, pour offrir leur obole ou leur don généreux. L'île natale à elle seule fournit une cinquantaine de souscriptions, et il en vint de tout le pays breton, de France et des colonies.

Puis M. Mocaër, à son tour, voulut bien demander des souscriptions, pour nous aider dans notre entreprise, par la voix de sa revue brestoise, *Buhez Breiz*.

Ainsi, avons-nous pu, Mesdames et Messieurs, édifier ici ce tombeau massif, fait de trois pierres, en beau granit de Pont-Aven ; une haute croix celtique le surmonte portant gravés, dans l'épaisseur de la pierre, trois médaillons d'entrelacs celto-irlandais, voisinant avec les motifs bretons qui décorent le cercle de la Croix, et qui sont l'œuvre de M. le Quéré.

Les amis de Bleimor remercient ici publiquement tous les souscripteurs qui leur ont permis d'exécuter ce tombeau robuste, qui conservera, pendant des siècles, le souvenir du grand groisillon.

Ils remercient encore, spécialement, la municipalité de Groix et son maire, qui ont bien voulu offrir le terrain du tombeau.

Et en achevant, je déclare au nom de tous, remettre ce monument à la famille Calloc'h et avant tout, à la vénérée mère du barde,
pour l'avoir en toute propriété et je le confie aussi à la garde de tous
les habitants de l'Ile de Groix.

Je laisse la parole à mes collègues et à mes amis, dont plusieurs
vous parleront dans la langue de notre Race bretonne, celle que
chérissait tant celui dont nous célébrons ici la mémoire. »

M. Loeiz Herrieu, directeur de *Dihunamb*, succède à M. Mellac
et magnifie « celui qui n'était pas un homme comme un autre ».
Voici le texte de son discours :

Groéiz, é homb ama hiniù én dro de vé un dén ha ne oè ket un
dén èl en dud aral.

En dud ieuank, en dar vuian anehé ataù, ne glaskant, én amzér-
men, meit ou flijadur ha ne gemérant ket kalz a jabl ar ou spered
get ou bro na get er péh e hra hé braùité.

Kalloh, ag en oed tinéran, e saù é galon drest en distérajeu ag
er bed-men, drest er plijadurieu. D'en oed a 17 vlé, d'er hourz
é vè hoah spered er vugalé get en hoarieu, é skriù ean ur huerz
kaer, *Hunéeh*, hag e zou èl taulen é vuhé de zonet :

. . . .

Ennous é chonjan hoah, Bro divlam me Zadeu,
Breih beniget, o mam santél ha ken karet !
Ennous é hunéan, ar saù ar en audeu :
D'id me halon bremen, ha d'id é vou berpet !

O ! mé ha kar, Bro kriù ha timér drest en ol,
Ha dal adrest d'en ol e splann hag e ligern !
Er goed e rid é men goèhiad e zou ha jol :
Me zou ha vab, o mam, beta mél me eskern !

M'er gouér, én hur prantad, be zou mar a unan
Hag e lar : « Doué, er Vro, en des groeit ou amzér !
« Treu int de vout kontet d'er vugalé vihan
« Ha pas d'emb-ni... Eidomb treménet é ou ér ! »

Sonn é me hredenneu, en tal saùet d'en Né,
Hemb cheleu ou honzeu amoet me bas me hent ;
Ha mé ha kar, mem bro, get ol nerh me iné :
Mé ha kar, mé ha kar !... Doué e houi pegement !

Doué! Ean eùé ha kar, rak ar te zoar santél
Te zoug er bobl galùet get en Intron karet :
Gouen glan er Vretoned e viù é Breih-Izél
En ur hortoz en dé de lar't hé gir d'er Bed.

Pehér e tei enta dé er Gelted, o Doué?
Pehér é ligernou arnomb héaul er Frankiz?
Enep d'er fal, èl gueharal Nevénoé,
Più ta e anbrugou d'en tréh er ieuankiz?

O! Dé, dé béniget, luéh ar hur bro! Chetu
Pemp kant vlé hag open é hortamb ha sklerdér!
Allas! nitra ne za... En dremùel e zou du
Hag er Fé e hochel é kalon er vredér!

. . . .

Doué, é vro! Chetu deu dra ha ne gonz ket kalz er ieuankiz anehè
Unaññig benak hembkin, èl Bleimor, hag e zou bet merchet get
Doué, ou spurmant abret, émesk en ol dreu e houlen bamdé ul
léh é kalon en dud ieuank.

Hed é vuhé, ré ver allas! ne saillou é galon ean meit aveit en deu
dra-sé.

Ha neoah, gout mat e hra nen des nitra de hounid ér bed-men
e konz anehé, é lakat é albèhen getè. Nen dé ket doh en tusen é
ma en inourieu ag er bed-men ; nen dé ket doh, en tu sen é ma er
madeu nag er plijadurieu e glask mab dén ; nen dé ket ar en tu-sen
é rid el lod muian. Start é parrat a ridek ar en hevelep tu get er
réral, rak mar a huéh é hellet bout diskaret dehè ha flastret édan
en treid. Meit Kalloh ne oè ket un dén él er réral. Ihuél é saùé é
selleu drest en treu doarel hag akourset e oè de zerhel pen de lam
er mor : lam er bed ne hrè het eun dehon.

Ne oè ket un dén él en dud aral en hani é homb deit de inourein ama hiniù ha hoanteit en doè a vihannig seùel ihuél adresté,
doh Autér Doué, ar er bazen ihuellan, en hani tostan d'er Baraouiz.
Allas! é hoant e zeliè chomel hoant de vikin, deustou dehon bout
open kriù. Daù oè bet dehon lezel a kosté er stad a veleg ha, ker
kri e oè bet en disparti, ma saill en dar é deulagad en dén é lén
er huerz kaer en doè saùet nezé aveit displeg glahar é galon hag
ankin é inéan.

Lod kaer en dehè bet konzeu huerù, temalasioñneu de durel ar er papér : Bleimor ne gav nameit dareu ha karanté.

Volanté Doué revou groeit, e lar ean, èl é Vestr é liorh en Olived...

Gañnet e oè aveit bout apostol er Mestr, ha ne hellè ket. Apostol e vou neoah ha ker berùidant e oè é Fé, ker bras é garanté aveit Doué ha Breih, ma tei dehon bout diù huéh apostol : apostol Doué, apostol Breih.

Più houi? marsé é hrei muioh a vad d'en ineañneu ha d'er speredeu arlerh er marù anehon aveit nen dehè groeit a pe vehè bet beleg un dé.

Braùet ur predeg en des ean displéget é skriù er péh en des skriùet! Pé predeg e hel monet doñnoh én hou spered aveit mar a huerz saùet dehon?

Merùel aveit biùein! Ia, Bleimor e viù muioh a houdé men dé marù. Ker biù é, ma talh de gonz bamdé doh er bed dré er skuir a é vuhé hag a é varù, dré é obereu ker gredus.

Nen don ket soéhet nezé é kleuet en Eutru Guillevig, vikél bras en eskopti, kag e zou bet guéharal guellan « hentour » Bleimor, é skriù d'ein er girieu-men èl lihér ma lar abarh ne hel ket bout genemb ama hiniù : « Plijeet get Doué, e skriù ean, degas tud ieuank ker gredus eldou de labourat hoah aveit Doué, aveit er vro ha iéh hun Tadeu. »

Ia plijeet get Doué ma saùou ur ioh béléan ieuank, én hur bro hag e vou deit de houlen get en hani e zou astennet ama, penaus karein ar un dro Doué ha Breih.

Ne oè ket un dén el en dud aral, henneh hag en doè reit é galon abéh d'er brehoneg. Réral ha n'ou des chet studiet èl men doè ean groeit, e dro kein forh és de iéh ou bro, méh dehè é konz brehoneg, méh dehè doh el len ha doh er skriù. É léh méh é ma inour en des ean ; é léh digasted doh er brehoneg ha treu é vro, é ma karanté en des ean aveitè ha karanté berùidant èl ma hellér guélet é kement pajen en des skriùet. É brehoneg é skriù é dreu ha ne arsaù ket à gonz ag er brehoneg a pe gav en tu de laret kaer get unan benak pé de skriù dehon.

Amzér de zonet er brehoneg e hra poén dehon eùé ; goédein e hra é galon é huélet é ganbroiz, é huélet tud Groé, é tilézel er brehoneg.

Rah en treu-sé ne hrant ket kalz a boén d'en dud aral ama, nann meit Kalloh ne oè ket un dén èl en dud aral ha chetu perak é santé ean treu n'ou des chet eit er réral pouiz erbet. Chetu perak é é houilè ean get treu e lakè er réral de hoarhet.

Amzér de zonet é vro e hrè poén dehon hoah hag er guélet e hrér ag en oed tinéran é skriù guerzieu ar é vro hag é houlen get Doué ha Sent Breih sekour aveiti. En dud aral a pe bedant aveit er vro, n'ou dè ket chonj, en darn vuian anehé, ag ou hani ; pedein e hrant aveit bro er réral. Bleimor ean, a pe bed eit er vro, e bed eit é vro ean, aveit Breih.

Tud èlton ne huélér nameit ur huéh benak én amzér. Tud èlton e gasD oué dré bep diù huéh ar en doar aveit splannein un tammig ar vern hoanteu divergont er bed dibredér. Èl stired-rid é tremé-nant, en ur splannein. Eurus er ré e hel ou guélet ha bout goleit get ou splandér.

Groeid, I.P. Kalloh e hra inour d'oh dré é obéreu. Groeit ou des tro er bed en un berrik amzér ha kavet ou des, é kement léh e zou, tud hag en des krénet ou halon doh ou lèn. Mar a unan en des laret ne fehè bout skriùet treu kaeroh.

I.-P. Kalloh e hra inour d'oh dré er brehoneg, rak é brehoneg en des chonjet hag é brehoneg en des skriùet. Ahanoh en des konzet, ag é inizen. A pen dehè chonjet é galleg ha skriùet é galleg ne vehè ket bet oeit er vrud anehon ker pèl. Karet en des er brehoneg hag er brehoneg en des groeit é vrud. É brehoneg en des konzet doh er Bed, ha, tra souéhus, er Bed en des ean komprennet.

Dré é varù é hra hoah inour d'oh, Groeiz ; rak marù é a vad volanté Epad ma oè kement a dud doh um guhet pé é hounid argant ar goust er gèh e oè duzé ér brezél, ean en des ean saùet arré ar er bazen ihuellan e hel un dén krapein arnehi. Marù é aveit

Iné Kornog, hé doar, hé merhed hag hé bleu...

Aveit ur Chonj kaer é ma marù ha chetu perak en des Doué degeméret é aberh.

Larein e hrér en doè dobér Bro Frans a vout golhet! Allas! Ol er broieu ou dè dobér, kalz pé nebed, a vout golhet. Breih eùé en doè délé de béein de Zoué. A pen doè guélet Doué é oè mal golhein er bed, ean en doè kaset é Vab d'er golhein get é Hoed. Hag a houdé é ma get goed er ré santelan, get goed en dud guellan é holh péhedeu er pobleu. Penaus é hellehé ean gobér kementral get goed er ré fallan ? Ou aberh ne spirehè ket.

Bleimor e oé bet dibabet dehon aveit sekour golhein é vro. Lod kaer a Vreihiz vat aral e zou oeit d'hobér er Bugad santél sé ha deustou d'en treu eahus é huélamb a houdé er brezél bras, kredet mat, kredet sonn, ne vou ket kollet er bugad-sé. Goed skuillet aveit er Guir e zou had eit en amzér de zonet.

Devalet hou teulagad ar er bé-men, hui tud ieuank e zou ama é cheleuet dohein. Er henig e hramb d'oh, ni hag en des ambrouget Bleimor én é ieuankiz, ar en hent en des ean kaset ker ihuél. Devalet hou teulagad arnehon ha pleget hou tiùhar ; deuhlinet ar zoar beniget hous inizen, santéleit guéharal get Sant Tudi, sant Goudiarn, sant Guénel ha réral. Ar en deuhlin ! hag a zonded hou kalon, get ur beden gredus eit inéan en hani e houilamb dehon, laret : I.-P. Kalloh, bout hanval dohoh e vennamb.

Eloh é vennamb lakat hur spered drest hur horv.

Eloh é vennamb lakat hun inéan de vout mestr ar hun obéreu.

Eloh é vennamb lakat drest en ol dreu Doué hag é lézen ;

Eloh é vennamb konz de virùikin er brehoneg hag en diskein d'hur vugalé ; rak hemb brehoneg ne veemb ket mui Breihiz ;

Eloh é kareemb de virùikin el langaj beniget-sen en des konzet a rumad de rumad hon tud koh ha Sent hur bro én hur rauk ;

Eloh é vennamb gobér inour de Hroé.

Boket d'er bé-men, tud ieuank, boket dehon get doujans ; rak abarh é hes relegeu ur hristén hag ur barh hag en des um saùet ihuél adrest en dud aral dré éspered ; un dén hag e vou konzet anehon kehet èl ma vou Breihiz ar zoar er bed-men.

En cette commémoration, j'eus l'honneur et la joie d'exalter l'amour que portait mon ami à son pays natal et à ses compatriotes.

Voici l'allocution que je prononçai :

Mesdames, Messieurs,

Nous avons éprouvé la plus douce des émotions au spectacle de l'assistance si recueillie qui remplissait ce matin l'église de Groix. Il convenait que la mémoire de Jean-Pierre Calloc'h, à l'âme si profondément religieuse, fut honorée telle qu'elle l'a été aujourd'hui, par les prières de l'Eglise, auxquelles s'unissaient celles de ses parents et de ses amis venus nombreux à l'appel des organisateurs de cette commémoration.

Je ne crois pas me tromper, en disant que l'île de Groix tout entière s'est associée, en ce jour, aux amis du poète venus du continent. Il méritait cet hommage de la part de son pays natal qu'il a tant aimé.

J'ai retrouvé, parmi sa correspondance, quelques cartes qu'il m'adressa de Paris où il se trouvait en 1908 ; elle portent ces vers français où il exhale la nostalgie dont son âme est imprégnée :

> Mon Ile, mon Ile adorée,
> Quand verrai-je tes rochers,
> Tes champs pleins de moisson dorée
> Et tes vallons et tes clochers ?
> Quand humerai-je ô Croix bénie,
> Le souffle âpre et sain de la Mer,
> Quand sera ma peine finie
> Ainsi que mon exil amer ?
>
> Elle est là-bas, mon île reine,
> Les flancs bardés de rocs géants,
> Bravant dans sa fierté sereine,
> La colère des Océans !
> Vaisseau qui jamais ne chavire
> Sous les coups des flots qui le bat ;
> Toujours calme et semblant sourire
> Ma patrie aimée est là-bas !
>
> C'est en vain mers échevelées
> Que vous fondez de toutes parts,
> Comme cavales affolées,
> Sur les rochers de ses remparts,
> De saper sa côte-montagne,
> Vous ne viendrez jamais à bout ;
> Mon île est fille de Bretagne,
>   La Bretagne résiste à tout.

Il aimait tant son pays natal, qu'un beau jour, il résolut d'en écrire l'histoire, et le voilà cherchant des documents, à Vannes, à Quimper, à Rennes, à Paris. En 1908, le sous-chef d'état-major général de l'Armée l'autorisa à consulter les Archives des Cartes et les ouvrages du Ministère de la Guerre, en ce qui concerne l'île de Groix. Le Conservateur des Archives départementales d'Ille-et-Vilaine l'aide dans ses recherches et demande en 1911, au Ministre de l'Instruction-Publique, l'autorisation d'envoyer à notre ami, en communication, les documents se trouvant à Rennes relatifs à l'Ile de Groix. Pendant son séjour à Paris, une grande partie de ses heures de loisir s'écoulent à la Bibliothèque Nationale et aux Archives Nationales. Il possédait la matière d'un énorme volume, lorsque la guerre s'est déclarée. Qu'est devenu le fruit de ses patientes et si précieuses recherches ?[1] Si elles ont disparu, elles aussi dans la tourmente, nous en regrettons vivement la perte, car cette Histoire de Groix, qu'il aurait écrite, n'eut pas manqué d'intéresser, non seulement les Groisillons, mais tous les Bretons et quiconque aime la Bretagne.

Il aimait aussi ses compatriotes, il s'est plus à les défendre en maintes circonstances, à célébrer le courage et la vaillance des marins de Groix.

Dans une longue étude sur les *Pêcheurs bretons en Mauritanie,* étude qui sera bientôt publiée[2], je l'espère, il écrit : « Ce sont de rudes garçons que les marins de Groix ». — « Quelle belle animalité ! » s'écrie devant eux le Dr Caradec, qui avoue dans son livre : *Autour des Iles Bretonnes,* avoir rencontré rarement d'aussi fières carrures. — Nous le croyons facilement, poursuit Calloc'h pour avoir fait la même expérience. Ce sont les rois des mers françaises. Rien n'égale la passion qu'ils ont de leur métier, si ce n'est l'incommensurable mépris qu'ils manifestent, en toute occasion, pour les autres professions. *Paysans, terriens, parisiens* sont des injures sanglantes dans leur langue, et les pêcheurs côtiers eux-mêmes baptisés par eux « *mineuet* n'échappent pas à leur dédain. Ce sont des hommes ! Oh ! les jeteurs d'alarme, évidemment, peuvent signaler des ombres au tableau et M. C. Vallaux, dans son étude de géographie humaine sur la Basse-Bretagne, étude où se trouvent d'ailleurs une foule de choses excellentes, n'a pas manqué de nous servir le cliché classique : *L'alcoolisme exerce ses ravages dans l'Ile de Groix.* C'est

---

1. Elles ont été recueillies, par son compatriote et ami M. le Dr F. Davigo.
2. Elle a été publiée par l'*Union Agricole* de Quimperlé en novembre 1924.

toujours la même chose, quand les Parisiens ou les Normands boivent, ce sont les Bretons qui sont ivres. Bien que cela commence à devenir musical, comme dirait Barrès, nous ne nous y attarderons pas. Reproduisons, seulement pour ce qui concerne l'Ile de Groix, la remarque du Dr Gaboriau qui, pendant plus de vingt ans, fut médecin de l'île : « *En somme*, disait-il, dans une conférence aux marins, *il y a très peu d'alcooliques parmi vous.* » Après avoir répété que cette affirmation repose sur une expérience de vingt années, passons. Et pour résumer, en trois traits, la physionomie de ces insulaires dont les ancêtres conduisaient, aux Indes, les vaisseaux de la Compagnie, ou couraient les Océans, avec Duguay-Trouin, le mieux est de s'en référer au jugement, cent fois porté sur eux, par les officiers de la marine française, sous les ordres de qui, ils passent tous : *Les Groisillons? Mauvaises têtes! mauvaises têtes! Mais cœurs d'or et marins finis!* »

Et comme les femmes dans cette île égalent en courage les hommes, J.-P. Calloc'h ne les a pas oubliées. Il ajoute : « *Il n'y a pas jusqu'aux femmes qui n'aient dans ce pays des bras aussi robustes que les hommes, des antécédents héroïques.* Le 4 juin 1703, l'île étant menacée par 4 navires anglais, le recteur, Messire Yves Uzel, fit prendre les armes aux Groisillonnes dont les maris se battaient au loin, sur les vaisseaux du Roi. Les armes, c'étaient les instruments de travail, fourches, pelles, bêches, etc. ; les jupons bleus et rouges figuraient les uniformes ; une partie de cette armée que Jaurès eut aimée, montait les pauvres vieux chevaux de labour Le plus fort, c'est que les Anglais crurent que le recteur était « soutenu de cavalerie dans son île » et n'osèrent pas aborder. L'événement qu'on a parfois traité de légende est absolument historique (*Archives de la Marine B*² 168, 169, 182, *B*³ 129). A la suite de ce *fait d'armes*, le recteur obtient une pension de 500 livres sur la cassette de sa Majesté. Nous avons raconté tout au long dans la *Croix de l'île de Groix* de 1908-1909, en breton, l'histoire originale du rectorat d'Yves Uzel (1695-1717) ».

Il se plaisait donc à exalter les vertus des siens ; il aimait sa petite île, et la faisait aimer, et je suis convaincu que ses compatriotes lui rendront un peu de cet amour qu'il leur portait, en cultivant son souvenir et en veillant pieusement sur les restes de cet enfant de Groix, mort pour défendre la beauté de l'Occident et qui reposera désormais, au milieu des siens, bercé par la chanson de l'Océan qu'il aimait, à l'ombre de la Croix d'Iona!

Je cédai la place à M. Léon Le Berre (Abalor), qui parla en ces termes :

Kenvroïz!

Daoust hag a rafemp ni eun dra bennag, diriaou, en enezen Groë, a skrive d'in Andrew Mellag. Tri zra, a dra-zur, a raimp, hirio : pédi evit ene eur barz breizad ha lakât, war e ludu, kroaz hor Zalver ; enori bez eur mordead dizaoun hag eur brezellour kalonek ; digass da zonj peb Breizad pegen uhel Yan-Per Kalloc'h a zavas brud vad hon Bro Breiz-Izel ha kemeret skouer diouthan.

Beza zo tud hag a gav mat dezho sevel delvennou d'o re-varo! Ni Breiziz, a laka da genta hor fedennou da vont en dro. Fizians hon eus ema, breman, Ian-Per Kalloc'h o tostât gant en enezennou eurus ar yaouankis peurbadel, a glaske gwechall hon tadou, hag a reomp anezo, ni Kristenien, ar Barados! Met marteze n'eo ket c'hoarvet c'hoaz anean nemet etal Dor ar Baradoz, o c'hedal ma blijo gant Doue hen digemer. Ra vo digoret eta an aber klouar-se d'an hini a ganas en eun doare ken kaer bravente ar Baradoz pa rouanve war-zug enez an Eled, evel ma ree e unan gant chapel ar Veneadezed e Paris! D'ar barz a vevas ataô adal e vugaleach beteg e dremenvan, e doujans Doue, n'eus brassa plijadur da ober nemet pedi evithan. Henvel ouz Paskal, ar skrivanier gall ken brudet, eur brederen hep-hen a en em ziskouez e spered Yan-Per Kalloc'h, ar sonj eus izelder ha reuzeudigez ar Mab-Den : « N'oun nemed eur prenv! » a lavar aliez hor barz. Ha sethu hen o skriva ; WAR AN DAOULIN! Ha koulskoude piou a veze sentu-soc'h egethan da lezen an Aotrou Doue ? Torret ganthan e hunvreou kaër, pellaët deus ar belegiach, harluet eus *dousder an oferennou en eur chapelig didrous e maeziou Breiz-Izel*, grosmolât hennez na reas ket! Senti a reas evel ar Zalver e-unan a zentas ous urzou e Dad. Staget eo bet ive Yan-Per Kalloc'h ouz eur groaz pouner epad e vuhez... Sethu perag e vignoned a deu hirio da veuli e goun, en eur sevèl war e vez arouez Roue ar Merzerien! Sethu perag a fell dezho kizellât ar Groas se en hevelep stum ma oa kizellet ar Groas sanket doun e-kreiz an enezen ma, gant sant

Communiqué par M. Le Gall de Lorient.

La tombe de « Bleimor », au cimetière de Groix ;
Léon Le Berre, le barde « Abalor », prononçant son discours
le jour de la bénédiction de ce monument.

Tudi, eul lean deuet a Vreiz-Veur, en eur laouërmaên, douget en araog gant alan an Elez!

Evel ar zent koz digasset war hon aochou da reï deomp sklerder an Aviel, Yan-Per Kalloc'h a gave mat meurbet dezhan mont da verdeï. Oll e soniou, oll e werziou a vez gantho trous ar mor bras, c'houez krenv an dounvor. Sellomp an hini genta eus e leorig :

Ilizou Paris, eleac'h a jome araog ar brezel a deu ganthan da veza enezennou sakr, ha war vor ar vuhez, sethu hen oc'h ober eun imram, da lavaret eo eun dreus-mor, deus an eil enezen d'eben, evel ma reaz gwechall goz, Brendan hag e ziskibien. Gwern uhel e vag, bezit sur, n'eo nemet kroaz an Hini a zigoraz e *Kornog ar Bed Koz ,eun ero war vor hag a hadas en ero-se Kelted!* « *Ar C'helt,* eme *Bleïmor da Zoue, sam ho kroaz santel war e skoa en deus graët tro an Douar ; evidoc'h hon deus treuzet peb mor, hag kement a vroiou hon deus savet ho vezen a Zalvidigez, ma na ouzomp mui o hanoiou!... Miret hon eus ho Tan en hon Tour ; evel se c'hui, da vihana, miret hor Bro!... Breiz diskaret eun tour-tan nebeutoc'h evit ar Boblou!* »

Leun a draou a vor eo e beden ec'h unan... Epad ar vakanzou, da c'hounid eun tam boët d'e vam baour, ar Bars a ree evel e dadou koz, mordeïdi Groë, hag a rede mor war bagou ar pesketerien. Piou na lennas *Peden ar Moraër* a ziskouez anat penoz e ve kalet buhez arvartoloded? « *Ar Groaz a gasez kent war ar C'halvar,* eme *Bleimor d'ar C'hrist, oa pouner ; hon hini ive ; micher ar martolod zo eur vicher a boan! Buhez ar voraërien a zo trist er bed-man. Bepred pel dioc'h o zud dindan glaô hag arne, evid gounid bara d'o bugale... Ha Kouslkoude, ra vo beniget hor baourente a viras d'ar C'helted an druez evit ar re izel, an nerz-ene kreiz ar gwaleur, ar greden e reizded Doué [2]!* »

Met eur vuhez krizoc'h hag hini ar martolod a c'hortoze Bleimor hini ar brezellour. Sethu ma guitas gant ar mor stur e lestr, hag ar barz-martolod a oe galvet da stourmât evit difenn Bro-C'hall, dious ar German, eur e'henderv-kompez d'ar Zaozon miliget a argassas gwechall ac'hanonp deuz Breiz-Veur. *Drem gwad ar Brezel Lam peurbadel ar German war ar c'hornog... « ar c'hornog zo deomp »*! a lavar Kalloc'h. *Mar fell d'ar German e saotra, klopen ar German e faoutimp! Keltia a zo Keltia bepred!* ha sethu e faotred o vont d'an harzou, en o fenn Bleimor, eur vouc'hal en e zorn. Piou a c'hellfe goude lennet ar verzen gaër *Er gedour* tamall deomp-

ni, Breiziz, eur gasoni bennag a enep Bro-C'hall ? Yan Per Kalloc'h
a gare Frans, met e garantez a oa fur ha reiz meurbed ! A dra zur
evel m'hen lavar, eo e unan lagad an arme, ar martolod da garter,
ar geder bras en e saw war ar c'hleun ; eur steren splan o lugern
war dal Frans ; eur garreg vreton war harzou ar reter ! A dra-zur
evit difen Frans, hennez à lezaz e di hag e dud baour. Perag ?
*Ra ves beniget, bloaz nevez, emezhan, nag e vefe e touez da dri
c'hant pemp de ha triugent, va deiz divezad! Gwelet a rit distro ar
c'hredennou harluet, an treac'h o tarnijal adarre, dindan plegou banniel ar Frans hag ar Vro hadsavet da virviken! Gwelet a rit ma Breiz
dishual, he iez enoret, evel pa oa beo e marc'heien... Petra eo maro
unan, pe kant pe maro kant mil? Walerc'h ma vo beo ha klodus ar
Vro, warlerc'h ma kendalc'ho ar ouen...*

Allas ! Bleimor a zo kouezet war al leur vresel ha samez ganthan
Bretoned all, dre villierou, evit ma vije treach' ar Gwir war ar
gaou, ar sevenedigez wirion war ar gouezoni, ar mad war ar falla-
griez, hag al liberte war ar sklavach. Abaoue divez ar brezel,
c'huec'h bloaz a dremenaz, ha peb tra a gare ar barz, peb tra a
varvas evithi, Frans he unan, a zo gwasket adarre! Ar Vro o goll
frouez e zreac'h, ar relijion a vo nac'het a-nevez gant hor mistri,
kent na vo pell, evel m'eo bet araog ar brezel ; klevet a vezo, gant
leaned ha leanezed, embann an harlu ha war gwele an ospital ar
martolod Breizad a varvo hep frealzou sakr ! Petra lavarimp deus
stad reuzeudik ar brezoneg ? Iez hon Tadou a ve dalc'hmat disprizet gant ar mistri uhel war zeskadurez ar Bobl hag hen pellaet
mat dious ar skoliou. Penfollet gant gwiziou hudur, paotred ha
merc'hed Breiz-Izel a zilez o iez, o gwiskamant, o c'horollou
vroadel, ha faé a ra lod bras anhezo war gwiriou santel o broade-
lez hag o gouen An estren a ren muioc'h mui en hor Bro hag he
bugale a dro kein dious peb tra a roe he c'hurunen...

Ha koulskoude, Barzed ha Breiziz vat, bodet en dro d'ar Groaz
geltiek man na gollit ket ho kalon! Al labour a zo da ober a zo
eul labour tenn, hag eur gwaleur bras eo pa c'halv, dezhan, an
Aotrou Doue, tud evel Bleimor, eun den krouet evit dihuni ar
vro. Hor strollad n'eus ket eun niver bras anhezan da gelc'hia
hor banniel herminiget, hag evel ma lavare Bleimor, petra omp
nemed prenvet ?... Met, ar pez na c'helfemp ket hen ober, ni hon
unan e c'haller dont a benn anhezan, en eur hon lakat dindan

gwarez hor Re-Varo a stourmint a du ganeomp. *War hon daoulin eta,* paotred ha merc'hed Breiz Izel ha goude, war hon saw! E renk kenta, sethu ar sent koz Breiz-Izel, meulet gant Bleïmor epad e vuhez hag int breman e gompagnunez : Sant Tudi, Sant Geltas, Sant Iltud, Sant Kaorintin, hag ar Varzed bras, Taliesin, Lywarc'h Hen, ha tostoc'h deomp sperejou hor re a zo koueset evel Blei-mor, war dachen a vrezel. Na fello ket d'e, na deomp-ni, ne vo mui Breiz-Izel! Labouromp eta bemdeiz, va c'henvredeur, peb hini ac'hanomp, hervez e stad, hag an aotrou Doue a lako, eun devez, meur a Vleimor da zevel! Breiz ha Keltia da virviken!

Le barde Jaffrennou-Taldir qui accueillit, dans *Ar Vro*, les premiers essais de Bleimor s'exprime ainsi :

Kenvroïz!

Er bloavez 1895, pa oa Luzel o vervel, e lavare d'ar re oa endro dezan : « Siwaz! emezan, na welan netra o tond war hon lerc'h, n'euz ken a Varzed! » Pegen berr eo gweled an dud zoken ar re speredeta, ha pegen dizanvez eo henchou ar Brovidans. Na oa ket a boan pemp bloa ma oa maro Luzel, heb diskibien, ma save zou-denn eur vandennad potred yaouank deut da Raozon deus pevar c'horn ar vro, hag en eun stagent deuz al labour deraouet gant Luzel hag e genseurted!

Me ive a oa en o zouez! Neuze oan yaouank, leun a herder hag em boa savet en Keraez eur c'hazeten viziek, en brezoneg, *Ar Vro* a badas beteg ar Brezel.

Ahanta! red eo d'in lavaret anat, war ar be-ma : en bro Gwened eo e kavis ar gwella harperien da gregi gant an ero. Bea oa : Loeiz Herrieu ; bea oa Job er Gléan, bea oa Pengleuig, Blei Lanvau ; Job an Drouz-Vor ; ha te, paour kez Bleimor, ré abred diskaret, te ive a oa deut ha kemeret da renk e mesk ar varzed! Ebarz *Ar Vro* 1905, e kavan diou werz graet gant Bleimor, hag a zo chomet heb bea bet moullet en e levr *Ar en Deulin : Huneeh ha Dihunamb.* *Dihunamb* a zo kinniget da Herrieu ; bea eo evel eun testamant lezet d'ar Varzed a hirio gant Bleïmor, lerc'h a verk d'ê an hent da heuil.

Jaffrennou donne alors la lecture de ce poème que les lecteurs trouveront à la fin de ce volume.

M. l'abbé Le Clerc, professeur au collège de Guingamp, prend ensuite la parole, au nom de la revue *Arvorig*.

« Me n'am eus ket anaveet I.-P. Calloc'h, nemet dre e skridou : eno am eus kavet skler e ine gaer, enni diou garanté : karanté Doue, karanté ar Vro, diou garante hon deus c'hoant da lakat dôn e kalonou bugale Treger, Kerne ha Goelo. En o hano, en hano, holl lennerien hon c'helaouen *Arvorig* savet évit ze, e komzan d'ac'h aman. Heuilh a refomp ar gentel gaer roet d'imp gant Y.-P. Calloc'h. N' hallfomp ober netra nemet :

> Mar doujomp, gant hano Breiz, hep mez, eun hano all, Doué !
> (Ar en Deulin, p. 57).

Bugale zo nebeut a dra ha dic'halloud ; ar verniken ive, a lâr d'imp Calloc'h stag ouz kroc'hen ar garreg, a zo bihan bihan na koulskoude,

> Digabestr ha didrue
> An tonnou divent a darc'he
> Met ar verniken a zalc'he.
> (Ar en Deulin, p. 125).

Derc'hel a refomp start, Y.-P. Calloc'h, d'hon Doue, d'hon Yez, d'hon Bro !

Goullen a rec'h ma ne vije ket ankouaet ar Re-Dremenet ; bugale Breiz a bedo Doue evidoc'h ; evit goulen digantan ho tigémer en e varadoz gant sent koz hon Bro.

Bugale Breiz a bedo evit ho mamm, ho mamm he deus o touget, ho karet ha laket en ho kalon karante Doue ha karante ar Vro.

Le barde Even (Kar-é-Vro) apporte le salut du Pays Trécorrois. Voici son discours :

Bretoned Groë, ma breuder.

Ne ve peurvuan an de ha blaïou nemet kerent pa mignoned. Dre ze ni zo aman hidiw Bretoned hebken, diredet a bep korn

ar Vro da bidein eyit eur mab d'hoc'h enezen goant ha da c'houlen
kelennadurez digantan. Tam abet eus divroïdi, tud a vêz vro ;
n'int ket barrek da vean a galon ganimp en digoueïo evelman.

Kalloc'h a zo bet en e vuhe, re verr siouaz! unan eus gwelan
mibien Breiz. Karante e Vro ha karante e yez a oa don en e galon.

E Vro, e Vreiz, nag han hag he c'hare. Chilaouet-han :

Mé ha kar, mé ha kar!... Doué e houer pegement.

Ar vro ze, en gwirione, e jach daveti kalon kement hini ec'h anav
aneï. Kaeroc'h eviti n'eus ket er bed! Redet aneï a dreuz hag a
hed hag e vefet soueet o welet ar c'haerderiou a zo hadet enni a
vel-vern, kaerderiou ar grouadelez ha kaerderiou grêt gant he
mibiou, a remzi da remzi, Mor ha mene, koajou ha lenneïer, steriou
ha leunou, plenennou karget a dranvadou melen ha prajeïer strujus
a zo eun dudi d'al lagad. Stumet dispar e bet hi gant hon zud koz,
o deus stourmet kalonek da bellat diouti kabestr hag hual.

Karante e yez, karante ar brezoneg pegen hirvidik e oa en kalon
Bleimor! Savet en eus en hec'h enor eur mell pez-labour.

... Keit ma sono
Ar brezoneg en hon geno

Ar Deulin a vago spered hag ine a Vretoned.
Evel Kalloc'h meulomp hon langag!
Ar yez e mouez hag ine ar Vro : Drezi hebken a teu beteg d''imp
ar binvidigezou destumet a hed ar c'hantvejou gant ar Re-Dre-
mênet. Int — gant hon grad pe en despet d'imp — o deus ôzet,
meret, temzet hon spered ha kement tra mad a zo ennomp a zo
deud d'imp digante. Dleet et d'imp eta delc'her d'ar brezoneg
evel da vab hon lagad ha diskein anan d'hon bugale. Ar gerent
a harz ouz o bugale komz brezoneg a ra dismegans d'o zud koz
ha gaou ouz o bugale. Ar bugel en eus gwir, droët, da c'hoût yez
e vro ha gallout e ra tamal d'e dad ha d'e vam mar n'o deus ket
teurvet kelen anan en brezoneg, o deus laeret d'an herez, heritaj
e dadou. Ar vro dremenet hag ar vro da zont a zo mut ha bouzar
evit ar vugale divrezoneket. Ar yez e an alc'houe a digor tenzoriou
ar vroadelez hi hebken a zo arouez pe sin ar vro.

An neb na gomz ket brezoneg n'e ket eur Breizad!

Lorc'h eta e tleomp kât o vrezonekat, ha nan méz. Karamp hon iez ha pinvidikamp aneï awalc'h evit displega an holl vennoziou a didarz en hon spired hag en hor c'halon.

Bleimor en eus diskoueet frez hag anat e ver barrek da imban, da digejan ar soujezonou kaeran, kizidikan, huellan a zo er bed en brezoneg. N'eus en neb yez, levr ebed a kavet ennan ken stank ken puill, ken sklêr *Ar en Deulin.*

> Leun a c'hened a yaouankiz
> Int zo marved, vit er frankiz

A lennen war ar peulvan savet en enor d'ar soudarded varo en barozig koant a zo du hont e tal ar mor Bro Dréger.

Ar frankiz! leret e oa d'hon soudarded a jome war an douar goude an trec'h. Hag int o deus kredet, Kalloc'h startoc'h evit an all ebed e vije roet d'o broïg ar frankiz dleet da bep rum dud? An trec'h a zo deut hag ar frankiz a zo manet en hent. Ar frankiz a zo mad komz diouti pe ver dindan ar bec'h hag ankouât aneï pa ver war c'horre. Ar gwir en eus peb patel da vezan kelennet hervez e spered hag e istor a zo nac'hed ouzimp evel diagent.

Er skoliou a ve distresed spered hon bugale ha disket d'e droug-kredennou diwar hon bro hag hon c'hendadou.

Evit anvout ar wirione e renkomp hadober hon diskadurez ha teuler diwar an diouskoa bec'h pouner ar gelenadurez gall.

Darn evel Bleimor a deu evel c'hoari da sonjal adarre a giz ar Vretoned ha nan e stum Galloued ; hogen nag a hini a chom berr gand o mennoz.

Labouret a zo red da c'honid evit ar Vretoned da zont ar frankiz ze a spered e renkomp da gout. Eno adarre Bleimor a oa ar skouer evidomp. Stourmet en eus ha dleout a renkomp ober muic'h c'hoaz en amzer da zont d'ober digeri d'ar brezonek dor ar skoliou. Eu sell e oa da sevel eur vreuriez evit difen an brezoneg.

Greomp evelthan. Labouromp gant kalon hag e kasfomp hon erw da benn. Hag eun devez bennag ni pe hon bugale a deui aman elec'h eman Bleimor oc'h em luskennat gant trouz hag avel ar mor a blije d'en kement, hag e lerfomp d'an :

Breiz a zo dihun!

Pour terminer, M. l'abbé Le Cam, ancien lieutenant au 219e, ami et compagnon d'armes de Calloc'h, — la poitrine constellée de décorations dont la Légion d'honneur et la Croix de guerre, avec de nombreuses palmes — récite une ode qu'il a composée, en l'honneur de son camarade de combat

BEEMB CHONJ A VLEIMOR
Koéhet ar dachen Saint-Quentin, merh Pask, 10 a imbril ér blé 1917

El deu vrér a vrézel biùet hur boé hun deu
Dispont ha kalonek é kreiz er brézélieu
Hun deu, trezet hur boé er brézélieu spontus
Deustou d'er bolèdeu, ha d'en aùel mougus.
Ar un dro hur boé groeit plénneneu vras Nouvron,
Guerni, Tracy Le Val, sklaset get er iennion ;
Quenevièr gueharal goleit a huneh hir
Tachenneu pinùidik digervet get en dir ;
Roy ha Lassigny kollet ha gounidet
Mahet édan en treid ha get er goed ruet ;
Kleùet hur boé er Somm er gurun e tarhal
Hag er hanoneu bras èl er mor é kornal.
Ha péhieu miliget, én ihuern kovellet
Et daolé tan, pétrol, aùél anpouizoñnet ;
Hur deu hur boé biùet épad deu viz hantér
Er peudr hag ér moged, èl treuigeu distér ;
'Dan hun treid e huélemb en doar é vranzellat,
« Torret é, e laremb, ahel er bed eit mat ».
Krapet hur boé hun deu ar mañné er Plémont,
Hag, en tan en tiér, é oemb oeit é Noyon.
Kourzieu Pask hum gavemb en amzer-sé hun deu
E kosté Saint-Quentin er hetan linenneu.
Duhont é Breih-Izel kléhiér Pask e soñné
En tourieu dantellet glahar ha leùiné,
Ankin vras ha glahar eit er geh sudarded
Koéhet ar en dachen, ieuank-flam diskaret ;
Konfort hag espérans eit un dé de zonet
Eit un amzer neùé ér bed reneùéet.

Allas! peurkeh Bleimor, unan a'n'emb hun deu
Ne oé deli dehou kleùet mui ou boéhieu.
...Ha linséliet hun es tost d'el linenneu tan.
Etal fojel dihuen el linenneu ketan,
Adal d'en anemized revé te houlen
Eit boutèl te dadeu kalonek pen d'er ben.
Pleget édan er boén hag hur halon mantret
En dar 'n hun deulegad, ar en erh deuhlinet,
Laret hun es eidis er beden gredusan
« Sent er vro, e laremb, reseuet é inean ».
Te inean didemal e oé pur ha santél
Karein e hrès te Zoué èl te vro Breih-Izel ;
Hardeh mat hag hemb doujans liés te dosté
De reseu te Salvér aveit kriùat te fé.
... Get un doujans santél, un dorn karantéus
En des skriùet te hanù ar dureh truhéus
Ur groézig koed distér, te hanù dehou tonket
De vout harp ha sklerder, mar ha pehè biùet.
Kouskein e hres bremen get te hun dévéhan
Et tachen « Cérizy » ur blénen vras, nuah glan,
Lakeit a bed eil pén get hoarnaj miliget
Ha get er bolédeu labouret ha draillet ;
Pèl doh inizen Groé ha doh er mor trouzus
E sko doh hé réhiér g'ur voéh melkoniù
Hage houil d'hé hroédur oeit de zihuen er vro
Hag er brezel achiù, nen dé ket deit endro.

Pour terminer cette cérémonie commémorative, M. le Recteur de Groix récite un *De Profundis* et la foule, jetant l'eau sainte sur la tombe nouvellement bénite, quitte le cimetière très impressionnée.

A l'« Hôtel de la Marine », le repas du souvenir rassemble tous les amis du poète groisillon. M. Emile Le Bihan, maire de Groix préside, ayant à ses côtés, M. Adam oncle de J.-P. Calloc'h et ses cousines, Mmes Genevisse et Bertheille.

A la fin du repas, M. A. Mellac remercia la municipalité groisillonne et la nombreuse assistance qui avait répondu à l'appel des organisateurs.

M. Léon Le Berre donna lecture des lettres d'excuses des amis qui n'avaient pu assister à cette commémoration. Nous citerons, parmi ces lettres, celle de Mgr Duparc, évêque de Quimper et de Léon, ancien professeur d'histoire au Petit-Séminaire de Sainte-Anne d'Auray et dont le dévouement à la cause bretonne est bien connu :

« L'évêque de Quimper et de Léon, écrit le Prélat, s'unit de tout cœur aux bons Bretons qui prient pour l'âme du poète Jean-Pierre Calloc'h et les bénit paternellement, en glorifiant avec eux ses convictions catholiques, son amour pour la Bretagne et son magnifique talent. »

De M\ume Perdriel-Vaissières qui consacra à Bleimor une remarquable étude parue dans la *Bretagne Touristique* : « L'admiration que je ressens pour Bleimor, se double d'un sentiment qui la rend plus profonde, pour ainsi dire recueillie ; Calloc'h m'a inspiré de la vénération.

Aussi bien, de cette âme survivante et active, j'attends une continuation de l'œuvre écrite et j'en ai la foi, cette action sera puissante au fond de nous tous :

> Hag a pe zei eidoun er marû hag er Drenoz
> Devadoh, o Barnour, e pignin dibredér,
> Rak me vo bet Henneh e ganne dré en noz
> Eit kennerhat er Fé é kalon e vréder. »

(Et quand viendra pour moi la mort et son lendemain — Vers vous, ô Juge, je monterai confiant, — Car j'aurai été celui-là qui chantait dans la nuit — pour affermir la Foi au cœur de ses frères. (*Ar an Deulin.* Peden an Téoèlded).

Puis ce sont les lettres de MM. F. Vallée, de Théodore Botrel, de Choleau, président de la Fédération Régionaliste Bretonne, de M. l'abbé Corignet le bienfaiteur de J.-P. Calloc'h, de M. le marquis de L'Estourbeillon, ancien député, président de l'U. R. B., du sénateur Lamy, du grand druide E. Berthou, de M\umes Malthide Delaporte, de Magdeleine Desroseaux, Le Roy des Closages, de M\ulles de Cintré, de Volz de Kerhoent, de M. Y. Le Moal (Dir-na-dor), de M. René Saib, de M. l'abbé Bossard du Clos, de M. Pol Broise, de M. Guyesse. etc. etc...

Cette lecture terminée, M. Léon Le Berre fait l'éloge du sculpteur Alexandre Le Quéré, auteur du monument de Bleimor et de celui de Jos Parker, au cimetière de Fouesnant.

Puis M. Jaffrennou et M. Pierre Le Clech racontent quelques anecdotes inédites sur le séjour au front de J.-P. Calloc'h. Toutes nous le montrent généreux et brave jusqu'à la témérité.

M. Pierre Laurent, le barde Pengleuic fait un vibrant éloge de celui qui fut un « celte militant sans peur et sans reproche ».

Nous reproduisons son discours :

Mesdames, Messieurs,

Jacques Boucher de Tréveneuc de Perthes, apparenté à Jeanne d'Arc et originaire de Rethel, (Ardennes), inspecteur des Douanes à Morlaix, de 1816 à 1825, qui devait plus tard devenir un illustre préhistorien, écrivait, il y a cent ans :

« La langue bretonne porte le cachet d'une haute antiquité ; elle est riche et ne manque pas d'harmonie... *Mais il est facile de prévoir qu'avant peu d'années, elle cessera d'être une langue vivante.* »

Un siècle a passé depuis cette sinistre prophétie et, plus que jamais, la langue bretonne est vivante, incitant l'enthousiasme de générations pleines d'ardeur qui répètent l'acte de foi du regretté barde, François-Marie Luzel.

Rak te iez hani hor zent koz

Nos pères te parlaient ; nos vieux saints t'ont chérie,
Ils te parlent encor, et tout cœur breton crie :
Oui, c'est toi la patrie, et toi, la liberté !

N'entendez vous pas la voix prestigieuse de Calloc'h-Bleimor :

Digouehet er printad diougannet
Trec'h d'er Vreiziz !

Il est venu, le temps, le temps prédit :
Victoire aux Bretons !

Pour éviter tout soupçon de partialité en ce qui concerne la langue bretonne, la valeur de Bleimor et l'importance de son œuvre, je m'abstiendrai de citer les témoignages de frères en bardisme ou en catholicisme de celui que nous pleurons et voulons honorer aujourd'hui. Je vous lirai des appréciations trop peu connues, pour ne pas dire ignorées en Bretagne de M. J. Vendryès, professeur à l'Université de Paris, spécialiste des questions relatives à l'étude des langues celtiques. Je lui donne la parole :

« Si attachante que soit, pour le moraliste et le psychologue, l'œuvre de Calloc'h, elle réserve au philologue un attrait non moins vif. Ce poète fut un maître ouvrier en langue bretonne... »

Calloc'h écrit une belle langue, solide comme le roc des falaises, sonore et harmonieuse comme le bruit des flots.

Il a des images magnifiques, il sait peindre, en quelques mots, dans les nuances les plus délicates, les sentiments violents ou tendres qui l'animent. Il prouve que sa langue maternelle, quand on sait la manier, se prête à l'expression de toutes idées pratiques.

...Tout enfant, il apprit à connaître la mer ; il en a chanté la vie formidable en des accents d'une intensité et d'une couleur auprès desquelles la littérature même d'un Pierre Loti paraît molle et pâle.

...Ce nom de Calloc'h mérite de passer à la postérité parmi les plus illustres poètes catholiques de tous les temps et de tous les pays.

Frère de Race, Frères d'Armes, Jean-Pierre-Hyacinthe Calloc'h, disciple et continuateur des saints nationaux qui évangélisèrent notre pays, Catholique irréductible, Celte militant, sans peur et sans reproche, Guerrier indomptable, Barde-Martyr, Bleimor, Salut et Gloire à Toi !

Salut et Gloire à toi et à ta famille !

Pas de faiblesse ! pas de lâcheté ! tel est ton mot d'ordre. Nous le suivrons.

Pour ma part, vétéran de la poésie bretonne et des études celtiques, je suis très fier de pouvoir, ici, à deux pas de ton tombeau, renouveler les serments de ma jeunesse et la profession de foi que, depuis plus de trente ans, j'affirme sur le champ de bataille des idées.

A nous autres, Celtes convaincus, tes œuvres d'une inspiration sublime et d'un accent si personnel, font l'effet de l'Ecriture.

Tu es apôtre, et, pour l'Eternité, ton génie proclamera la Vérité Catholique et la Vérité Celtique à la tace du monde!

Er guir eneb er bed! »

Et M. E. Jégo, adjoint au Maire de Groix, clôt la série des discours, en remerciant, au nom de la municipalité, les Bardes bretons et tous ceux qui sont venus honorer la mémoire de son regretté compatriote :

Mesdames, Messieurs,

Après toutes les éloquentes paroles qui viennent d'être prononcées, il vous semblera bien superflu que je veuille y ajouter quelques mots.

J'aurais aimé plutôt me taire et vous épargner cette désagréable surprise, en ne vous laissant que le charme et l'impression de tout ce que vous venez d'entendre sur la vie et le talent poétique de notre si regretté Barde groizillon.

Mais, ne serait-ce pas manquer à tout devoir de convenance, méconnaître tout sentiment de gratitude, si je ne venais, en ce moment, au nom de la digne mère de Jean-Pierre Calloc'h et de sa famille, au nom de la population groizillonne, vous remercier vous, d'abord, nos chers Bardes bretons qui, tout à l'heure, formiez comme une couronne de lauriers autour du monument de notre illustre enfant, et vous dire également, Mesdames, Messieurs, combien nous avons été touchés de l'honneur que vous avez fait à notre île, en venant si nombreux honorer la mémoire de notre grand poète, lui témoignant ainsi toute votre admiration.

Un grand orateur du siècle de Louis XIV, disait, dans l'une de ses Oraisons funèbres :

« La mort peut confondre les hommes, grands et petits, dans la tombe, mais une chose leur survit sur cette terre : leurs actes, leurs œuvres. »

Ne pouvons-nous, dans notre modeste sphère locale, et sans trop de témérité, appliquer ces paroles à J.-P. Calloc'h, que rien ne distinguerait plus de ses compatriotes, si ce n'est, selon l'expression académique, son bagage littéraire, toutes ces charmantes et si délicates poésies bretonnes qui ont été condensées dans un livre qu'il a voulu intituler lui-même « *A GENOUX* ». Mais son souvenir se perpétuera, peut-être encore bien davantage, par cette superbe Croix celtique que la piété de ses amis et admirateurs a voulu faire sceller sur sa tombe, et dont, en passant je rends hommage à l'artiste qui l'a sculptée. Aussi, à tous ceux, qui de près ou de loin, ont coopéré par leur générosité, à l'érection de ce symbole de la foi, je dis un merci de reconnaissance émue, au nom de la population de l'île et de la mère du Soldat-poète, tombé au champ d'honneur.

Et maintenant, Mesdames, Messieurs, s'il est d'un pieux usage de penser et d'honorer ainsi nos morts, serait-il déplacé, dans ces agapes fraternelles, de ne pas oublier également les vivants. C'est dans cet ordre d'idées, que je vous convie à porter la santé de nos chers et illustres Bardes bretons. Je lève mon verre en l'honneur de nos aimables invités, venus si nombreux à ce banquet du souvenir. »

Avant de se séparer les assistants se lèvent, le barde Taldir, d'une voix vibrante, entonne le *Bro Goz va Zadou* (Vieux Pays de mes Pères) dont le refrain est repris, en chœur, par toute la salle. Et M. l'abbé F. Rio, le doyen des prêtres présents, récite le *De Profundis*.

Avant de quitter Groix, quelques-uns, dont nous étions allèrent, à Kerclavezig, saluer Mme Calloc'h qui, demeurée près de son dernier enfant alité, n'avait pu assister à cette émouvante cérémonie.

Nous ne doutons pas que cette belle fête du souvenir ouverte et terminée par une prière, où la Bretagne fut glorifiée en la personne d'un de ses meilleurs enfants, n'ait laissé un souvenir durable au cœur de tous ceux qui y assistèrent.

IX

L'ŒUVRE DE JEAN-PIERRE CALLOC'H
ET LA CRITIQUE

Jean-Pierre Calloc'h avant de partir au front, en août 1915, avait confié, en dépôt, à M. Pierre Mocaër, un manuscrit intitulé : *Ar en Deulhin*, recueil d'une trentaine de poésies bretonnes, accompagnées d'une traduction française faite par lui-même. Il pria M. Mocaër de les publier, au cas où il tomberait sur le champ de bataille, et lui demanda d'y ajouter quelques pages écrites en breton : ses impressions sur « Les Chemins de la Guerre », *Ar Henteu er Brezel*.

N'ayant pu, pendant les hostilités, tenir sa promesse, M. Mocaër s'entendit, après la guerre, avec les éditeurs parisiens, MM. Plon-Nourrit et Cie qui firent imprimer le livre à Morlaix, sur les presses de M. Lajat. Le 6 avril 1921, l'ouvrage parut sous le titre : « *A GENOUX* ». Lais Bretons accompagnés d'une traduction française de Pierre Mocaër, Introduction de René Bazin de l'Académie Française, Préface bilingue de Joseph Loth de l'Institut (*Paris, Librairie Plon-Nourrit et Cie, imprimeurs-éditeurs, 8, rue Garancière*) [1].

---

1. Jean-Pierre Calloc'h désirait que son livre ait pour titre : *Ar en Deulhin* et non « *A GENOUX* », comme en témoignent plusieurs de ses lettres.

La traduction des poèmes de Bleimor est attribuée à M. Mocaër, alors qu'elle est, pour la plus grande partie, l'œuvre de Calloc'h lui-même. Le rôle de M. Mocaër n'aurait consisté, d'après lui-même, qu' « à mettre le volume au point, à traduire les passages rédigés seulement en breton, par Calloc'h, à faire un choix de lettres, à ajouter un fragment de

La parution de cet ouvrage fut saluée, avec enthousiasme, par le monde celtique et par tous ceux qui s'intéressent aux œuvres des Celtes. Notre littérature bretonne s'enrichissait d'un chef-d'œuvre, car il y a, dans la plupart des poèmes de Bleimor, une telle grandeur et une telle noblesse de sentiments, une telle élévation de pensées, un tel élan de foi, qu'ils émeuvent et séduisent toute âme éprise de beauté. C'était vraiment un grand poète, qui écrivit cette sublime *Prière du Guetteur* « *Peden ar Gedour* », dans la tranchée ; ardente imploration d'une âme fervente qui puise sa force dans son humilité ; qui clama à la face de l'Univers, ce « Chant de bienvenue à l'an nouveau », 1915, *Deit Spered Santel* (Veni Sancte-Spiritus !) « cri d'humaine horreur, de mystique anathème », mais aussi cri d'espérance saluant la venue prochaine, croyait-il, de l'Esprit-Saint qui doit renouveler « le visage du Monde » ; qui décrivit cette *Vision d'Ezéchiel*, «*Diougan Ezéchiel* » exaltation de sa foi dans la destinée de la Bretagne ; qui prononça si généreusement ce *Fiat* de résignation à la Volonté divine ; qui sut prier dans les ténèbres *Peden en Téoëlded*, avec des accent incomparables et, méditer avec ferveur, dans les trois sanctuaires de Paris, *Tri Neved*, *Ter Beden*, qu'il affectionnait. Mais il nous faudrait tout citer de cette poésie « pleine, concise, humaine et divine » (R. Bazin) où palpite l'âme bretonne tendre, grave, mystique, enthousiaste, mélancolique, résignée et un peu farouche. Il faut les lire, à haute voix, ces vers bretons purs, harmonieux, sonores, pour en goûter la beauté, le charme pénétrant et délicat que nulle traduction française ne pourra rendre .

En écrivant « *A GENOUX* », J.-P. Calloc'h élevait à la Bretagne un monument aussi solide que le granit de ses rivages. Il démontrait, aux détracteurs de notre langue qui l'accusent de pauvreté, qu'elle est capable d'exprimer clairement les plus fines nuances de la pensée. Enfin, il prouvait que le génie celtique demeure encore

son journal et à rédiger une notice biographique ». Il y aurait donc eu une erreur d'attribution commise par l'éditeur ?

Quant au sous-titre *Lais Bretons*, jamais il ne serait venu à l'idée du barde de dénommer ainsi ses poèmes qui sont des *supplications et des hymnes*.

De même, il est regrettable que la correction insuffisante des textes et traductions ait laissé subsister de nombreuses fautes typographiques qui déparent ce recueil. Il y manque une table des matières.

une des sources les plus merveilleuses d'inspiration et d'enrichissement intellectuel.

Il ne m'appartient pas d'étudier, ici, l'œuvre admirable de mon ami, d'autres plus qualifiés que moi ont rendu hommage au génie du poète. Je me contenterai de citer leurs appréciations.

Dans l'*Ouest-Eclair*, le grand quotidien de Rennes, M. Jean des Cognets, l'éminent critique littéraire, touché par l'élévation des sentiments qui se manifeste dans l'œuvre de Bleimor, écrit le 17 mai 1921 :

UN GRAND POÈTE BRETON :
JEAN-PIERRE CALLOC'H

« Bretons, un grand poète nous est né, dans une pauvre maison de Groix, au bord des falaises de roc où chantent dans les grottes mystérieuses les grandes orgues de l'Océan :

Je suis né au milieu de la mer — Trois lieues au large, — Je suis né au milieu de la mer — Au pays d'Armor — Mon père était comme ses pères — Un matelot. — Il a vécu obscur et sans gloire. — Tous les jours, toutes les nuits, sur les vagues molles — Mon père était comme ses pères, — Un traîneur de filets. — Ma mère aussi travaille — Et blancs sont ses cheveux — Avec elle, la sueur à nos fronts — J'ai appris, tout petit, — A moissonner et à arracher les pommes de terre — Ma mère aussi travaille — Pour gagner du pain...

A l'épanouissement de son adolescence, le fils des « traîneurs de filets » s'entendit appeler, lui aussi, pour devenir pêcheur d'hommes. Trop débile, il fut empêché par sa mauvaise santé de suivre sa vocation et d'être consacré par le sacerdoce. Mais, Breton fidèle, il n'était pas de ceux qui renient Dieu après l'avoir adoré, et qui donnent à leur Maître, pour gagner la faveur des puissants du monde, l'hypocrite baiser de Judas ou le soufflet des valets de prétoire. Renonçant, avec amer regret, à gravir les degrés de l'autel, Jean-Pierre Calloc'h resta toujours à genoux, au premier rang des chrétiens, les mains jointes sur la balustrade du chœur. Et là, il aimait à chanter nos vieux cantiques bretons — trop délaissés, hélas! et pourtant si beaux — nos vieux cantiques baignés de la nostalgie du ciel et de la plainte amoureuse des âmes.

Il vécut pauvre, en enseignant les petits enfants qu'il dirigeait avec douceur. Il habita la grande ville et ne lui donna pas son cœur, car il regrettait, dans la fête impure des cités de mort, sa petite maison blanche, et la poésie vivifiante des messes du matin dans l'église de son village. Pour se consoler, il se plut à composer, dans dans sa langue natale, en vannetais, de nouveaux cantiques : *Cantavit Domino canticum novum.* Aux vacances, durant les mois d'été, il naviguait « tant qu'il pouvait » avec ses parents, ses voisins, ses amis, sur ces thonniers hardis qui poursuivent le poisson jusqu'en vue de l'Espagne. Par ce moyen, il gagnait quelque argent pour aider sa mère, car son misérable traitement de maître d'études suffisait bien juste à sa propre subsistance... Au large, quand la soirée était tiède et sereine, il s'asseyait à l'avant du navire, et jouait sur la flûte de vieux airs bretons. L'haleine assoupie de la mer s'embaumait à l'entour de cette musique triste comme d'un parfum de violettes, sous le frémissement des étoiles...

O mon île perdue au milieu de la mer — Quand atterrirai-je dans tes ports accueillants? — Quand, ma patrie, reconnaîtrai-je le feu de tes phares — Si clair dans le noir de la nuit? Quand reviendrai-je?... — La barque vogue toujours sous les yeux de Dieu — Rassemblés autour des voiles, les anges la conduisent — Sainte Anne, vraie mère, adoucit le vent — Et les marins vont ainsi sans peur, dans la nuit ténébreuse...

Jean-Pierre Calloc'h allait partir pour un plus dur voyage, dont il ne devait pas revenir. Soldat, puis sous-lieutenant d'infanterie, il combattit sur le front avec des gars de chez lui qui admiraient sa bravoure. Lorsqu'il bondissait pour l'assaut, ce géant celte de six pied de haut s'armait d'une hache d'abordage, plus solide qu'un fusil à son poing de marin.

Ainsi, Bretons, ce poète-ci, né de votre lignée est descendu tout vif aux Enfers, non plus comme le Dante, en rêve et guidé par Virgile, mais en chair, en os, en esprit et en vérité, dans les Enfers de la boue, de la famine et de l'angoisse, du fer et du feu, des blessures et des massacres, des gémissements de blessés et des râles des mourants, dans les Enfers des tranchées où la plus surhumaine espérance a soutenu jusqu'à la fin la plus surhumaine souffrance.

Et, du fond de cet abime, Jean-Pierre Calloc'h a fait monter le chant magnifique d'une âme maîtresse d'elle-même, au milieu des dangers, émue des sentiments profonds qui animaient autour d'elle tant d'âmes obscures et vaillantes, et toute appuyée sur son Dieu :

Je suis le grand Veilleur, debout sur la tranchée, — Je sais ce que je suis et ce que je fais — L'Ame de l'Occident, sa terre, ses filles et ses fleurs — C'est toute la beauté du monde que je garde cette nuit... — Pour être ici, j'ai abandonné ma maison, mes parents — Plus haut est le devoir auquel je suis attaché: — Ni fils! Ni frère! je suis le guetteur sombre et muet — Au fond de l'Est, je suis le rocher breton — Pourtant, plus d'une fois, il m'advient de soupirer : — « Comment sont-ils, là-bas? Hélas! ils sont pauvres, malades peut-être — Mon Dieu! ayez pitié de la maison qui est la mienne — Car je n'ai rien au monde que ceux qui pleurent là... » — Maintenant, dors ô, ma patrie! ma main est sur mon arme — Je connais le métier, je suis homme, je suis fort — Le morceau de France qui est sous ma garde, jamais ils ne l'auront!... — Mon Dieu, mon Dieu, je suis le Veilleur tout seul — Ma patrie compte sur moi et je ne suis qu'argile. Accordez-moi seulement la force que je demande. Je m'en remets à vous et à votre mère Marie...

Noble et simple grandeur! Accents incomparables! En aucune langue rien de pareil n'a été écrit sur la guerre des nations. Le plus vrai, le plus puissant des poèmes qu'inspira l'épopée, c'est dans la vieille langue bretonne qu'il aura été fixé pour les siècles à venir. Non ni le Dante, trop abstrait, ni Mistral, qui n'a connu que la Muse du soleil, de la jeunesse et de l'amour, n'ont atteint à cette plénitude émouvante. Rien de pareil n'avait été entendu sur la terre depuis le chant d'un autre guetteur qui, enchaîné sur la terrasse du palais des Atrides, attendait que s'élève à l'horizon le feu libérateur, la flamme de victoire, plus resplendissante que l'aurore, qui devait annoncer la chute de Troie, et le retour des guerriers d'Hellas.

Jean-Pierre Calloc'h est tombé à son tour, comme tant et tant de Bretons, à Urvillers, le surlendemain du jour de Pâques 1916, dans une attaque, frappé au front d'un éclat d'obus. Il avait 28 ans. En tombant, il a eu du moins la consolation de penser qu'il appartenait à la race fidèle entre toutes, et qu'il ne serait pas oublié : « Les noms des immolés », chantait-il, « la terre d'Armor les gardera : » Oui, la terre d'Armor gardera à jamais le nom de ce héros et de ce poète, fils de son peuple : JEAN-PIERRE CALLOC'H. Pour que l'oubli pût couvrir de son ombre une si belle mémoire, il faudrait une trahison universelle de tous ceux qui ont mission de veiller sur l'âme de notre race et de former le cœur de nos enfants. Les prêtres dans leur chaire, les maîtres dans leurs écoles exalteront l'exemple et le génie du fils des pêcheurs de Groix. On chantera ses cantiques dans nos vieilles églises. Suivant la voie tracée par Pierre Mocaër, qui a donné une si belle et forte traduction en français des poésies de Calloc'h, nos celtisants les transposeront dans divers dialectes, pour qu'ils soient aisément lus, compris, répandus dans toute la presqu'île et que les écoliers apprennent ses strophes de guerre.

De plusieurs côtés, on a parlé d'élever un monument aux soldats bretons de la grande guerre sur un des hauts lieux de la Bretagne. Je souhaite passionnément que ce vœu d'union sacrée et de piété collective s'accomplisse. Mais, déjà, les héros qui se sont sacrifiés ont leur monument impérissable, à l'épreuve du temps ; c'est Jean-Pierre Calloc'h qui l'a taillé dans son œuvre lyrique, comme dans un granit immatériel. Calloc'h a dit, dans un vers prophétique : « Je suis une étoile claire qui brille au front de la France ! » Sa gloire va monter dans le chœur des étoiles, qui chantent comme lui la magnificence et la paternité qui remplissent les cieux.

Que cette œuvre sublime, qu'un grand poète a écrite et signée de son sang, nous demeure à jamais vénérable et chère. Bretons ! soyez fidèles à la mémoire de Jean-Pierre Calloc'h, « vrai breton, vrai chrétien, vaillant soldat »[1] comme il fut fidèle, jusqu'à la mort, à souffrir, à se battre pour vous en pensant à vous avec amour.

JEAN DES COGNETS

Dans *Feiz ha Breiz*, du mois de juin 1921, M. l'abbé Perrot, un de nos meilleurs écrivains bretons, ne ménage pas ses éloges, à cette œuvre :

---

1. Témoignage de Joseph Loth, de l'Institut, le célèbre celtisant, dans la préface qu'il a écrite pour le recueil posthume des poèmes de Calloc'h.

« Dindan bannou klouar heol mae, écrit-il, rozen ebet ne zigoras er bloaz-man, ken lintrus he deliou ha ken dudius he c'houez hag al leor nevez *Ar en Deulin* ema o paouez sevel an A.P. Mocaër, gant ar skridou a zo bet fisiet ennan, epad ar brezel, gant e vignon, J.-P. Calloc'h.

Setu aze eul leor, hennez, hag a dalv ar boan e vruda ; mil bell a zo aboue ma n'euz ket bet skrivet netra ken kaer ha netra ken uhel ; an hini her preno n'en do ket a geuz d'e arc'hant...

Ar c'hannaded he deus Breiz e Paris, m'o deus c'hoant da ziskouez d'an holl ez int Bretoned henvel ouz Bretoned a dlefe breman kemeret tro eus ginivelez al levr dispar-ze evit goulenn ma vezo digoret en hor bro, pelloc'h, bras hag evit mad, holl doriou skoliou ar c'houarmamant d'ar brezoneg... »

Voici l'appréciation d'un jeune écrivain breton, Olivier Mordrel, parue dans la revue bretonne *Breiz-Atao*, en mai-juin 1921 :

« Le livre des poésies de Yann-Per Calloc'h, le barde Bleimor, attendu avec tant d'impatience par tous ceux qui avaient entendu parler du grand mort, vient enfin de paraître... On connaissait déjà de Bleimor quelques poésies de jeunesse, mais elles n'auraient su donner qu'une faible idée de celles qu'il devait produire dans les dernières années de sa vie. L'exil en milieu étranger d'abord, la guerre ensuite, lui ont fait éprouver des émotions qu'il n'aurait jamais ressenties, sans doute, s'il n'avait pas quitté son pays ; ces émotions profondes et diverses, ont trouvé dans son âme ardente et dans son esprit limpide, des expressions sublimes, elles ont produit le plus beau chant du barde breton qui fut jamais entendu.

Dans les critiques qui en ont été faites à travers revues et journaux de Bretagne et de France, on a louangé la valeur poétique des poèmes de Bleimor, on a magnifié la grandeur d'âme de l'homme, mais on n'a pas étudié de près la poésie pour elle-même. Elle le mérite pourtant.

La sainteté de Calloc'h, son patriotisme ne sont point des choses uniques en Bretagne, tandis que son chant en est une. Il n'a pas fait qu'y exprimer une âme de Celte, dans une langue de Celte, il a été le premier qui l'ait réellement exprimée « à la Celte ». Pour cette raison, son œuvre, à laquelle on doit joindre notre vieux Barzaz-Breiz, est l'un des premiers monuments de notre véritable culture nationale ; celle qui s'épanouira dans une Bretagne intellectuellement autonome, celle qui empruntera les moyens d'expression traditionnels, dégagés de tous apports étrangers.

La poésie de Calloc'h est essentiellement celle d'un Celte ; la nationalité bretonne de l'auteur n'est ici que nuance régionale. A mesure qu'un intellectuel breton se pénètre de Celtisme, son empreinte originelle tend à s'atténuer ; il appartient désormais un peu, et de plus en plus, en sus de la Bretagne, aux autres patries des Celtes. Voyez les accompagnements musicaux de ses chants, deux sur quatre sont des airs gaëliques.

Parler de Bleimor en français, c'est donc s'exposer à ne point trouver les expressions justes pour le peindre, car sa poésie n'est française ni d'inspiration, ni d'expression, ni de forme. On n'y trouve de français que le mot « Frans » dont elle s'agrémente parfois.

Pourtant, nous continuerons à nous exprimer en français, surtout parce qu'il est de toute importance que *Ar en Deulin* soit présenté à tous les Bretons, sans distinction de langage.

Le propre du poète Celte, c'est de donner une apparence de réalisme à son interprétation personnelle des faits. Le Celte est épris de fantastique palpable et d'irréel vécu. Une telle poésie ne peut être que descriptive ; le symbole, comme l'abstrait, ne peuvent y trouver place.

C'est pourquoi la poésie de Bleimor peut être considérée comme un type du genre. Ce caractère narratif de la fiction bretonne qui apparaît si bien dans la légende populaire bretonne, est patent dans la plupart de ses poèmes...

Nul part mieux que dans le poème *Venez Esprit-Saint* ne se révèle le génie ethnique de Bleimor et les qualités traditionnelles de l'esprit breton....

C'est la guerre... ; que nous eut écrit un grand latin ?

Il ne nous eût épargné ni les tambours, ni les clairons, ni les piaffements des chevaux, ni les conseils du grand'père médaillé, ni les regrets de l'adolescent trop jeune pour partir, ni les drapeaux, ni les appels de la Patrie casquée, ni la robe blanche de la Victoire.

Voici comment s'exprime Bleimor » :

Et M. Mordrel cite l'admirable poème *Deit Spered Santel,*

puis termine par ces phrases : « D'un bout à l'autre du livre, c'est ce chant qu'on entend.

Que les jeunes écrivains de Bretagne, qui ont un cœur celte et l'ambition d'atteindre le maximum, choisissent leur maître. »

Dans la même revue, au numéro du mois de septembre 1914, nous lisons, sous la signature de M. Roparz Hémon :

« ...Barzed, gwir varzed hon eus bet er c'hantved diweza ; nebeut, avât, a vir varzoniez ; eur werzenn aman, eur wverzenn a hont, netra ken. Tonket oa d'imp chom dall, a gredan, paneved eur barz a zo deut, en diwez, da zigeri hon daoulagad.

Bleimor eo heman. Anavezet eo bet evel ez oa dleet, e Breiz. N'eus ket eur Breizad etre dek, o veza lennet Bleimor, na doufe ez eo hen ar c'henta eus hor barzed. « Ken dishenvel all », eme an holl, « diouz kement hor boa klevet beteg-hen ». « Ken dishenvel all », eno eman an dalc'h.

Eul labour savet en denvalijeun, epad ar brezel, evit an darn-vrasa pa n'en doa ket ar barz kalz a spi da gaout lennerien. Eul labour, n'eo ket evel labouriou hor barzed, kaset kerkent ha graet prim-ha-prim d'eur gelaouenn da voula, hogen miret a hed bloaveziou. Eul labour n'eus ennan, moarvat, nebet eun nebeut peziou dibabet a douez kalz. Setu labour Bleimor, a skrive hep goulenn ha plijout a rafe d'unan bennak : evitan e-unan dre ma oa re leun e galon, dre ma oa ret d'ezan skriva, sevel gant geriou eun ti da drivliadennou e ene. Evid ar wech kenta en holl lennegez, kavet eo bet eur barz da lakaat e holl ene en e varzonegou.

Aner e ve klask e lec'h all ar pez a rann Bleimor diouz e genvreu-deur : eun den eo en deus gouzanvet kalz, ha diskuillet e anken. N'eus mar ebet ez oa Bleimor awenet ha donezonet dreist d'ar re-all. N'eus mar ebet kennebeut e voe eun dra vat evitan beza harluet diouz ar bed. Pa darzas ar brezel edo savet war-lerc'h ar re-all e karrigell barzoniez hon emzoa « rannvroel », ha dare oa da randoni d'o heul divvar ar mein-hir, an illiz-barrez hag ar Vreizadez aet da Baris. Ra vo binniget ar brezel-ze, da veza pellaet ar riskl diou-tan, ha pa zoken d'e laza... »

Nous nous en voudrions de ne pas citer les belles pages de cri-tique que notre ami M. Léon Le Berre, l'érudit directeur de l'*Union*

Agricole de Quimperlé, fit paraître dans son hebdomadaire, les 5 et 18 juin 1921 :

« Avant d'aborder les poèmes de Jean-Pierre Calloc'h, barde breton, tombé au service de France, il faudrait se purifier les lèvres du charbon ardent d'Isaïe et délier les cordons de sa chaussure... Celui qui entre dans cette âme, entre, au sens catholique du mot, dans un Temple de l'Esprit-Saint, Temple que le Monde et les Passions ne profanèrent point, où l'art accuse seulement la simplicité primitive et la pureté des lignes. « *A GENOUX* »!... C'est le mot qui s'échappe des lèvres, le mot qui courbe notre admiration, le mot qui seul concorde avec la prière coutumière, la *laus perennis*, montant du pavé de ce Temple, vers les régions supérieures, comme jadis, elle s'élevait vers la voûte de branchages des monastères celtiques, vers les ciels bas des mers occidentales, ces mers que dans leur *im-ramas* à la recherche des îles bienheureuses, parcouraient les ancêtres de Jean-Pierre Calloc'h.

Un parfum de Sainteté, de Discipline de tout l'Etre moral, de maîtrise de Soi, emplit ces œuvres trop tôt interrompues, par la balle ennemie, et se mêle aux senteurs marines, aux odeurs de cire des sanctuaires de Bretagne, à l'âpre atmosphère des champs de bataille.Ce qui domine en Calloc'h, c'est la note chrétienne.Comme il remercie Dieu de l'avoir fait chrétien! Etre chrétien, est le *leit-motiv* de la vie de Bleimor, le pivot de son éthique, la seule cause de son dévouement final. Le poète et le soldat sont marqués de cette empreinte chrétienne. Si Bleimor se reconnaît quelque chose, s'il a conscience d'être vraiment un barde, c'est à Dieu qu'il le doit, car à son sens, il n'est rien, de lui-même :

Petra oun diragoh, o mem Doue, meit ur prénu [1].

. . . .
Deit oun davedoh arselin
Ar mem deulin.....

A deux Genoux... Quelle douceur pour lui, si le Christ daigne poser le pied sur son front humilié! Devant une admirable paraphrase du *Miserere*, ce chaste épigraphile le passage de Verlaine :

[1]   Que suis-je devant vous, ô mon Dieu, sinon un ver.
        Je suis venu vers vous, dans le soir — sur mes genoux.

> Voici mon front qui ne sait que rougir
> Pour l'escabeau de vos pieds adorables
> Voici mon front qui ne sait que rougir.   (*Sagesse*).

Au sens que les Hommes donnent à ce mot, Calloc'h n'a point péché. Mais habitué dès son enfance cléricale à peser ses actes, c'est avec les accents du Psalmiste et les cris de douleur d'Augustin, qu'il déplore ses manquements. Et toutes les souffrances qui rempliront cette courte vie, qui va de 1888 à 1917, lui paraîtront à peine suffisantes pour leur rachat. N'avions-nous pas raison, tout à l'heure, de comparer l'âme de Calloc'h, à un monastère, à une de ces laures celtiques, dont les disciples de Kolm-Kill et d'Iltud parsemèrent nos côtes ?

C'est en lui-même, où il est sur de retrouver Dieu, que se réfugie Calloc'h, aux heures d'angoisse et d'expiation, et de ce moustier intime, il est à la fois l'*abbé* et l'*essaim* monastique. C'est là, qu'en véritable disciple des moines, il a épousé dès sa naissance, la Pauvreté, la Pauvreté, dont la vue fait fuir l'amitié, elle-même.

> Ya ! Er bed e vinn bepred me-unan
>
> . . . .
>
> Rak ma fried peur zo er Beurante ! [1]

« Les autres races, chante Bleimor, se moquent des Bretons à cause de leur pauvreté. Bénédiction sur cette pauvreté de notre race, sauvegarde de sa pitié pour les faibles, de sa force d'âme dans le malheur, sa croyance dans la justice d'un Dieu, sur cette pauvreté qui nous préserve de l'adoration du veau d'or. Aussi le cœur du poète, au milieu des hurlements impurs des voix du mal, vole vers l'île natale :

> Hirvoud ran d'en aod ken braù 'n hé uiskemand lanneù
> El un enezen vihan draillet get en tonneu
> Me halon e zo duzé e chajelleù er mor !
>
> . . . .
>
> Me halon e zo duzé en ilizou didrous
> Léh ma teulina grédus marteloded mem bro [2].

---

1. Oui, je serai toujours, tout seul en ce monde, Car ma pauvre Epouse est la Pauvreté.
2. Je soupire après la côte si belle dans son habit del ande — Comme une petite île rongée par les vagues — Mon cœur est là-bas, dans les mâchoires de la mer... — Mon

En deux poèmes remarquables par le souffle puissant qui traverse le premier et la paix évangélique que respire le second, Bleimor révèle son intime espoir. La Celtie, la Bretagne ne sont pas mortes. Reprenant ce thème que jadis développait, dans les ardentes causeries des congrès régionalistes, le barde Mab an Argoat, le barde de Groix nous conduit, à son tour ,dans la plaine déserte, où sur l'ordre de Dieu, Ezéchiel prophétise sur les ossements desséchés :

> En bobl-sé kousket ar en Douar
> Hag e saù aben get safar
> Pe hueh aùel Doué ar hé fen
> Anaùet em ès nerh men gouen [1].

Un jour viendra! Comme à la fille de Jaïre, le Christ, dont elle fut à travers les Nations, le bon Cyrénéen, dira à la Bretagne celtique : *Talitha Cumi!* [2] Jeune fille lève toi! » Dans la pensée du Calloc'h d'avant la guerre, il y a un immense regret de l'indépendance... Tous les bardes ont passé par ce stade, et nous voyons des écrivains bretons, comme Le Mercier d'Erm, s'attarder encore dans ces regrets stériles, alors que notre véritable indépendance est celle de l'Esprit. Mais nos ennemis eux-mêmes s'inclineront d'autant plus, devant les imprécations par lesquelles Bleimor traduit ses indignations contre les fleurs du mal qui ont germé sur la civilisation française, que, exempté de tout service actif, il a obéi quand cette civilisation a été menacée, à la voix à qui nul ne peut désobéir: *le hurlement de la guerre aux frontières.*

L'éloignement ressenti, vers 1909, à l'égard de la France, tient plutôt, chez Bleimor, au Mal que, Breton mystique et un peu sauvage, il aperçoit dans les formes de la civilisation, qu'à une haine, *à priori*, haine cadrant peu, d'ailleurs, avec la large culture que dénotent les pages d'« *A GENOUX* ». Comme nous l'avons dit, il lui fallait passer par ce stade de l'esprit où nous avons tous passé,

cœur est là-bas dans les églises silencieuses où s'agenouillent fervents les marins de mon pays.

1. En ce peuple étendu à terre, — Qui se lève tout de suite avec fracas, — Quand le vent de Dieu souffle sur sa tête, — J'ai reconnu la force de ma race.

2. *Talitha Cumi :* mots syro-chaldéens qui signifient *Jeune fille! lève-toi.*

les uns après les autres, et dont M. Camille Le Mercier d'Erm, qui s'y attarde, sut mettre à profit les manifestations individuelles, pour asseoir la thèse séparatiste, note dominante de l'édition si méritoire, à tant d'autres titres des *Bardes et poètes nationaux de de la Bretagne Armorique* [1]. Si la pestilence des grandes villes menace de corrompre l'air natal, si les proscriptions de Combes s'étendent sur la petite patrie, Bleimor, remontant aux causes, n'est pas loin de voir la principale, dans le traité de 1532 :

> Er brezel éh homb bet dispennet heb distro
> En estren e zo deit de vout mestr én hor bro
> Frankizieu hor boé guéhéral
> Laëret int bet d'én estrén fal.
>
> . . . .
> Goudé hor frankizieu, hor fé ou dès gouasket [2]

Le sort de la Bretagne est celui que la destinée a dévolu à la race entière des Celtes. Cette race a été écartelée entre les nations victorieuses :

> Un dé, eué, siouah, mem Doué, oé bet trehet
> Hag ahoudé saotret édan treid peb meùel
> Mem gouenn zo dirazoh el ur peulvan kouéhet [3]
> Yein, mut marù. . . . .

Tel fut le sort de la Celtie, l'*Aventure des Saintes Patries*, les forteresses de l'Honneur. Mais Arthur ne reviendra-t-il pas? Ne s'éveillera-t-il plus jamais? L'île d'Avallon où les blanches fées de la mer gardent son sommeil, rendra-t-elle le héros à ses chevaliers? Si fait! Calloc'h a cet espoir au cœur. Il le nourrit de tout son amour de Breton inviolé. Puis, peu à peu, cette idée s'épure... Le poète comprend que l'indépendance politique d'une nation n'est pas la fin suprême, le paradis sur terre, la mesure comblée!

1. Chez Plihon et Hommay, Rennes.
2. A la guerre nous avons été défaits sans retour, — L'étranger est devenu maître chez nous, — Jadis, nous avions des franchises, — L'étranger mauvais les a volées... — Après nos libertés, ils ont opprimé notre foi.
3. Un jour aussi hélas! mon Dieu, elle fut vaincue, — Et depuis, souillée sous les pieds de chaque valet, — Ma race est devant vous, comme un menhir écroulé, — Froide, muette, inerte.

La véritable indépendance est celle de l'esprit. C'est à la conquête de cette indépendance-là, que nous devons aller, avec toute notre âme. La race celtique méprisée de tous, hier, se lèvera demain, comme un soleil et dans ses rayons, avec l'Armorique, l'Irlande et la Bretagne resplendit aussi la Gaule, cette Gaule française, si celtique, elle aussi, dans les couches profondes de son Peuple. Et Bleimor, dans une vision magnifique, voit la victoire flottant, à nouveau, dans les plis du drapeau tricolore, la France exaltée, la Bretagne libre et sa langue honorée, « comme au jour où ses chevaliers étaient vivants pour la défendre ».

L'heure de la guerre pour défendre la France, l'heure a sonné : *El penn er Peur, en un taol doh fenestr er bediz, diroll geté er horolleu... Drem goëd er brezel!* [1]. Or, dans son souhait, à l'année nouvelle, les reproches que le poète aurait, il y a quelque temps, adressés à la seule France, vont maintenant et c'est justice à l'Europe entière. Si un long séjour à Paris a développé, davantage, chez Calloc'h, la fibre bretonne, il n'a point eu pour lui cet inconvénient qu'il a trop souvent, chez le Breton de Paris, moins habitué, par une éducation incomplète, à raisonner ses observations, de le rendre injuste envers la latinité française. Avons-nous toujours été impartiaux en attribuant aux Français, aux Parisiens, l'esprit, le geste d'étrangers corrupteurs et corrompus, déguisés en Français ? L'on sait combien les Boches, en particulier, furent habiles à ce maquillage ! « *Jeb ha béhed, breman, Europ, doh gleur iùern, en tanneu goal...* » *Skopet ho poé ar Zrem douéel me Hrist é Kroéz, ha chetu deit eur er Hasti* [2].

Classé dans l'auxiliaire, Bleimor aurait pu rester à l'arrière. Il fit tout son possible pour rejoindre le front. Les chefs virent de suite quel artisan de forces morales serait ce Breton. Six mois après qu'il eut entendu la voix « à qui nul ne peut désobéir », Calloc'h sortait aspirant de Saint-Maixent. Ses chefs ne s'étaient point trompés. *Ar henteu er brezel* [3] dit assez quel auxiliaire du commandement ils s'étaient assuré. Ceux qui ont lu la sublime poésie du

1. Comme la tête du Pauvre, tout à coup à la fenêtre des mondains, livrés aux danses déréglées... — La face sanglante de la guerre...

2. Vois ton péché, maintenant, Europe, aux lueurs d'enfer des incendies... — Vous avez craché sur le visage divin de mon Christ en Croix et voici venue l'heure du Châtiment.

3. Sur les chemins de la guerre.

Guetteur publiée par l'*Union Agricole*, savent tout ce qu'elle contient d'énergie, de calme, d'oubli de soi. Que Calloc'h s'élance de la tranchée, la hache d'abordage à la main, comme les corsaires de Groix, ses ancêtres, qu'il soit la sentinelle, le matelot au bossoir, l'œil de l'armée, c'est toujours cette modestie, cet anéantissement devant Dieu qui, dans la vie du séminariste ou de l'étudiant, furent son Ame, elle-même.

Mem bro e fi arnoun ha me nen doun meit pri [1]

Mais cet homme qui ne se reconnaît que boue, en Dieu est fort, en Dieu compte, en Dieu est quelque chose de si splendide, qu'il se compare à une étoile.

Me zo ur stiren splan, ar dal Franz e lugern
. . . .
Iné Kornog, hé douar, hé merhed hag hé bleu
Oll kened er bed é, en noz-man, e viran ! [2]

Qu'on ne dise point que c'est là du *chiqué*! Non! dans cet intellectuel, dans ce breton, dans ce chrétien, il y a l'âme ardente du prêtre qu'il souhaitait plus haut, une âme de *Feu*. Le mot de *Feu* traduit seul l'essence de Calloc'h, et, incarné dans ce moine-guerrier, il se purifie de l'odieux abus qu'en fit, sous prétexte de peindre le front, un livre qui fut en vogue parmi les révoltés et les snobs, leurs complices.

Ceux qui ne virent jamais un prêtre aux tranchées, n'ont qu'à regarder Calloc'h! Ils verront sinon un *Prêtre* consacré, du moins un *Prêtre* en puissance, mais d'une beauté qui déconcerte. Vous l'avez vu à la tranchée. Lisez maintenant la *description de la Messe dans la Forêt*, cette Forêt où il est venu avec deux cents Cornouaillais dont, lui, Vannetais prit la place de plus d'un dans les postes trop marmités, uniquement pour y chercher Dieu... *Na kaer é drem mé fobl a pen dé saùet trema Doué!* [3]

Or, le mardi de Pâques 1917, à Urvilliers à l'heure où l'*Aventure*

1. Ma Patrie compte sur moi et je ne suis qu'argile.
2. Je suis une étoile claire qui brille au front de la France... — L'âme de l'Occident, sa terre, ses filles et ses fleurs, — C'est toute la beauté du monde que je garde cette nuit.
3. Beau est le visage de mon Peuple quand il se lève vers Dieu.

des Saintes Patries rougissait du sang des holocaustes, la pierre antique de Tara, Calloc'h, qui avait tant de fois uni dans une même supplication, France et Irlande, trouva pour toujours ce Dieu qu'il cherchait dans la Forêt. Depuis, là haut, nous entendons chanter sa harpe, et ce qu'elle chante le voici !

> Er re devéet ou harlu [1]
> E mant du hont en néanù, ul lu
> Leh nen dès mui na kann na poén
> E guen, heuli e rant én Oén
> 'Peb léh m'e a éh ant geton
> Geton 'mant kalon oh-kalon
> Kadour breton, chonj en treù-se
> Eurus er ré-varù hag é varù e Doué !

M. Loeiz Herrieu, le directeur de la revue morbihannaise *Dihunamb* qui eut une action très grande sur la formation de Calloc'h, apprécie avec éloge l'œuvre de son collaborateur (*Dihunamb,* juillet 1921).

« Er livr e zo kaer de huélet ha lénerion *Dihunamb* e houi peger kaer e oé eué er peh e skriùé Bleimor. Dré hoaleur mar de kaer er livr de huélet, ret é laret nen dè ket kaer de gavet. Haval e vehe en dehè en embannour groeit er guellan ma hellè aveit kousi labour kaer en oberour. Ne larein ket ama rah er peh e zo de laret, diar kement sé, meit ol er ré e lenno er livr e amzaùo e vehè gellet alkent gobér guèl.

Ha me zo sur é ma chifet hur mignon Mokaer ean memb é huélet penaos labour truhek e hra er vollerion a pe ne vè ket en dén e vleiat geté bamdé. Meit laoskamp en disterajeu a koste.

Guelamb en obér ean memb. Un obér kaer é adra-sur ; unan ag er ré kaeran e zo bet skriuet biskoah é brehoneg, hag er ré ne houiant ket brehoneg, ind memb, e chom soehet e hellér, en ur ieh, hag e vér kustum de zisprizein, seùel treu ker ihuel, treu ker huek.

Bleimor e oé ur barh guirion. Ur galon hag ur spered en doé,

---

1. Ceux-là dont l'exil est fini, — Ils sont là-haut au Ciel, une armée ,— Où il n'y a plus ni combat, ni douleur, — Vêtus de blanc, ils suivent l'Agneau, — Partout où il va ils vont avec lui, — Ils sont avec lui cœur contre cœur : — Soldat Breton, songe à ces choses — Heureux les morts qui meurent en Dieu!

hag er saùé ihuel dreist en doar. Huehein e hré én é inéan aùen
er varhed koh ha mar en dehè biùet, é oè dañné énnon d'hobér ur
skriùagnour brudet bras. Ur hristén e oè, ur Breihad e oè. Ne oé
nitra, nitra kin ha lan e oè é galon, bar e oè get er garanté é kevér
Doué hag é kevér Breih.

É obér pen der ben nen dé nameit ur gañnen gaer en inour de
Zoué ha d'é Vro. Chetu perak merhat en en des ean galùet Doué
ken abret de achiù é ben-obér ér Baraouiz é kompagnoneh Sant
Herué hag er barhed santél aral.

En duchentil béléan ha renerion *Dihunamb* hag en des hentet
er hloéreg ieuank ar en hent en doè keméret, deusto dehè bout
lan a velkoni én arben a varù ou mignon ieuank, e zo leuiné én
ou halon é huélet petra e hel gobér un dén ieuank disket a pe labour
revé spered er vro.

A dra sur, bout e zo é brehoneg Bleimor fariadenneu en dehè
ean memb huenneit a nebedigeu, én ur gohat ér vechér. A dra
sur é kavér én é labour dishéaol er studi gallek en des groeit
— hag azé marsé en dehè bet er muian a labour aveit guskein
é chonjenneu get dillad breihikoh ; meit, èl mé mant, é huerzieu,
é skrideu e zo kaer bras. Unan ag er ré kaeran e zo marsé *Guerzen
en Enan* hag en devoè saùet ieuank flam (nen doè hoah meit seitek
vlé).

Ur péh aral, e lakamb é *Dihunamb*, aveit diskoein braùité er
labour, e zo eùé émesk er ré kaeran. Meit ret é lén er livr pen-der-
ben aveit gouiet petra e talv. Chetu perak é larein de ol er ré e
gar en treu skriùet kaer, d'er ré ol e gar er brehoneg : en livr-men
e zo ret d'oh prenein, deusto dehon bout kir ha ret é doh er lén.
Inour e hra d'er brehoneg ha vad e hrei sur d'hur iéh.

Dans le *Mercure de France* du 1er août 1921, le regretté Emile
Masson, parle de « ce livre vannetais égal aux plus grandes œuvres
des plus grandes races »... « *Ar en Deùlhin* (« A GÉNOUX ») est
un recueil de prières et de méditations, de chants pour l'âme, la
Bretagne et Dieu.

Un cri aussi sublime que celui du *Deit Spered Santel* « Chant
de Bienvenue à l'an nouveau ; 1915 », un tel cri d'humaine horreur
et de mystique anathème, je doute, hélas! que la guerre en ait
arraché à aucun homme de ce temps en aucune nation.

Or la mil-neuf-cent-quatorzième année après la naissance du Christ dans l'étable ;

Comme la tête du Pauvre tout à coup à la fenêtre des mondains, livrés aux danses déréglées.

Comme les trois paroles sur le mur, au temps du grand souper de Balthazar,

Comme une lune de deuil et de terreur aveuglant chaque soleil de sa splendeur sauvage,

Au-dessus des horizons méprisables de la Catin Europe,

La Face sanglante de la Guerre !

Et devant l'astre terrible reculèrent tous les astres, culbutés jusqu'au fond des nuits ;

Et tous les travaux de cesser, pour attendre l'achèvement du Grand-Œuvre ;

Et les hommes d'attacher leurs yeux sur les champs de carnage où se célébrait le mystère immense, l'Holocauste surnaturel,

La Messe dont le Feu est le prêtre, le canon, l'orgue incomparable, et dont la victime s'appelle le fils de l'homme...

Je vois !... Je vois !...

Le fouet de Dieu sur les épaules de l'humanité...

Ils auront leur content cette année, le loup le corbeau et les vers : la chair de chrétien est à bon marché !

Cette année-ci le blé sera beau : la terre a bu le sang de l'homme...

Cette citation dispense, je crois, de tant d'autres qu'il faudrait faire. La ferveur sacrée qui consume l'âme et la chair d'un Pascal — ou d'un Hello, son compatriote lorientais, — enfante cette véhémence biblique du verbe et des images (Isaïe, Job, Ezéchiel sont ses lectures quotidiennes), cette exaltation de pitié humaine, et ce souffle de tempêtes et de lamentations qui retentissent jusqu'au cœur de la moindre de ces strophes vannetaises composées aux temps de l'enfance ou de l'adolescence : *Tristidigeh er Helt* (La Tristesse du Celte) écrit à 16 ans ; ou la *Gwerz* de la Mort, à 19 ans, ou *Pried er Barh* (La Fiancée du Barde), à 22 ans ; ou ces trois méditations incomparables qui ouvrent le volume : *Tri Neved, Tèr Beden* (*Trois Sanctuaires, Trois Prières*) comme aussi cette *Veillée dans les Tranchées* qui ferme le volume, et qu'il écrivait quelques mois avant sa mort.

Et qui de nous, — même non chrétien — n'avait aux lèvres, même avant la guerre, cette suavité de ces stances amères, ne les savait par cœur ?

O doustér en overenneu en ur chapél,
Ur chapelig didrous é mezeu Breiz-Izel.

(— O douceur des messes dans une chapelle.
Une petite chapelle silencieuse, dans les campagnes de la Basse-Bretagne)

La prose de Calloc'h égale ses vers. Le volume contient quelques pages :
Ar Henteu er Brezel (Sur les Chemins de la Guerre) arrachées à son carnet de route, dont il suffira d'extraire quelques lignes :

Soldat de mon pays, tu ne sais pas combien tu es grand : tu luttes pour que la Beauté ne meure pas... Nous marchons vers le canon comme les Rois Mages vers l'Etoile... Chef de section, j'ai ma petite cabane. Un lit de camp... mais d'où viennent les pensées qui m'entourent brusquement ! De mon imagination seulement, ou bien du fond des tombes glacées où dorment les cendres des ancêtres ? Il me semble que je ne fais que continuer une vie commencée depuis longtemps, le lit, la table, le quartier, jusqu'au pain cuit pour durer longtemps, je connais tout, je me souviens de tout. Peut-être un de mes pères a-t-il été guerrier comme moi, et que c'est son âme qui s'éveille en mon âme...

La traduction ne saurait donner une idée de la souplesse du flot lourd et puissant des longs rythmes du *Deit Spered Santel,* par exemple, non plus que des rudes, haletantes, implacables sonorités vannetaises des tercets à rime unique du petit chef-d'œuvre *Er Verniken* (La Patelle). Quant à la langue, sa pureté antique (une douzaine de néologismes empruntés au gallois) et sa force rustique assurent à l'œuvre de Calloc'h d'être chérie des érudits autant que de nos campagnards. Mais le dialecte étant le Vannetais, c'est de l'essence vive sur les flammes. Les querelles dialectales vont jaillir. Tant mieux. J'entends déjà le Trégor grincer de jalousie. Que la jalousie donc, comme l'indignation fasse de grands poètes. »

De M. Pierre Guégen, dans les *Nouvelles Littéraires* (5 janvier 1924) : « Voici les traits du barde d'Occident. Je scrute sa figure fruste et je somme cette image endimanchée de me livrer Calloc'h, tel qu'il fut, quand sa voix charnelle chantait encore. Voici ce marin de Groix : « Je suis né au milieu de la mer — Trois lieues au large... Mon père était comme ses pères — Un matelot... » Voici ce Breton fidèle : « Iles d'Hellas... Entre toutes les îles renommées... — Jamais pourtant je n'ai désiré d'aller vers vous... — Car mon cœur est là-bas, dans les archipels pauvres — Où l'on ouït parmi les roches, le saint langage des Celtes ! »... Quand il fut de garde pour la première fois sur le front, il composa le plus beau poème qui soit sorti ailé d'un front casqué : *La Prière du Guetteur* (Peden ar Gedour)... Un obus tua le veilleur sur le front de Noyon, le 10 avril 1917. Ainsi mourut à vingt-huit ans, le grand poète celte ; mais qui ne voit que ce Calloc'h est de la lignée immortelle d'Arthur ? Qui ne sent qu'il fut Tristan réincarné, Tristan amoureux d'une Iseult céleste et donnant sa vie pour un roi Marc, maintenant roi de France ?

Lui-ai-je fais trop de place dans la Bretagne océane ? Quel breton refuserait de s'effacer devant Calloc'h ?... »

Le professeur A.-G. Van Hamel écrivit, en 1924, un très intéressant article sur J.-P. Calloc'h, qui parut dans la grande revue hollandaise *De Witte Mier*.

M. Van Hamel y déclare que Bleimor « fut le plus grand poète de Bretagne et plus que cela, un poète de l'humanité ». Il a traduit pour le public néerlandais, la plus grande partie de l'œuvre du barde breton.

Dans le grand journal catholique, *La Croix*, du dimanche 7 septembre 1924, paraissait cet article :

« La Bretagne, toujours un peu perdue dans ses brumes, semble, à l'abri de ce léger voile, vouloir garder pour elle les chants dans lesquels ses fils livrent un peu de son âme et de sa pensée. Nombreux pourtant sont les lettrés se souvenant du jeune barde dont, au début de la guerre, la plume de Bazin faisait déjà l'éloge. Les espérances d'alors se sont évanouies au souffle de la mort ; seul subsiste le recueil de poèmes en vers et prose, intitulé : « *A GENOUX* ». C'est tout, mais cela suffit à la gloire du poète groisillon et de la Bretagne.

Né à Groix, le 24 juillet 1888, nul n'a mieux que Bleimor décrit, en quelques vers très simples, la vie du marin, obscure et si grande à la fois... et si près de Dieu !...

Je suis né au milieu de la mer, — Trois lieues au large, — J'ai une petite maison blanche là-bas, — ... Mon père était comme ses pères, — Un matelot, — Il a vécu obscur et sans gloire, — ... Mon père était comme ses pères, traîneur de filets, — Ma mère aussi travaille, — Et blancs sont ses cheveux. — Avec elle, j'ai appris tout petit à moissonner et à arracher les pommes de terre.

. . . .

La vie des marins est triste en ce monde-ci :
Toujours loin de leur famille, sous la pluie et l'orage ;
Pour gagner le pain de leurs enfants,
Il leur faut quitter le pays et voyager.

. . . .

Maintenant, sur l'Océan, ils sont tout seuls.
On ne voit, de toutes parts, que le ciel et l'eau.

. . . .

La barque, elle, vogue toujours sous les yeux de Dieu.
Rassemblés autour des voiles, les anges la conduisent.

. . . .

Aussi, qui s'étonnera de la familiarité touchante du Breton avec son Dieu :

Que vous dirai-je, ô Dieu juste, si ce n'est que je suis lassé !...

Et ailleurs cette belle *Prière dans les Ténèbres* :

Ne demandez pas qui est là. Vous savez
Que c'est moi qui me traîne à votre porte encore.
Dans votre cœur, Jésus Ami, Jésus aimé,
Je suis venu décharger mon cœur, car il déborde.

. . . .

Je suis écrasé. Je ne puis aller de l'avant.
Sous le poids de mon angoisse, j'agonise. O
Vous premier porteur de la croix, ayez pitié de moi !

. . . .

Je suis venu vers vous dans le soir, à deux genoux !

Cette familiarité avec Dieu se retrouve, à tout instant, sous la plume du barde, et la première pièce de « *A GENOUX* » nous le montre avec Dieu à toute heure :

> Quand le soleil commence à se lever : à genoux !
> Quelle grande joie de se jeter à genoux
>   Devant la lumière revenue.
>
> . . . .
>
> La cloche de l'Angélus sonne : à genoux !
> Le prêtre dit la messe : à genoux !
> Chacun en se rendant à son travail journalier,
> Matelot, ouvrier, toute la création loue son Créateur
>   A genoux !
> Le barde au matin de sa vie, à genoux,
> A voulu se prosterner aussi, à genoux !
> O Jésus, écoutez-le, Ouvrez toute large la porte
> De votre cœur, à la pauvre prière du barde breton.
>   A genoux !

Le moment venu de choisir une carrière, Calloc'h alla, d'ins-
tinct, vers celle qui répondait aux aspirations de son âme :

> O douceur des messes dans une chapelle,
> Une petite chapelle silencieuse sur les campagnes de Bretagne !
> Etre, par un cœur pur, la lumière frêle
> Qui brille sans cesse devant l'Hostie, ô douceur !
> Etre le prêtre ardent, debout contre l'autel,
> A offrir la victime, douceur !... O douceur !...

Mais la croix du Fils de Dieu, chantée à plusieurs reprises par
le poète, avec une grandeur tragique, allait peser lourdement sur
ses épaules :

> Puisque vous avez voulu me rendre ma liberté — Quand je souhaitais
> d'être enchaîné au pied de vos autels, — Puisque le rêve de ma jeunesse
> est mort.
>
> . . . .
>
> Puisque je ne sais plus où je suis ; puisque vous m'avez replongé dans
> ma bassesse — Et assombri mon horizon — Alors qu'il se montrait si
> clair.
>
> . . . .
>
> Soyez béni de m'avoir choisi. Malgré que je suis pêcheur, malgré que
> je sois néant, — Pour traîner votre croix par les chemins de toute la
> terre. — Vous suivre, vous suivre, que cela fait de bien !

En effet, un mal implacable devait l'éloigner, à tout jamais, du sacerdoce, et dans le cri de douleur, quelle beauté que ce *Fiat* si généreusement prononcé! Dieu allait y répondre en imposant à cette âme de choix un sublime sacrifice. La guerre éclate dont il devait être une victime. Cette guerre, le barde la dépeint dans des accents difficilement égalés : après l'avoir montrée

Comme la tête du pauvre tout à coup à la fenêtre des mondains, livrée aux danses déréglées. — Comme les trois paroles sur le mur, au temps du grand souper de Balthazar.

Il s'écrie, dans une comparaison sublime et osée :

Et les hommes d'attacher leurs yeux sur les champs de carnage où se célébrait le mystère immense, l'Holocauste surnaturel.
La messe, dont le feu est le prêtre, le canon, l'orgue incomparable, et dont la Victime s'appelle le Fils de l'Homme.

De ce champ de carnage, son état de santé, malgré une apparence de puissance physique peu ordinaire, éloignait Calloc'h, mais :

Je ne dors plus. Il y a une voix dans la nuit d'hiver qui m'appelle, une voix étrange.
. . . .
Une voix à qui nul ne peut désobéir : le hurlement de la guerre aux frontières.
J'obéirai. Bientôt je serai dans la tuerie...
Quels signes y a-t-il sur mon front? Année nouvelle, verrai-je la fin?
Et qu'importe? Que ce soit tôt ou tard, quand l'heure sonnera d'aller vers le Père, j'irai joyeux! Jésus sait consoler nos mères.

Cependant, telle une vision d'Ezéchiel, la guerre avec ses horreurs se précise à ses yeux, il en saisit les causes :

Je vois!... Je vois!
Le fouet de Dieu sur les épaules de l'humanité. La terre et la mer sont rouges de sang.
. . . .
Calcule ton péché maintenant, Europe, à la lueur infernale des incendies : tu avais craché au visage divin de mon Christ en croix, et voici venue l'heure du châtiment... l'heure de la justice de Dieu!

Si tu avais voulu, Europe, boire avec respect son sang à lui, tu n'aurais pas été obligée de boire le sang de dix nations...
Douleur, douleur! Les cloches de la terre ne sonnent plus que des glas.

Et c'est après avoir pris une conscience très nette de la terrible mêlée où, de son plein gré, il s'engageait, qu'il a pu dire, magnifiquement :

Je suis le grand veilleur, debout, sur la tranchée,
Je sais ce que je suis et je sais ce que je fais.
L'âme de l'Occident, sa terre, ses filles et ses fleurs,
C'est toute la beauté du monde que je garde cette nuit.
J'en payerai cher la gloire, peut-être. Et, qu'importe ?
Je suis le grand guetteur, debout, pour son pays !

Cette noblesse, cette générosité, cette force d'âme, Calloc'h la puisait, nous l'avons dit, dans l'amour de son Dieu, mais aussi dans celui de sa Bretagne. Nul n'avait plus que lui son culte et celui de ses vieux saints. Dans une sainte hardiesse ne dit-il pas à Dieu :

Vous avez gardé votre flamme ; ainsi gardez notre patrie. — La Bretagne tombée, ce sera un cierge de moins dans votre Eglise catholique. — Sur les rivages de l'Occident, un phare de moins pour les peuples qui viennent.

. . . .
Est-ce qu'il faudra vous rappeler le nombre et le nom des saints de notre race qui sont au pied de votre trône dans la gloire indicible du paradis ?
Saint Corentin, évêque de Quimper, et saint Patern, de Vannes ; saint Tudi, qui traversa la mer dans une auge de pierre ; saint Iltud, le maître sans égal, saint Gildas...
. . . .

Dans Paris, pendant sa vie d'étudiant, il se refit une Bretagne des trois sanctuaires de Montmartre, de Notre-Dame des Victoires et de la chapelle des Bénédictines (rue Monsieur), qui furent pour lui l'île des Nations, l'île des Pauvres, l'île des Anges. Ses fréquents pèlerinages à ces trois îles lui rappelaient, selon l'heureuse image de M. Le Berre, directeur de l'*Union agricole* à Quimperlé, dans son discours sur la tombe du barde, son ami, les « îles bienheureuses » du paradis celtique.

Ce rapide exposé de l'œuvre de Bleimor ne peut mieux se terminer que par le saisissant tableau du sanctuaire de Notre-Dame des Victoires (l'île des Pauvres).

Ici viennent les coupables, les sans-force, les écrasés. — Ici l'on s'agenouille silencieux et l'on pleure sans mot dire. — C'est la maison de la Mère...

Considère autour de toi. Où as-tu vu prier comme en ce lieu-ci ? — Devant les flambeaux allumés, on entend sangloter des âmes ; ici se fait la meilleure prière, la prière des regards.

. . . .

La Mère a sa statue là-bas et elle montre son Fils à la foule...

Pourquoi parlerai-je ?... Ils savent bien tous les deux quel espèce de mal est mon mal.

. . . .

Mes yeux cherchent vos yeux, la lumière de vos yeux, la paix de votre front de Vierge.

M. B.

M. Yves Le Moal (Dir-na-Dor), l'écrivain breton bien connu, analysant l'esprit de J.-P. Calloc'h, dans *Ar C'horn-Boud* supplément mensuel de *Feiz ha Breiz*, s'exprime ainsi :

« Y a-t-il, au nombre des physionomies diverses qui se présentent à nous dans le cadre du mouvement breton, depuis le début du siècle dernier, physionomie plus pathétique et plus noble que celle de J.-P. Calloc'h, le barde Bleimor ?

La mort l'a consacré à nos yeux et l'a paré d'une magnifique auréole ; mais sa vie et son œuvre sont aussi belles que sa mort : elles se résument dans la poursuite d'une idée-maîtresse que le trépas du héros, loin de l'affaiblir, a dotée d'un prestige singulier.

L'admiration émue que nous éprouvons pour le soldat qui s'offre en holocauste pour les siens, se reporte sur son œuvre et se résout en sympathie pour elle et pour les idées dont il a vécu. Et c'est là une heureuse fortune ; car l'âme du Barde renfermait, sans nul doute, le secret de notre rénovation future, secret que ses écrits nous ont à demi dévoilé.

Feiz ha Breiz reproduisait, le mois dernier, en la traduisant, une fière et énergique déclaration tombée de la plume d'un écrivain gallois : « Si la Bretagne doit parler au monde, il ne faut pas qu'elle lui parle par l'intermédiaire du français ; il faut qu'elle lui parle en breton ou qu'elle ne lui parle pas du tout. »... La langue bretonne possède, de longue date, des œuvres remarquables dignes de figurer dans toutes les anthologies ; mais, surtout, elle vient de s'enrichir d'une œuvre nouvelle dont l'apparition autorise les plus beaux espoirs et, suffit que nous puissions proclamer, en toute vérité, que la Bretagne a parlé au monde par l'intermédiaire de sa propre langue et qu'elle doit se donner, comme mission, de renouveler ce prodige jusqu'à le rendre habituel et permanent.

La Bretagne a parlé au monde directement, en sa propre langue. N'est-ce pas ce que déclarait cet écrivain hollandais cité par *Buhez-Breiz* ? « J.-P. Calloc'h, dit-il, fut le plus grand poète de la Bretagne et plus que cela un poète de l'humanité ».

Voici donc que notre voix est devenue assez puissante pour franchir les frontières étroites de la presqu'île bretonne et se mêler au vaste concert humain. Nous l'avions pressenti au frémissement d'émotion et d'orgueil que nous fit éprouver la lecture de l'œuvre du barde ; nous le savions par la révélation que nous en fit l'un de nos maître écrivains :

« En aucune langue, disait-il, commentant un poème de guerre de Calloc'h, en aucune langue, rien de pareil n'a été écrit sur la guerre des nations. Le plus vrai, le plus puissant des poèmes qu'inspira l'épopée, c'est dans la vieille langue bretonne qu'il aura été fixé pour les siècles à venir. Non, ni Dante trop abstrait, ni Mistral qui n'a connu que la Muse du Soleil, de la jeunesse et de l'amour, n'ont atteint à cette plénitude émouvante. »

Plénitude émouvante! Voilà bien le mot qui caractérise le jaillissement de cette âme, quand l'inspiration s'en empare. Ecoutez ce début du *Veni Sancte Spiritus* » :

« Or la mil-neuf-cent-quatorzième année après la naissance du Christ dans l'étable ;

« Comme la tête du Pauvre tout à coup à la fenêtre des mondains livrés aux danses déréglées ;

« Comme les trois paroles sur le mur au temps du grand souper de Balthazar ;

« Comme une lune de deuil et de terreur, aveuglant chaque soleil de sa splendeur sauvage ;

« Au-dessus des horizons méprisables de la Catin Europe,

« La Face sanglante de la Guerre!... »

Le poème se poursuit ainsi, au long des pages, laissant éclater, sous le mouvement du style et la beauté des images, les qualités de grandeur soutenue, de simplicité émouvante, de tendresse et de dévouement passionné qui ne sont l'apanage que des âmes d'élite façonnées durement et longuement au creuset de la souffrance.

Calloc'h était un croyant de haute race. Ame simple, en qui l'amour de sa patrie bretonne et de sa patrie céleste, l'amour de la France, formaient un tout indestructible, cohérent et ordonné, dont les influences extérieures pouvaient modifier l'équilibre, mais sans jamais parvenir à le rompre.

De la rencontre, en son âme, du triple amour de Dieu, de la nature et de sa race a jailli spontanément une œuvre qui ne doit rien à l'emprunt ni à l'imitation, où tout est neuf et personnel, l'accent, la matière et la forme.

Comme homme, comme écrivain, il est notre modèle, notre guide... ».

(Feiz ha Breiz, mezven, 1914).

Au cours d'une conférence prononcée au *Congrès de la Ligue maritime française*, à Saint-Nazaire, le 16 juillet 1924, Mme Jeanne Perdriel-Vaissière, un de nos meilleurs poètes et écrivains bretons, parlait en ces termes de J.-P. Calloc'h : un fils de la mer :

« Il naquit d'un marin-pêcheur, à l'île de Groix, il fut un grand poète, un soldat héroïque : vingt-neuf années de vie, c'est tout et, pour sa mémoire, un petit livre, mais lorsque nous coupons les feuillets de celui-ci un souffle ardent nous frappe au visage et cela ne provient pas seulement de ce que Calloc'h a vécu de la mer et l'a chantée, c'est mieux, c'est plus profond, c'est plus total ; je le répète il ne s'agit pas d'un Océan « décrit », non, à travers une âme, c'est une puissance qui vient vers vous avec une hardiesse, un rythme, une beauté qui nous emportent, qui nous roulent, tels les galets dans l'écume sous le poids ruisselant des eaux...

La vie quotidienne est âpre, l'*Epouse du Barde* sera terriblement austère : « Car ma pauvre Epouse est la *Pauvreté*, chante-il ».

Le génie du poète est né de la *Douleur de la Mort* :

« Nous étions six alors, Sainte Marie : nous ne sommes plus que trois, — La mort a frappé à la porte, — Elle est entrée : — Notre bonheur est parti dans un cercueil... »

Il chante « la tristesse au cœur du Breton », mais combien cette tristesse diffère des lamentations romantiques ! Elle n'est pas dissolvante, elle témoigne surtout d'un cœur insatisfait, d'un cœur qui n'a rencontré rien à sa mesure ici-bas et ne trouvera le repos, l'allégresse que dans la possession de son Dieu... »

Après avoir cité le magnifique poème *Trois Sanctuaires, Trois Prières*, Mme Perdriel-Vaissière poursuit : « Vous ne me reprocherez pas cette longue citation, elle est d'une absolue beauté ; la grande flamme qui brûlait dans l'âme de Calloc'h y transfigure chaque ligne ; quel que soit le sentiment personnel de celui qui l'écoute, s'il porte en soi quelque sensibilité, il frissonnera, les yeux humides, la gorge étreinte, devant la puissance de cette Foi qui prie sur le cœur du Barde, avec tant d'intensité.

La vie intérieure chez Calloc'h déborde le cadre du poème ; son âme, pareille aux grandes houles occidentales, brise comme des fétus les barques errantes des contingences, elle soulève la pensée et l'on oublie devant elle l'artiste et le métier... »

(La Bretagne Touristique, 15 août 1924).

Au tome XXXIX, de la *Revue Celtique*, année 1922, nous lisons ces lignes de M. J. Vendryes :

« Le mardi de Pâques, 10 avril 1917, devant le village d'Urvillers (Aisne), un obus ennemi tua net le sous-lieutenant Jean-Pierre Calloc'h. Ce fut un coup à jamais déplorable. Le destin, ce jour-là, prive la Bretagne d'un poète qui, dans le mouvement actuel de renaissance littéraire, avait sa place au tout premier rang. Sous le pseudonyme de « Bleimor » (Loup de mer), il avait publié de son vivant quelques poèmes d'une belle facture ; mais la plupart de ses œuvres étaient inédites. Le recueil intégral qu'en publie, aujourd'hui, son ami, M. Mocaër, révèle des dons poétiques de premier ordre. Calloc'h mérite de passer à la postérité parmi les plus illustres poètes catholiques de tous les pays et de tous les temps

On pense, en le lisant, au Corneille de l'*Imitation* que tempérerait, par moments, le Verlaine de *Sagesse* et des *Liturgies intimes*. Mais on admire en lui une personnalité vigoureuse et originale. Il devait son génie à sa race et à son éducation bretonne. Le contact de la vie parisienne fortifia en lui deux sentiments qui tenaient au plus profond de son cœur, l'amour de la Bretagne et la foi du chrétien. Enfin, la guerre l'exalta jusqu'au sublime... Si attachante que soit pour le moraliste et le psychologue l'œuvre de Calloc'h, elle réserve au philologue un attrait non moins vif. Ce poète fut un maître ouvrier en langue bretonne : cette œuvre si courte restera comme un modèle du vannetais sur ce dialecte, jusqu'ici un peu négligé, une gloire que les autres rattraperont malaisément. Calloc'h écrit une belle langue, solide comme le roc des falaises, sonore et harmonieuse comme le bruit des flots. Il a des images magnifiques, il sait peindre, en quelques mots, dans les nuances les plus délicates, les sentiments violents ou tendres qui l'animent. Il prouve que sa langue maternelle, quand on sait la manier, se prête à l'expression de toutes les idées poétiques. Il est vrai que, grâce à sa connaissance de la lexicographie bretonne, il a enrichi son vocabulaire de quelques mots que l'usage avait perdus ou bien de mots nouveaux formés de toutes pièces avec des éléments vivants ; les uns et les autres sont aisément intelligibles. »

Dans le *Correspondant* du 21 janvier 1926, M. René Villard, après avoir raconté la vie du barde « qui ressemble à une vie de saint breton », parlant de son *Journal de route*, «*Sur les Chemins de la Guerre*», s'exprime en ces termes : « Ces pages sont à lire ; elles ont, malgré des imperfections de traduction (la traduction n'est pas de Calloc'h), la même valeur littéraire, la même grandeur morale, la même force édifiante que ses poèmes et sont inséparables de ses chants de guerre... » Il termine son article par ces lignes : « La voix du barde Bleimor s'est éteinte à jamais. Ce n'était pas seulement un soldat de moins dans l'armée française, au temps où les hommes tombaient « comme des cerises en la saison » pour employer la belle image de Barrès qui eut tant aimé Calloc'h ; mais c'était un barde de moins dans notre Bretagne et quel barde ! »

A la séance du 2 décembre 1924, à la Chambre des Députés, au cours d'un débat soulevé au sujet des langues, à propos du budget d'Alsace-Lorraine, M. Trémintin, député du Finistère, plaidant éloquemment la cause de la langue bretonne disait :

« Respectez les idiomes locaux, ils sont la meilleure assise de notre patriotisme, comme la meilleure assise de notre enseignement.

Je voudrais vous lire maintenant les dernières strophes de quelqu'un dont on a dit qu'il a laissé le plus beau livre de la guerre, sous la forme la plus impressionnante : le poème dont je parle a un titre évidemment mystique, mais il est bien réel : *Veni sancte spiritus...*

CHANT DE BIENVENUE A L'AN NOUVEAU

Je veux parler de Jean-Pierre Calloc'h qui, de l'île de Groix, est allé au front servir sa patrie et qui a scellé de son sang son amour de la France.

Ecoutez la 4e strophe de ce poème :

« Je ne dors plus, il y a une voix dans la nuit d'hiver qui m'appelle, une voix étrange :

« Une voix forte, une voix âpre et habituée à commander ; une voix comme celle-là est agréable aux jeunes hommes :

« Et ce n'est pas la voix d'une femme, ni la voix de ces korriganes qui errent sur la mer celtique ;

« Une voix à qui nul ne peut désobéir : le hurlement de la guerre aux frontières.

« J'apprends que bientôt je serai avec mes frères, soldat à la suite des soldats ;

« Bientôt je serai dans la tuerie... Quel signe y a-t-il sur mon front ?

« Année nouvelle verrai-je ta fin ?

« Et qu'importe : Que ce soit tout de suite. Quand l'heure sonnera d'aller vers le Père j'irai joyeux.

« Jésus sait consoler nos mères.

« Quand je mourrai dites les prières et enterrez-moi comme mes pères, le front tourné vers l'ennemi.

« Et ne demandez rien pour moi à mon Rédempteur

« Si ce n'est la dernière place dans son Paradis ».

(Applaudissements.)

Il y a là, l'écho des chansons de gestes. C'est le passé qui se soude au présent, le passé de toute notre race.

Monsieur le Ministre, entendez cette voix d'outre-tombe, elle répond justement aux objections qui sont faites contre notre patriotisme.

Je vous demande de respecter notre langue locale, pour que nos descendants puissent, dans le même idiome, magnifier les gloires de la France. *(Applaudissements.)*

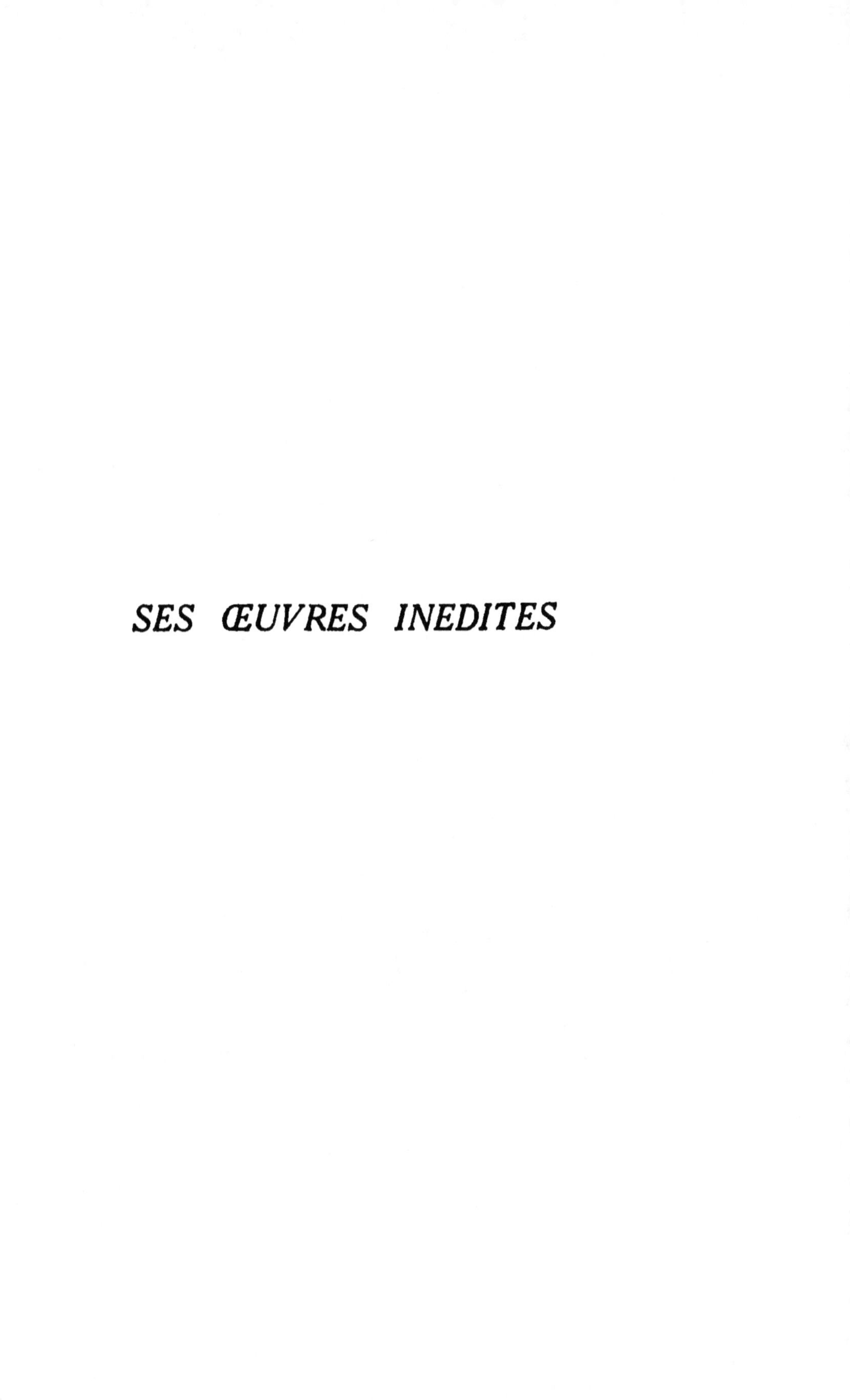

SES ŒUVRES INEDITES

MINHOARHEU HA DAREU

SOURIRES ET PLEURS

POÉSIES DE BRETAGNE

1902-1907.

AVANT-PROPOS.

*Minhoarheu ha Dareu (Sourires et Pleurs), est le titre d'un ma-
nuscrit de J.-P. Calloc'h que nous a prêté gracieusement, M. l'abbé
Corignet, le bienfaiteur de notre ami. Il contient presque toutes les
poésies écrites par Calloc'h, au temps de son adolescence, de 1902 à
1907. Nous avons complété ce recueil, grâce à deux autres manuscrits :
l'un que nous possédons, l'autre qui nous fut confié par M*me* A... une
des bienfaitrices du poète.*

*Ces poèmes, à notre avis, ne sont point sans valeur ; le lecteur
daignera se rappeler que l'auteur n'avait que 14 ans, quand il écrivit
ses premiers vers. Sa pensée y cherche son expression à travers quelques gaucheries, comme dans toute œuvre de débutant, mais on y découvre aussi des qualités de goût et d'harmonie, un sens de l'image et une
sensibilité rare. Le poète a aimé et déjà souffert et il chante sincèrement sa douleur. Une personnalité se révèle dans ces poèmes qui an-
noncent le grand poète de demain.*

L. P.

D'AM MIGNON KERNEIS [1]

C'est à toi que je les dédie
Ces jeunes accents de mon cœur :
Premiers chants joyeux de ma vie,
Premiers soupirs de ma douleur.

Tu trouveras, à chaque page,
Un cœur bien breton, bien français,
Une âme indomptable et sauvage...

Enfin, moi, tel que tu me sais.

PENMEN.
Janvier 1903.

1. A mon ami cornouaillais.

MEM BRO [1]
(*Sonnet*)

Je veux chanter la Terre douce et fière,
Le sol sacré du chêne et du granit,
Des grands menhirs et des tables de pierre,
La Terre d'Ouest où la France finit.

Je veux chanter le marin téméraire
Qui vogue, au loin, ballotté dans la nuit,
La grève où vient mourir la vague amère,
La sombre voix du grand vent qui gémit.

Je veux chanter le pâtre de la lande,
Le doux foyer où fleurit la légende,
Les champs couverts de bruyère et d'ajonc,

L'humble maison qui dort dans le vallon
Et le castel de la haute montagne.

Je veux chanter le Pays de Bretagne !

Vive la Bretagne

1902.

1. *Mon Pays.*

MOR DU [1]

Oceano nox!

O vous qui passez toutes vos nuits blanches
A rêver de rien au fond des lits-clos,
Quand le vent du soir hurle dans les branches
Et de la maison fait craquer les planches
Et que l'on entend la rumeur des flots,
Vous tous qui rêvez durant vos nuits blanches
Priez le Bon Dieu pour les matelots.

Ils sont seuls là-bas, seuls dans la tempête,
Luttant sans faiblir contre les dangers ;
Le ciel est en deuil par-dessus leur tête
Et leurs cris d'effroi que le vent répète,
En un long écho volent prolongés,
Ils sont seuls là-bas, seuls dans la tempête,
Dans la nuit obscure et froide, plongés.

La barque est fragile, et la mer en rage ;
Mais les matelots sont rudes et forts,
Contre la fureur de l'affreux orage,
Ils luttent sans perdre un instant courage,
Mais ils vont sombrer, malgré leurs efforts ;
La barque est fragile et la mer en rage,
O chrétiens, priez, priez pour les morts !

Ne sont-ce pas là, vos pères, vos frères,
Vos époux vaillants, vos enfants chéris
Qui s'en sont allés loin, bien loin des terres,
Quittant, par amour, leurs vieilles chaumières,
Leurs champs de genêts et d'ajoncs fleuris ?
Ne sont-ce pas là, vos pères, vos frères
Qui vous ont aimés et vous ont nourris ?

1. *Mer Noire.*

Ils étaient partis avec l'espérance
De pêcher beaucoup et de revenir ;
Les amis, au port, disaient : « Bonne chance ! »
Mais voici, soudain, la mer en démence
Qui gronde, jalouse, et les fait mourir...
Et de les revoir perdant l'espérance,
D'eux vous n'avez plus même un souvenir !

O vous qui passez toutes vos nuits blanches
A rêver de rien dans vos grands lits-clos,
Quand le vent du soir hurle dans les branches
Et de la maison fait craquer les planches
Et que l'on entend la rumeur des flots,
Vous tous qui rêvez durant vos nuits blanches,
Priez le Bon Dieu pour les matelots.

Sainte-Anne d'Auray, 1902.

PLAINTES [1]

> *C'est quand on a perdu qu'on sait combien l'on
> aime.*   LAMARTINE.

Non, la force me manque et je ne puis décrire
Cette néfaste nuit où tu trouvas la mort,
Mais pour me consoler, père, je veux écrire,
En berçant ma douleur, quelques lignes encor,

Sur ton pauvre cercueil, j'ai versé bien des larmes,
Des larmes de regret et de doux souvenir !
Pour moi, la vie hélas ! à présent est sans charmes,
Je ne vois plus que peine et malheur à venir,

De mon cœur, je ne puis étancher l'amertume ;
Il est si malheureux et si seul ton enfant,
Père ! et quand ce doux nom se range sous ma plume,
D'angoisse et de stupeur, mon pauvre cœur se fend.

Je ne puis l'oublier ce soir sombre d'automne,
Où ton corps, que portaient tes frères matelots,
Fut conduit lentement à l'église bretonne
Et puis au cimetière au milieu des sanglots

Combien il fut cruel, pour moi, l'instant suprême,
Où tu disparus, père, à jamais, à mes yeux ;
Quand je vis accablés, de douleur, ceux que j'aime,
Mon pauvre cœur en fut dix fois plus malheureux.

Père, sur ton tombeau que résonne ma lyre,
Je veux que sur ton nom ne s'étende l'oubli,
Et je te pleurerai toujours dans mon délire :
Père, si tu m'aimais, moi je t'aimais aussi.

Février 1903.

1. J.-P. Calloc'h avait quatorze ans, quand il écrivit ce poème si touchant. Il venait
de perdre son père qui s'était noyé, accidentellement, à la Jonchère-du-Croisic, en octobre 1902.

L'ORPHELIN DE LA COTE

> *« ... Il est ici-bas, par d'étranges contours.*
> *De ces choses qu'on hait, en les aimant toujours. »*
>
> J. NORMAND.

C'était le soir ! La nuit descendait sur la terre,
Et tout se recueillait dans l'ombre et le mystère.
Seul, troublant de son chant, le silence infini,
Le flot battait le pied des grands rocs de granit,
La lune aux cieux brillait d'une clarté sans voiles,
Qui jointe à la lueur tremblante des étoiles,
Zébrait les flots d'azur, de diamants et d'or,
C'était le soir ! C'était cette heure où tout s'endort.

Assis sur un rocher, au milieu de la grève,
Se tenait immobile et perdu dans son rêve,
Un jeune homme, un enfant, triste et silencieux,
Et ses grands yeux brillaient en regardant les cieux,
Ses longs cheveux épars flottaient sur sa poitrine
Au souffle caressant de la brise marine,
A ses pieds, sur le sable, un grand livre gisait,
De sa douce chanson, l'Océan le berçait.

« O flot, dit-il, soudain, sombre tyran des mondes !
Tu chantes, maintenant, en balançant tes ondes,
Toi qui naguère encor bondissais de fureur
Et remplissais nos cœurs de crainte et de terreur.
C'est toi qui me plongeas dans la douleur amère,
C'est toi qui, de chagrin, fit succomber ma mère,
Après mon père mort !... Hélas ! parents, amis,
Tous ceux que j'aime, enfin, tyran, tu les as pris,
Ils dorment dans ton sein, dans le creux de tes vagues ;
Et c'est pourquoi ,le soir, je tremble à ces cris vagues,
Car ce sont eux, alors, qui pleurent dans les vents,
Comme pour appeler au secours, les vivants !

Leur cri funèbre et sourd, l'orage le répète ;
Et quand je les entends, les longs soirs de tempête,
Eux qui dans ton flot noir sont roulés sans linceul,
Hélas ! pour les pleurer, je demeure tout seul...
Sans but, j'erre la nuit, seul, sur la morne dune,
Promenant ma douleur sous la blafarde lune,
Pensant aux pauvres miens qui dorment sans tombeaux.
Mer ! tu m'as pris le cœur, lambeaux après lambeaux !
Et lorsque je devrais te jeter l'anathème,
Mer gueuse, mer traîtresse !... Oui malgré moi, je t'aime,
Je t'aime ! quand sur toi déversant ses rayons,
Le soleil illumine et dore tes sillons.
Je t'aime ! quand dressant ta tête échevelée
Furieuse tu bats la côte dentelée,
Quand l'orage, en fureur, soulève ton courroux,
Quand lourdement sur toi, planent les oiseaux roux.
Je t'aime, ô mer, je t'aime ! Hélas ! os de mes pères
Qui roulez, ballottés par les vagues amères,
Pardonnez à mon cœur sa faiblesse devant
Cette grande charmeuse au flot toujours mouvant !
C'est elle qui jadis me berçait dans mes rêves,
Lorsque je sommeillais, au soleil, sur les grèves,
C'est sa puissante voix qui, dans mes jeunes ans,
Au bruit des flots fougueux, rythma mes premiers chants.
Elle m'a fait grand mal, souvent dans son délire ;
Malgré tout, je ne puis maintenant la maudire,
Je ne puis abhorrer ce que jadis j'aimais.
Mon cœur quoique brisé ne maudira jamais.

Février 1903.

LA DERNIÈRE PAROLE DE JÉSUS

« ... Discipulus quem Jesus amabat. »

L'ombre du crépuscule envahissait la plaine,
Le jour ne voulait pas consommer l'attentat,
Tous les bruits se taisaient dans la ville lointaine,
Et Jésus se mourait sur le mont Golgotha.

Le cœur brisé, sans voix, dans sa douleur amère,
L'Apôtre se tenait auprès du bois sanglant,
Les larmes lentement coulaient de sa paupière,
Jean le doux bien-aimé pleurait son Bien-Aimant.

Le Mourant, vers la terre, inclinait son front pâle ;
Il sentait que son heure allait bientôt sonner ;
Ses lèvres doucement s'ouvrirent en un râle :
« Oh ! mon père, pourquoi m'avoir abandonné ? »

Et Jean leva, vers Lui, son regard doux et tendre,
Et le cœur de Celui qui se mourait comprit :
Alors tout bas, si bas qu'à peine, on put l'entendre :
« Ami ! » murmura-t-il, et Il rendit l'esprit.

Les ombres de la nuit, au loin, couvrait la plaine ;
Les ténèbres avaient consommé l'attentat,
Tous les bruits s'étaient tus, dans la ville lointaine
Et Jésus était mort, sur le mont Golgotha.

Mars 1903.

KER-IS
(*Légende Bretonne*)

Paris, Par-Is, égale à Is.

Il était, autrefois, au pays de Bretagne,
Une ville bâtie au pied d'une montagne,
Sur le bord de la mer ; les murs étaient si hauts,
Si puissamment dressés, qu'ils défiaient les flots.
Aux angles, s'élevaient des tourelles altières
Où sonnaient, nuit et jour, des fanfares guerrières ;
Et des soldats veillaient près des portes de fer
Protégeant la cité des fureurs de la mer.

Elle avait des palais, superbes édifices
Où les gens se plongeaient en de molles délices,
Où l'or était le maître unique, où les festins,
Commencés dès le soir, s'achevaient au matin
Orgueilleuse cité ! C'était Ker-Is, la belle,
Elle avait, contre Dieu, dressé son front rebelle,
Blasphémait son saint nom, se moquait de sa loi,
Car tous ses habitants étaient gens sans aloi ;
L'impiété régnait partout dans son enceinte,
Aussi Dieu trouva-t-il, à peine, une âme sainte,
Comme à Sodome, un jour, pour la faire sortir,
Avant de soulever les flots pour l'engloutir.

Grallon était le roi de la cité perdue,
Au noir démon, sa fille Ahés s'était vendue.
L'impudique princesse, aux mains du séducteur,
De Ker-Is, la superbe, acheva le malheur.

La nuit était venue, au sein de la cité,
Les festins exhalaient leur bruyante gaîté,
Le roi Grallon dormait, Dahut, usant de ruses,
Prit au cou du vieillard, la clef d'or des écluses,
Et quittant le palais, joyeuse elle accourait
La porter au maudit qui la lui réclamait.

L'Océan, au dehors, était calme et tranquille
Et léchait doucement les remparts de la ville.
Il ouvrit.

    Et soudain, bondissant de courroux,
Les grands flots mugissant brisèrent les verrous,
Renversèrent la haute et puissante muraille,
Comme en plaine, le vent chasse un fétu de paille ;
Et sous leurs coups fougueux, les superbes palais
Tombaient, comme poussés par d'immenses balais.
L'Océan charriait planches, poutres énormes
Qui se heurtaient dans l'ombre, et s'en allaient difformes.
Et les vagues montaient, montaient, montaient encor,
En semant la terreur, la ruine et la mort.
Un instant, on ouit les cris épouvantables
Des habitants surpris, par la mort, près des tables,
Ils voulaient se sauver, mais ne le pouvaient pas,
Le flot sombre et vengeur partout suivait leurs pas ;
Et c'est le poing tendu, le blasphème à la bouche,
Que dans l'horrible gouffre, ils s'enfonçaient farouches.

Grallon, dans son palais, fut soudain réveillé,
Devant lui se tenait, le bon saint Gwénolé :
« Levez-vous, lui dit-il, prenons tous deux la fuite
La vengeance de Dieu est sur Is la maudite. »
Derrière eux, mugissaient les vagues de la mer
Qui couvraient à jamais cette ville d'enfer...

On dit que, de nos jours, quand souffle la tempête,
On entend un grand cri que l'orage répète
Et que le vent transporte à travers le pays :
C'est la sombre clameur des damnés de Ker-Is.

Avril 1903,

MERHED GROÉ

Ar en ton gallek : Viens Poupoule !

DISKAN   O Groéiz, o mem Broiz, o deit,
De cheleu er hlemmeu
Saùet ar hou técheu,
A !
O Groéiz, o mem Broiz, o deit !
Hui larou mar dé guir, hui larou mar dé geu !

I

Bet on de valé én doar bras
N'en des chet hoah guerso,
Ha laret e zou d'ein, allas !
Treu braù azoh mem bro !
Laret zou d'ein penaus é Groé
N'en domb ket mui Breton,
Ha penaus é koéhamb, bamdé,
Er vouillen, donnoh-don !
N'em es chet reskondet,
Met d'oh é tan de laret :

LES FILLES DE GROIX

Sur l'air français : Viens Poupoule
(Dialecte de Groix).

Refrain   O Groisillons, ô mes compatriotes, venez
Ecoutez les plaintes
Qu'on élève sur vos défauts
O Groisillons, ô mes compatriotes, venez
Vous direz si c'est vrai, vous direz si c'est faux.

I

J'ai été me promener à la Grande Terre[1], — Il n'y a pas encore longtemps, — Et l'on m'a dit, hélas ! — De belles choses sur le compte de mon pays ! — L'on m'a dit qu'à Groix, — Nous ne sommes plus bretons, — Et que nous tombons chaque jour, — Dans la boue de plus en plus profondément, — Je n'ai rien répondu, mais à vous, je viens le dire.

1. « Grande Terre » le terme par lequel les groisillons désignent le continent.

II

Laret zou d'ein : « En hou pro Groé
E ma koant er merhed ;
Meit perak ta e faut dehé
Bout èl er « Vadamed »?
Kouifeu lakant hemb amareu,
Hag ou blèu èl ur boui,
E saill ér méz ag er houifeu,
Nag ur poul-kil, men Doui !
Puhuzi, Pumitur,
Hou merhed e gol er stur !

III

Ur si aral e gavér d'oh
E zou, — cheleuet mat ! —
Hou tisprizans eit er iéh koh,
Iéh hou mam hag hou tad !
Er vorh, ha memb ar er mézeu,
Er merhed e gleuér,
E klah lakat moén ou bégeu :
« Bonjourr, ma chèr', ma chèr' » !
Hoant hou pes de vramet
Kèl liés guéh m'ou hleuet !

II

On m'a dit : « Dans votre pays de Groix, — Les filles sont jolies, — Mais pourquoi donc veulent-elles, — Etre comme les « madames »? — Elles mettent des coiffes sans attaches [1], — Et leurs cheveux, comme une crinière, — Font saillie en dehors des coiffes, — Quelle nuque, mon Dieu! — Pluwizi, Ploumitur, — Vos filles perdent le gouvernail!

III

Un autre défaut qu'on vous trouve, — C'est : Ecoutez bien! — Vous méprisez la vieille langue, — La langue de votre père et de votre mère, — Au bourg, et même à la campagne, — On entend les filles — ,Cherchant à faire les bouches délicates, — « Bonjour, ma chère, ma chère! » — Cela vous donne envie d'éclater, — Aussi souvent qu'on les entend!

1. Sans attaches, particularités de mode groisillonne (lorientaise).

IV

E font de geout en tevarneu
Ré liès 'vé kavet
Merhed Groé get fiolenneu
'Dan ou zantér kuhet,
N'em dolpign e hrant diou pé tér,
Ha, 'vit lahegn er prenù,
Dran en norieu jarr't, e lipér,
Our bani : « Kani krenù! »
Picherel, tafia,
En ou gougeu-sten [1] e ia !

V

Der zul, 'léh mont d'er Gospereu
Eal ma vezé greit keant,
Wit ansai tapout galanteu
De Borh-Tudi é hant,
Hag é vé lar't a p'en guélèr :
« Ché, man kalonneu-merh
Den ne ia d'ou goulen èr gèr,
Dont e hrant de gla' guerh! »
Ahai o' vé gouéret
Peh merhed 'zo disprizet.

IV

Allant du côté des auberges, — Trop souvent l'on trouve, — Les filles de Groix, avec des fioles, — Cachées sous leurs tabliers, — Elles s'assemblent deux ou trois, — Et pour tuer le ver, — Derrière les portes fermées, on lèche, — Un peu de raide! — Picherel, tafia, — Défilent dans leurs « gosiers d'étain [1].

V

Le dimanche au lieu d'aller à vêpres, — Comme l'on faisait autrefois, — Pour essayer de trouver des galants, — Elles s'en vont à Port-Tudy, — Et l'on dit, quand on les voit : — « Voici des cœurs de jeunes filles, — Personne n'est allé les demander chez elles, — Elles viennent se mettre en vente! » — C'est ainsi que l'on sait, — Quelles jeunes filles sont méprisées!

1. « Gosiers d'étain », « gouég-stén » est l'expression consacrée qui désigne à Groix ceux qui boivent de tout, sans scrupules, et sans que cela leur nuise.

VI

Kleuet 'm'es ohpen : — (ar en doar
Zo ealkent tédeu fal !) —
« Hou énez nen dès chet hé far,
Wid en danseu mod-gal !
Enon é kroller vals, polka,
Varsovia, mazurk,
Scottish — ha piou 'houer hoah petra ? —
Hanueu gallek pe turk !
Merhed Groai, hemb lar't geu,
E houer heijal ou reoreu.

VII

En hur bro kristén ha breton
Ne vé kannet neoah
Meit sonnenneu gal a bep ton
Vil bamdé goahoh-goah !
Treu mat de vout kaset d'er poul
A gaust d'ou lousteri,
El « Karikoko », « Viens Poupoul ! »
« Les rideaux de mon lit ».
Arrestet, malein-rous :
D'en dud lous er honzeu lous !

VI

J'ai entendu de plus : — (sur la terre, — Il y a tout de même de mauvaises langues), — Votre île n'a pas son égale, — Pour les danses à la mode française ! — On y danse valse, polka, — Varzovia, mazurka, — Scottish, — Et qui sait quoi encore ? — Des noms français ou turcs ! — Les filles de Groix, sans mentir, — Savent lever... le pied [2].

VII

Dans un pays chrétien et breton, — On ne chante plus, — Que des chansons françaises sur différents tons, — De plus en plus sales, de jour en jour, — Des choses bonnes à être jetées au trou, — A cause de leur saleté, — Comme *Karikoko, Viens Poupoule,* — *Les rideaux de mon lit,* — Arrêtez, malédiction rouge, — Aux gens sales, les paroles sales.

1. Traduction large de l'expression bretonne.

VIII

Hoah em,es ur poz de gannein :
Kleuet em ès eùé,
Penaus en tabak de brizein
En doé hou karanté!
Penaus hou pes bouisteu bihan
Lan a deil eit hou fri ;
Ha pe hellet, a ziardran,
E hret hou koalh arnhi!
Ha nezé, hou tifren
E zivér barh er souben !

IX

Ha n'é ket achiù er risen :
Hui huès hoah técheu-fal ;
Meit rè hir vehé me sonnen
Mar laran er réral!
Chetu 'ta men gir devéhan :
Merhed Groé, mar faut d'oh
Bout fur ha mat, adal breman
Ne larein ket muioh ;
Meit me hrei ur sonnen
Eit kannein gloér d'oh. Amen !

1903.

VIII

Il me reste un couplet à chanter : — J'ai su aussi, — Que le tabac à priser, — Avait votre tendresse, — Que vous avez de petites boîtes, — Pleines de fumier pour votre nez, — Et quand vous pouvez, par derrière, — Vous y puisez abondamment, — Et alors vos narines dégouttent dans la soupe.

IX

Et la série n'est pas finie, — Vous avez encore des défauts, — Mais ma chanson serait trop longue, — Si je dis les autres, — Voici donc mes derniers mots : — Filles de Groix, si vous voulez, — Être sages et bonnes, dès à présent, — Je n'en dirai plus, — Mais je ferai une sône, — Pour chanter votre gloire. *Ainsi soit-il.*

1903.

AR MOR
(*Kan eun emzivad*)

(Yes Kerne [1]).

Me da gar, o môr don,
A iud evel eul lon
Pa c'houez ar gorventen !
Pa welan da c'hoummou
O tired a dammou
Warzu d'am énézen !

Me gar da c'huannaden
O tont war an aezen
Beteg va wele-kloz,
Hag ar soniou seder
A gannez er pellder,
En sioulder kun an noz.

Hag ivez, d'ar c'hreiste,
Me wel gant karanté
An heol sklerijennus,
Euz an oabren ledan,
O tol e sklerder-tan
War da zour didrouzus.

LA MER
(*Chanson d'orphelin.*)

Je t'aime, ô mer profonde, — Qui hurles comme une bête, — Quand souffle l'ouragan
— Quand je vois tes vagues, — Courir, par tronçons, — Du côté de mon île.

J'aime ta plainte, — Qui vient, sur la brise, — Jusqu'à mon lit-clos ; — Et les joyeuses
sônes, — Que tu chantes dans le lointain, — Dans la douce paix de la nuit.

Et aussi, à midi, — Je vois avec amour. — Le soleil étincelant, — Du haut du large
firmament. — Verser sa lumière de feu, — Sur ton onde silencieuse.

1. Dialecte de Cornouailles.

Me da gar, o môr glas !...
Koulskoude, anken bras
Teuz lakeet em c'halon :
Meur a va zud karet
Ganiz zo bet skrapet
Hag a hun 'na zour don.

Pe leac'h maont, holl va zud
Teuz-te lonket heb brud
Gand da veg didrue ?
Siwaz ! Du-ze, er mez,
Baleet heb divez,
Maont é leac'h oar Doue !

Ha me gleffe brema,
Gant va mouez ar c'hrenva
Da viliga bepred !
Hogen n'ellan, da vad,
P'ha welan o lipat
Réier m'énez karet.

Me da gar, me da gar !
Goaz z'é vid ma glac'har,
Ma c'hreiz, tav da c'hirvoud !
D'id ma c'halon, o môr !
Ha, mar kwitan Arvor,
Mervel a rinn heb out !

1903.

Je t'aime, ô mer bleue ! — Et pourtant dans mon cœur, — Tu mis un grand chagrin : — Beaucoup parmi mes parents chéris, — Ont été emportés par toi, — Et dorment dans tes flots profonds.

Où sont-ils, tous les miens, — Que tu avalas obscurément, — De ta gueule sans pitié ?... — Hélas ! Là-bas, au large, — Promenés sans fin par les vagues, — Ils sont Dieu sait où !

Et je devrais, à présent, — En grossissant ma voix, — Te maudire sans cesse. — Mais, tout de bon, je ne puis, — Quand je te vois lécher, — Les rochers de mon île chérie.

Je t'aime, je t'aime ! — Tant pis, ma douleur, — J'étoufferai ton gémissement ! — A mon cœur, ô mer, — Et si je quitte l'Armor, — Je mourrai sans toi !

1903.

LA LÉGENDE DE SAINTE CATHERINE

(Bréviaire romain).

Les bourreaux avaient fui ; leur œuvre était finie,
Ils avaient accompli le forfait odieux :
D'avoir proclamé Dieu, la vierge était punie
Et son âme, sans lien, volait au fond des cieux

Dans le cirque désert, sans pleurs, sans chants funèbres,
Le corps, sur le sol froid, gisait ensanglanté ;
La nuit allait couvrir la terre de ténèbres,
Un silence de mort pesait sur la cité.

Soudain, une lueur déchira la nuit noire,
Un bruit cavalcada dans les airs, un instant,
Et portant, sur le front, l'auréole de gloire,
Les anges dans le ciel apparurent, chantant.

Ils disaient : « Hosannah ! » et leur sainte cohorte
Dirigea son essor vers le lieu du tourment ;
Ils prirent dans leurs bras le corps pur de la morte
Et partirent joyeux au fond du firmament.

Et Dieu leur dit : « Allez ! » Et les cieux tressaillirent,
Et la mer en mugit, et la terre en trembla,
Et prompts comme l'éclair, les anges obéirent,
Et le convoi sacré dans l'espace vola.

Et les terres sous lui se dérobaient rapides,
Le Nil et ses deltas jaillit, puis disparut,
Et la troupe arriva devant les Pyramides ;
Elle arrêta sa course et tout le chœur se tut.

« Seigneur ! dit une voix, en ces tombes royales,
Votre servante en paix dormira son sommeil ! »
— « Plus loin ! » cria la voix — déchaînant les rafales.
Et déjà l'Orient apparaissait vermeil.

Ils reprirent leur course un instant suspendue,
Par delà les cités d'où montaient des bruits sourds ;
Et la voix les suivait, formidable, éperdue :
« Plus loin ! plus loin ! plus loin ! » Et ils allaient toujours.

Le désert, puis la mer sous eux se succédèrent,
L'Egypte et ses tombeaux se cacha de leurs yeux,
Et les saints messagers dans l'espace volèrent...
Enfin une montagne apparut devant eux.

C'était le Mont sacré des antiques oracles
Qui jadis vit son Dieu, c'était le Sinaï,
Et l'aube se levait sur ce lieu de miracles,
Quand la voix dans les airs leur cria : « C'est ici ! »

Les célestes porteurs revinrent vers la terre,
Et dans le flanc du mont un sépulcre s'ouvrit,
Et le Mont Sinaï, sauvage et solitaire,
Reçut le corps martyr de l'épouse du Christ.

Puis la troupe s'en fut. Dans l'aurore venue,
Leur refrain se perdit à travers le ciel bleu ;
Alors l'immense voix parla parmi la nue :
« Bienheureux les cœurs purs parce qu'ils verront Dieu.

25 novembre 1904, fête de Sainte-Catherine.

LE PRÊTRE

C'était la nuit de la veillée,
Demain le grand pas serait fait,
Et dans son âme ensoleillée,
Le divin Esprit descendrait,
Et le clerc était dans l'église
Où la lampe seule brillait
Avec sa lueur indécise.
       Il priait.

La paix régnait au sanctuaire,
Tout sommeillait autour de lui,
Et les anges du statuaire
Adoraient dans l'ombre, sans bruit.
Le clerc songeait au grand mystère,
Qui demain s'accomplirait là
Devant l'autel ; et sa paupière
       Se voila.

Soudain, dans l'ombre et le silence,
Troublant les échos apeurés,
Haineux et plein de violence,
Un cri vibra : « Mort aux Curés ! »
Et la clameur de dalle en dalle
Du portail à l'autel bondit,
Et le clerc se dressant, très pâle,
       L'entendit.

Alors, devant ses yeux humides,
La vision de l'avenir
Déroula ses formes rapides,
Et le clerc se sentit frémir ;
Il vit les noires calomnies
Contre lui, s'amasser en tas,
Les outrages, les avanies
       Et les crachats.

Il entendit gronder l'orage
Et la foudre au sombre horizon ;
Pour abattre, enfin son courage,
Il pressentit la trahison,
Il vit la haine grandissante
Lui jurer sa perte, à tout prix,
Et de la foule indifférente
      Les mépris.

Il se vit, dans son rêve étrange,
De l'autel soudain arraché,
Bafoué, traîné dans la fange,
Puis au fond d'un antre jeté,
Il vit une sanglante aurore
Se lever au ciel éclatant,
Et des Nérons nager encore
      Dans le sang.

Ce flot de visions funèbres
Ainsi passa devant le clerc,
Puis tout s'enfuit dans les ténèbres;
Regardant l'autel, il vit clair
Et dit alors : « A Dieu, mon être
Je me donne à Lui désormais ! »
. . . .
Le lendemain, il était Prêtre
      A jamais !

1904.

BARDE ET PRÊTRE

En souvenir de Brizeux.

Le Barde

« Toi, salut ! A l'ami que j'aime, l'accolade !
Je viens à toi, salut mon frère ! en toi, j'ai foi ;
Mon cœur est tout saignant et mon âme est malade,
Je viens, je veux que tu me parles, réponds-moi.

L'absence a déchiré mon cœur qui saigne encore,
Viens, avec ta voix douce, apaiser mes douleurs ;
Mes yeux sont pleins d'un sombre feu qui les dévore,
Dans eux, plonge les tiens pour en chasser les pleurs.

Je t'aime, toi, non pas d'amour que vent emporte,
Non, car tu m'as souri, car tu m'as consolé,
Jadis quand la douleur a heurté sur ma porte,
Et que l'espoir s'était de mon cœur envolé.

Et lorsque je passais en pleurant sur la route,
Ivre de ma douleur, fuyant comme un maudit,
Toi, tu m'as regardé, ta voix m'a dit : « Ecoute ! »
Je suis resté debout et mon cœur a bondi.

Car je t'aimais alors, aux jours de mon enfance,
D'un amour fraternel et pur. Mais maintenant,
Tout est mort en mon cœur : flamme, vertu, croyance,
Car j'ai tout perdu, frère, tout, en t'abandonnant.

Lorsque je suis parti, pour aller vers les villes,
J'étais jeune et le cœur encor plein d'illusions,
Mais j'ai vu là des gens pourris, des âmes viles
J'ai vu le vice hideux, j'ai vu la corruption.

J'ai vu que la fortune allait aux gens infâmes,
Que les justes ployaient sous le faix des douleurs
Ne trouvant rien qui pût réconforter leurs âmes,
Quand les autres passaient insolents et railleurs.

Et le doute est entré dans mon âme meurtrie ;
J'ai cherché le bonheur, il m'a fui ; puis lassé,
Alors, j'ai renié ancêtres, Dieu, patrie ;
Aux quatre vents du ciel, j'ai jeté mon passé !

Parfois, je fus en proie à des remords terribles,
Et mon dégoût du monde était grand et sans fin,
Et j'ai gâché ma vie en débauches horribles,
Mais de mon cœur vidé rien n'apaisait la faim.

Alors dans le lointain, j'ai revu mon enfance,
Ma vie heureuse au sein d'un pays enchanté,
Et, malheureux, du fond de ma désespérance,
Je me suis souvenu que tu m'avais aimé.

Et j'ai dit : « Eh bien ! oui ! Je briserai la chaîne
Qui me lie à ce bagne, il faut, je reverrai
La terre où sur un sol de granit, croît le chêne,
Les sentiers d'autrefois, je les reparcourrai ! »

Et je suis revenu vers la lande natale,
Pour voir si, malgré tout, encore tu m'aimais ;
Et j'ai, levant le poing vers la ville fatale,
Maudit le monde, en lui criant : « Haine à jamais ! »

Or, me voici chez toi qui jadis fus mon frère ;
A toi de consoler mon cœur désenchanté.
Car de tous les feux purs dont il brûlait, naguère,
Ton amour seul parmi la ruine est resté.

Epanche donc sur moi les flots de la tendresse,
Mais ne me parle plus ni de ciel, ni d'enfer,
C'est à l'ami, non au prêtre que je m'adresse.
Je ne crois plus aux prêtres, moi, j'ai trop souffert !

Et si tu ne sais pas, toi, mon refuge ultime,
Rendre quelque lumière à mon horizon noir,
De l'existence, alors, lassé d'être victime,
Je finirai ma vie avec mon désespoir.

Le Prêtre

Pauvre ami, vers ton village,
Te voilà donc, revenu !
Comme un étourneau volage,
Tu partis en ton bel âge,
Pour courir vers l'inconnu :
Ils t'ont mis du plomb dans l'aile,
Et tu reviens infidèle
Aux lieux où tu vis le jour ;
Ton âme est, dis-tu, meurtrie.
Donne-moi ta main flétrie,
Je t'ai gardé mon amour.

Quand tu courais à la ronde,
Moi, je pleurais, le sais-tu ?
Priant Dieu, qu'un souffle immonde,
Parmi les fanges du monde,
Ne ternit pas ta vertu...
Mais je Le bénis, quand même,
Il me montre bien qu'Il t'aime,
Puisqu'Il te ramène enfin ;
Ne lance plus de blasphème,
D'injure, ni d'anathème.
Tu Le béniras demain.

Au fond de l'abîme infâme,
Tu te roulais à loisir,
Ton cœur y perdit sa flamme :
Sais-tu, maintenant, pauvre âme,
Ce que c'est que le plaisir ?...
Sans cesse, brûlant de fièvre,
Tu voulus tremper tes lèvres
A son calice fatal,
Tu l'as bu jusqu'à la lie,
Ta face en reste pâlie,
Es-tu guéri de ton mal ?

Pauvre brebis égarée,
Où cherchais-tu le bonheur ?
Ta jeune âme fut leurrée,
Et maintenant altérée,
Elle pleure après l'honneur.
Hélas !... Oh ! soyez maudites
Villes, ô villes bandites
Qui perdez tant de vertus !
Impures fascinatrices,
Combien qui, de par vos vices,
Sont dans la boue, abattus !...

Mais, viens-toi, que je t'enseigne
Ce bonheur que tu cherchais,
En ton pauvre cœur qui saigne
Que Dieu, comme jadis, règne,
Et tu goûteras la paix,
La paix pure et sans mélange,
De l'homme approchant de l'ange,
Quand il adore son Dieu;
Viens, repens-toi de tes crimes,
Arrache-toi des abîmes,
Au monde ingrat, dis adieu !

Au bonheur, Dieu nous convie :
Frère, marchons tous les deux,
Jusqu'à la fin de la vie
Dans la route qu'ont suivie
Les anciens saints, nos aïeu. ;
Chaque jour, loin des misères,
Nos deux âmes en prières
S'élanceront vers l'azur,
Et nous, nous aimant sans cesse
De fraternelle tendresse,
Notre bonheur sera pur ».

LE BARDE

Eh bien ! tu m'as vaincu, prêtre, au verbe de flamme !
Ami, ta voix est douce et console mon cœur,
Tes paroles de frère ont raffermi mon âme,
Je m'abandonne à toi, donne-moi le bonheur.

Ici, je resterai près de toi ; vois, cette heure
Est sombre et je me sens tout près de défaillir,
Ne laisse plus s'éteindre, avant que je ne meure
Ce dernier feu qu'en moi, tu sus faire jaillir.

Fais qu'il brûle toujours en mon âme embrasée,
Mon cœur régénéré t'aimera de retour;
Je vois bien, à présent, ma lourde erreur passée
Frère, mais ce qui m'a sauvé, c'est ton amour.

1904.

AU SON DE LA HARPE

I

La harpe était muette, et l'*Awen* aux doux rêves
S'était tue à jamais. Plus d'espoir mensonger !
Bretagne allait mourir, — et les champs et les grèves
Étaient sanglants sous les sabots de l'étranger.

Adieu, beaux chants d'amour ! Adieu, sônes de joie !
Les preux étaient couchés, là-bas, parmi les morts
Et les oiseaux du nord se hâtaient vers la proie :
C'était grande pitié au royaume d'Armor...

La brise folâtrait avec la vague verte
Un soir, — mais l'Océan, grognant au sud, vers Groix,
Semblait prêt à bondir en avant, gueule ouverte,
Et la lune roulait, lente, au fond des cieux froids ;

Le Barde aux cheveux blonds, échappé de la guerre,
Vers l'heure où dans les cieux pâlis le jour s'en va,
Près du dolmen, sur lequel il chantait naguère,
Vint seul, s'assit au pied, sur le sable, et rêva.

Il se taisait. La vague avait des voix plaintives
Qui montaient dans la nuit doucement, doucement ;
L'âme du barde, impétueuse, fugitive,
Vagabondait dans les clartés du firmament...

Soudain, il se leva, l'œil en flamme et farouche,
Son fier talon frappa le roc du dolmen dur,
Des cris pressés montaient de son cœur à sa bouche,
Voici ce que chanta Télen fils de Withur :

II

« Les hordes rouges sont venues,
Hurlant la mort à pleins poumons,
Et leurs cris vont jusques aux nues !
Les hordes rouges sont venues
Du fond des steppes inconnues,
Passant les mers, sautant les monts,
Les hordes rouges sont venues,
Immense troupeau de démons ! »

Les lames lourdes chevauchaient sous le ciel sombre,
Un éclair jaillit à l'horizon déchiré,
Le tonnerre roula ses éclats sourds. Dans l'ombre
Le cri du barde s'élevait, désespéré :

« Ils s'abattent sur la Bretagne,
Prenant les forts, brûlant les tours,
Pillant la ville et la campagne.
Ils s'abattent sur la Bretagne,
Le fer, le feu les accompagne,
Tout est ruine aux alentours :
Ils s'abattent sur la Bretagne
Les Northmans, féroces vautours. »

Un sinistre fracas partit des flots informes :
Comme dans l'avalanche, on voit rouler les blocs,
Les lames se heurtant, avec des bonds énormes,
Escaladèrent, en hurlant, le dos des rocs.

« Ils t'ont vaincue, ô ma Patrie !
Les enfers étaient leurs alliés ;
Ils t'ont souillée, ils t'ont meurtrie,
Ils t'ont vaincue, ô ma Patrie !
Ta gloire ancienne s'est flétrie,
Honte ! et tu fuis par les halliers.
Ils t'ont vaincue, ô ma Patrie :
Mais où sont-ils, tes chevaliers ? »

La Tempête hurlait ses chansons triomphales,
La vague se tordait en spasmes de damné :
Dans les ricanements affolés des rafales,
Le barde défiait le chaos déchaîné :

> « Je vais mourir dans les alarmes,
> Puisque la honte est sur mon front,
> Puisque mes yeux n'ont plus de larmes ;
> Je vais mourir dans les alarmes,
> Car la vie est vaine et sans charmes
> Pour qui n'a pas lavé l'affront ;
> Je vais mourir dans les alarmes
> Sans savoir s'ils te vengeront ! »

L'orage au bout des flots dansait avec furie,
La foudre sourdement grondait au fond des airs,
Et le barde-guerrier, chantre de la Patrie,
Clamait toujours, debout au milieu des éclairs :

> « O toi, vieux dolmen de mes pères,
> Autour duquel la vague bout,
> Témoin de leurs combats prospères ;
> O toi, vieux dolmen de mes pères,
> Quand viennent les heures amères,
> Ton fier granit survit à tout ;
> O toi, vieux dolmen de mes pères,
> Sois ma tombe, et reste debout ! »

Les nuages fuyaient, crevés, vers la montagne ;
Le barde s'affaissa, soudain, chantant encor,
Puis, murmurant, tout bas, le cher nom de Bretagne,
Resta gisant... Alors, très douce, vint la Mort.

III

Le corps du barde blond devint de la poussière
Que le vent emporta d'un souffle dans les airs,
Et le silence enveloppa Bretagne entière,
Et la harpe resta sur les rochers déserts...

Hélas ! Breiz n'était pas encore assez meurtrie ;
Après le Northman dur vint le Français félon.
Oh ! qui vous redira, douleurs de la Patrie,
Quand la harpe est muette et mort le barde blond ?

Et Breiz eut à subir des outrages sans bornes,
Car tout pliait devant les Barbares vainqueurs,
Et quand l'œil inquiet regardait les cieux mornes,
Un sombre désespoir envahissait les cœurs.

Ainsi les jours passaient, les mois, puis les années,
Puis les siècles... Le joug demeurait écrasant.
Et Breiz eut des sursauts... Fureurs momentanées,
Hélas ! car son sommeil revenait plus pesant...

Enfin, un homme vint par la lande sauvage,
Près du dolmen géant par les Aieux planté,
Qui vit la harpe, encor gisant sur le rivage :
Il la prit dans ses mains et se mit à chanter.

Et la harpe d'acier vibra dans la nuit noire,
Et tout l'air retentit du chant clair des hautbois ;
De joyeux binious sonnèrent la victoire
Et le chêne sacré frémit au fond des bois.

Le vent de liberté chevaucha par les plaines,
Un immense hourra sauta jusqu'au soleil,
Cri d'espoir éperdu du Celte dans les chaînes :
« Bretagne pour toujours ! »
                    Et c'était le Réveil !

Sainte-Anne, 1904.

HIRVOUD

Yes Kerné.

Sethu ebrel deut a neve,
Hogen an heol n'eo ken kerklous
Nag an neve-hanv abaoue
An eur am eus kollet va dous.

Tremenet em eus er c'hoajou,
Ken karget a oa ar ieot glaz,
Ken leun 'vel gwechall a vleuniou...
Ha va anken c'hoaz a greskaz

Gant ar bleuniou m'eus goulennet :
« Daoust a c'houi ho peus gwelt nikun ? »
D'an evnigou am eus laret :
« Kavet oc'h eus-hu va eal kun ? »

Mes an evned zo manet bouar,
Bouar ive ar fleuren nevez,
Ha me glask brema gant glac'har
An hent' lec'h ma eet va mestrez.

GÉMISSEMENT

Dialecte de Cornouailles.

Voici avril revenu. — Mais le soleil n'est plus pareil, —Ni le printemps depuis, —
L'heure où j'ai perdu ma douce.

J'ai passé dans les bois, — L'herbe verte était si remplie, — Si pleine, comme autrefois, de fleurs. — Que mon chagrin en a grandi.

Aux fleurs, j'ai demandé : — « N'avez-vous vu personne ? » — Aux petits oiseaux, j'ai
dit : « Avez-vous rencontré mon doux ange ? »

Mais les oiseaux sont restés sourds, — Et sourde aussi la fleur nouvelle, — Et je cherche
à présent, avec douleur, — Le chemin où est allée ma mie.

Ar c'harantez, kement karet,
Zo evel eur mene uhel,
Gant kan ha c'hoarz e vez pignet
En eur ziskenn an holl a ouel.

(Warlerc'h A. Theuriet, 1905).

L'amour qu'on aime tant — Est comme une haute montagne, — Avec des rires et avec des chansons, on la monte, — En descendant, tout le monde pleure.

(D'après A. Theuriet, 1905.

DIHUNAMB !

D'is, Barh Labourér!

Hiniù, tuchentil a Vro-Gal
E hoarh doh hur guskemanteu ;
Hag, allas ! mar a Vreihad dal.
E gol er pen doh ou cheleu
Hag e daul « chupen » é dadeu.
    En Ankeu, digor é askel
    E glah en tu de skoein arnamb,
    Ma er gizieu koh é verùel :
    Dihunamb, pautred, Dihunamb!

Hiniù, tuchentil a Vro-Gal
Hur flastr get ou lézenneu kri,
Guerhet ou haloneu d'er Fal
Ind e gâs en treu kaer, memb ni,
Ha 'nep dehè ne saù hanni.
    En Ankeu, digor é askel,
    E glah en tu de skoein arnamb,
    Ma er frankizieu é veruel :
    Dihunamb, pautred, dihunamb!

RÉVEILLONS-NOUS !

A toi, Barde laboureur.

Aujourd'hui, les gens de France, — Se gaussent de nos costumes, — Et, hélas! maint Breton aveuglé, — Perd la tête en les écoutant, — Et rejette le chupen de ses pères.

La Mort, les ailes éployées, — Cherche à nous surprendre, — Les vieilles coutumes se meurent..., — Réveillons-nous, les gars, réveillons-nous!

Aujourd'hui, les gens de France, — Nous oppriment de leurs cruelles lois, — Leurs cœurs vendus au Mal, — Haïssent chez nous toute beauté, — Et devant eux, personne ne se dresse.

La Mort, les ailes éployées, — Cherche à nous surprendre, — Nos libertés se meurent... — Réveillons-nous, .es gars, réveillons-nous.

Hiniù, tuchentil a Vro-Gal
Get ur horvad arfleu e lar :
« Konzet galleg èl er ré ral ! »
Ha kavouit e hrér ar hun doar
Tud hag e zilausk ou lavar
 En Ankeu, digor é askel,
 E glah en tu de skoein arnamb,
 Ma iéh hun tadeu é verùel :
 Dihunamb, pautred, dihunamb !

Hiniù, tuchentil a Vro-Gal
En ou hevelenneu e skriù :
« Nen des na Doué, na bed aral ! »
Ha lod, doh ou hleuet e viù
Hemb pedein Doué, èl lonned gouiù !
 En Ankeu, digor é askel
 E glah en tu de skoein arnamb
 'Ma er Fé kristen e véruel :
 Dihunamb, pautred, dihunamb !

Hiniù, tuchentil a Vro-Gal
E ven goaskein ol en treu-sé
A gaust m'ou des groeit guéharal
Inour Breih, hag hé nerh eùé :
Ha ni e bleg pen dirakté...
 En Ankeu, digor é askel,
 E glah en tu de skoein arnamb,
 Ma hur Mam-vroig é verùel :
 Dihunamb, pautred, dihunamb !

Aujourd'hui, les gens de France, — Pleins de malice, nous ordonnent : — « Parlez français, comme les autres ! » — Et il se trouve, sur notre territoire, — Des hommes qui délaissent leur langage.

La Mort, les ailes éployées, — Cherche à nous surprendre, — La langue de nos ancêtres se meure..., — Réveillons-nous, les gars, réveillons-nous !

Aujourd'hui, les gens de France, — Dans leurs journaux écrivent : — « Il n'y a ni Dieu, ni autre monde ! », — Et pour les avoir crus, il y a des hommes qui vivent, — Sans prier Dieu, comme les bêtes sauvages.

La Mort, les ailes éployées, — Cherche à nous surprendre, — La Foi chrétienne se meurt..., — Réveillons-nous, les gars réveillons-nous !

Aujourd'hui, les gens de France, — Persécutent toutes ces choses-là, — Sous prétexte qu'elles ont fait autrefois, — La gloire et la force de la Bretagne, — Et nous plions la tête devant eux !

La Mort, les ailes éployées, — Cherche à nous surprendre, — Notre Mère-Patrie se meurt..., — Réveillons-nous, les gars, réveillons-nous).

1905.

SANT EUGEN

(Ar un ton koh)   *D'an Eutrù Eugen C..., aveid e Houil.*

Eugen, get miz gourhelen, hou kouil e zou arriù,
Hag en Iliz hou hinour en deùeh a hiriù,
Er Baraouis e zou joé, joé bras ha leuiné,
Hui huel stouet diragoh ol arheled en né.

Ou zelenneu aleuret e zon ebarh en ér,
Ne vehé ket sur kavet er bed tonieu ken kaér ;
Iud e za gant kanneneu de saludein hou kloér,
Doué e ra d'oh en dé-men ur lod en e splandér.

Pen dé guir é kan elsé éled en Eutru Doué,
O sant bras, eit hou melein, petra e hellan mé,
Nameit heliein ou skuir en ur gannein ihuel
Ha kas d'oh me sonnenig ar arc'hel en auel.

SAINT EUGÈNE

(Sur un vieux ton)   *A. M. Eugène C..., pour sa fête.*

Eugène, avec le mois de juillet, arrive votre fête. — Et l'Eglise vous honore aujourd'hui, — Au Paradis, il y a joie, joie et gaieté, — Vous voyez prosternés, devant vous, tous les archanges du ciel.

Les harpes d'or résonnent dans les airs. — On ne trouverait, sûrement pas sur terre, des sons si beaux ; — Des cris et des chants viennent saluer votre gloire, — Dieu vous donne, en ce jour, une partie de sa clarté.

Puisque chantent ainsi les anges du Seigneur Dieu, — O grand saint, pour vous louer, que ferais-je, moi ? — Si ce n'est suivre leur exemple, en chantant haut, — Et en vous envoyant ma petite chanson. sur l'aile du vent.

En néan, dirag en Eutru, hui e zou gelledek,
Douget, eta béan dehon, pedennig er hloareg :
Duhont, pel e mem broïg, en tu ral ag er mor
Hou péet chonj, o sant karet e hues hui ur fillor.

En hiaul, e lein en néan bras, e skuill e derenneu,
Elsé streuet ar e ben ol hou tonezonneu ;
Pe houlennou harp genoh, ô, harpet ean dalh mat !
Pe vou e kreiz er poenieu deit d'er halonekat.

Pe zilauskou e inéan e gorv distroeit d'en doar
Paret dohti a goehein e tachad er glahar ;
Abalamort ma ma bet er bed madeléhus,
Digor frank diragton dor baraouis Jezus !

Au ciel, devant le Seigneur, vous êtes puissant, — Portez-lui, donc vite, la petite prière du clerc, — Là-bas, loin dans mon petit pays, de l'autre côté de la mer, — Songez que vous avez un filleul.

Le soleil, du haut du firmament, verse ses rayons, — Ainsi versez sur sa tête tous vos présents, — Lorsqu'il vous demandera aide, ô aidez-le toujours bien, — Lorsqu'il sera au milieu des peines, venez l'encourager.

Quand son âme abandonnera son corps qui retournera à la terre, — Evitez qu'elle ne tombe au lieu des douleurs, — Parce qu'il a été ici-bas, bon, — Ouvrez, largement devant lui, la porte du paradis de Jésus !

Le 12 du mois de juillet 1905.

KROLL EN DÉL MARU

(Ar un ton gallek).

I

En aùél e dremén
Hag ar é lerh e skleij
En ér iein-sklas, en én,
Er hoed, en dél keij-meij.
Er reklom hag ou doug bikin n'en dé goalhet.

> Krollet, krollet !
> O ! krollet troieu amoét
> Peurkéh dél, krollet !

II

Ia, koéh e hra en dél,
Oulm guen, erùen, oulm du ;
Pep dén e zo marùél,
Mab iouank èl tadku.
Hunvréieu er béd-men embér zo dismantret.

> Krollet, krollet !
> O ! krollet troieu amoét,
> Peurkéh dél, krollet !

LA VALSE DES FEUILLES MORTES

(Sur un air français).

I

Le vent passe, — Et emporte après lui, — Dans l'air froid, les oiseaux, — Dans les bois, les feuilles pêle-mêle, — La rafale qui les entraîne, — Jamais n'en a assez.

Refrain   Valsez, valsez ! — O valsez des tours insensés ! — Pauvres feuilles, valsez.

II

Oui, les feuilles tombent, — Orme, chêne, frêne, —Tout homme est mortel, — Enfant comme grand'père, — Les rêves de ce monde-ci, — Bien vite sont détruits.

Refrain   Valsez, valsez ! — O valsez des tours insensés ! — Pauvres feuilles, valsez.

III

D'en han, édan en hiaul,
Er bar zo glas geté ;
Nerhus ha lan a jol
Golein e hrant er gué.
Meit en dilost-han deit, en dél zo diséhet :

Krollet, krollet !
O ! krollet troieu amoét,
Peurkéh dél, krollet !

IV

Mab-dén e zo hanval
Doh en dél ag er gué :
Un dé é ma ér bal,
En dé arlerh ér bé :
Er vuhé ar en doar e bas avèl moged !

Krollet, krollet !
O ! krollet troieu amoét,
Peurkéh dél, krollet !

III

En été, sous le soleil, — La branche en est toute verte, — Vigoureuses et pleines de sève, elles couvrent les arbres, — Mais l'automne venu, — Les feuilles sont desséchées.

Refrain　Valsez, valsez ! — O valsez des tours insensés ! — Pauvres feuilles, valsez.

IV

L'homme est semblable, — Aux feuilles des arbres ; — Aujourd'hui, il est au bal, — Demain, dans le tombeau, — La vie, sur cette terre, — Passe comme une fumée.

Refrain　Valsez, valsez ! — O valsez des tours insensés ! — Pauvres feuilles, valsez !

V

Biùein ér blijadur
De betra chervijou ?
Arhoah ér breinadur
Falh er marù hou taulou :
Er pinùik 'tal er peur e gouskou ér véred...

Krollet, krollet !
O ! krollet troieu amoét,
Peurkéh dél, krollet !

V

Vivre dans le plaisir, — A quoi, cela servira-t-il ? — Demain, dans la pourriture, — La faulx de l'Ankou vous jettera, — Le riche, auprès du pauvre, — Dormira dans le cimetière.

Refrain   Valsez, valsez ! — O valsez des tours insensés ! — Pauvres feuilles, valsez.

1905.

HUNEEH

Deja en hiaul e zou oéit de guhet en dan,
En noz e zo koehet ar er mezeu didrous ;
El loer hag er stired e splan en nean ledan,
Hag er mor, en audeu, e lar he sonnen dous.

Peb tra é ia de hun. Me neoah ,me-unan,
El un inean e poen e vale dar er mez,
Me gerh ian diragon, ne houian 'men e han,
Mes me halon e vleù, rag chonjeu kun em es !

Ennis e chonjan hoah, Bro divlam me Zadeu,
Breih beniget, o mam santel ha ken karet !
Ennis e hunean, ar zaù ar en audeu :
D'id me halon bremen, ha d'id e vou berpet !

O ! me ha kar, Bro kriu ha tinèr etre-z-oll,
A behani en tal adrest d'ol e liguern !
Er goed e rid e men goehiad é zou ha jol :
Me zou ha vab, o Mam, betag mel me iskern !

RÊVERIE

Déjà, le soleil est allé cacher ses feux, — La nuit est tombée sur les champs paisibles, — La lune et les étoiles brillent dans le large ciel, — Et la mer, sur les grèves, chante sa douce chanson.

Chaque chose suit son cours. Moi seul, — Comme une âme en peine, j'erre dans la campagne, — Je marche devant moi, je ne sais où je vais, — Mais mon cœur tressaille, dans la douceur de mes pensées.

Je songe encore à toi, Pays sans reproche de nos ancêtres, — Bretagne bénie, ô Mère sainte et si aimée ! — Je rêve à Toi, debout sur le rivage, — A toi mon cœur maintenant, à toi, il sera toujours !

Oh ! Je t'aime, Patrie forte et tendre entre toutes, — Et qui, par-dessus toutes, élève ta splendeur ! — Dans le sang qui coule en mes veines, j'ai ta volonté, — Je suis ton fils, ô Mère, jusqu'à la moelle de mes os.

M'er gouer, en hur prantad be zou mar a unan
Ag e lar : « Doue, er Vro, en des groeit ou amzer !
« Treu int de vout konteit d'er vugale vihan,
« Ha pas d'emb-ni. Eidomb tremenet e ou er ! »

Sonn e me hredenneu ; en tal saùet d'en Ne,
Hemb cheleu ou honzeu amoed, me bas me hent ;
Ha me ha kar, mem Bro, get ol nerh me ine :
Me ha kar, me ha kar !... Doue e ouer pegement !

Doue ! Ean eué ha kar, rag ar ha toar santel
He zoug er bobl galuèt dre én Intron karet :
Gouen glan er Vretoned e viu e Breih-Izel
En ur hortein en dé de lar't he gir d'er Bed.

Peher e tei enta dé er Helted, o Doue ?
Peher e luguernou arnamb hiaul er Vrankis ?
Eneb d'ar Fal, el gueharal Nominoé,
Piu 'ta e anbrugou d'en treh er iouankis ?

O de beniget, luh ar hun Bro ! Chetu
Pemp kant vle hag open e hortomb ha sklerder !
Allas ! nitra ne za... En dremuel e zou du
Hag er Fe e hochel e kalon er vreder !

Je sais bien qu'à notre époque, il y en a plusieurs — Qui disent : « Dieu et Patrie ont vécu ! — Ce sont des choses à raconter aux petits enfants, — Mais pas à nous. Nous en sommes revenus. »

Ma foi à moi est inébranlable ; le front levé vers le ciel, — Sans écouter leurs discours je passe mon chemin, — Et je t'aime ma Patrie, de toute mon âme, — Je t'aime ! je t'aime !... Dieu sait combien !

Dieu ! Il t'aime, lui aussi, car sur ton sol sacré, — Il maintient le peuple élu par la Vierge aimée : — La race sainte des Bretons vit en Bretagne, — En attendant le jour où elle dira son mot au monde.

Quand viendra le jour des Celtes, ô Dieu ? — Quand brillera sur nous le soleil de la Liberté ? — Contre le Mal, comme autrefois, Nominoë, — Qui mènera la jeunesse à la victoire ?

O jour ! jour béni, lève-toi sur notre Patrie ! Voilà, — Cinq cents ans que nous attendons ta clarté. — Hélas ! rien ne vient : l'horizon est noir, — Et la confiance diminue au cœur de nos frères, — Mais, relève-toi, ma harpe, et ne soupire plus aujourd'hui.

— Mes arsaù, me zelen, ag hirvoudein ker hueru :
Imber e tigoehou hun er eué, imber !
Deja er gran hadet e zivroud ar en erù
Hag ur voeh d'em diskouarn e lar' gostad : Esper !

Esper ! ia ! Er Sent kouh, er Varhed, er Rouane,
Aveid omb dirag Doue e lavar ou feden ;
Un adsaù e zou kriu p'en des he harp en hé...!
Rakse em es fians, Breih, en ha planeden.

Bientôt viendra notre heure aussi, bientôt ! — Déjà, le grain semé, lève dans le sillon, — Et une voix, à mon oreille murmure doucement : Espère !

Espère !... Oui ! Nos vieux Saints, nos Bardes, nos Rois, — Pour nous adressent à Dieu leurs prières ; — Le relèvement aboutit quand il a l'appui du ciel, — C'est pourquoi, j'ai confiance, Bretagne, en tes destins.

1905.

KAN-BALE ER CHOUANTED

Ar en ton : Jean Cottereau.

I

Deit é en ér, Breihis, taulamb er iaù,
Ar zaù ! (Diu hueh)
Kemeramb bah, forh, falh ha pal,
Arauk ar chetal er Vro-Gal,
Pen er roué Loeiz ou des trohet,
Bleidi breton, hudet, hudet !
Ten, ten, ten,
Kanon ha fuzulien
Torr é ben !

II

Deit é en ér, Breihis, taulamb er iaù,
Ar zaù !
Er goed e rid er flangenneu,
Get er goed ru e en henteu,
Er goed e rid ar er manné
Goed brein er Gal miliget é !
Ten, ten, ten,
Kanon ha fuzulien
Torr é ben !

MARCHE DES CHOUANS

Sur l'air de : Jean Cottereau.

I

L'heure est venue, Bretons, jetons le joug, — Debout ! — Prenons bâtons, fourches,
faulx, pelles, — En avant sur les brutes du pays franc, — Ils ont coupé la tête du roi
Louis, — Loups bretons hurlez, hurlez, hurlez ! — Tire, tire, tire, — Canon et fusil, —
Casse-lui la tête !

II

L'heure est venue, Bretons, jetons le joug, — Debout ! — Le sang coule dans les val-
lées, — Les chemins sont rouges de sang, — Le sang coule sur la montagne, — C'est le
sang pourri du Français maudit ! — Tire, tire, tire, — Canon et fusil, — Casse-lui la tête !

III

Deit é en ér, Breihis, taulamb er iaù,
Ar zaù !
Lahet ou des hun frankizieu,
Losket ou dés hun ilizieu ;
Kent pel hur habestreint éué,
Mar ou lauskamb d'ober elsé !
Ten, ten, ten,
Kanon ha fuzulien
Torr é ben !

IV

Deit é en ér, Breihis, taulamb er iaù,
Ar zaù !
Er Vretoned zou pautred kriù,
Ret e d'emb en diskoein hiniù,
Ret è rideh ar er Gal brein,
Breùein hun bihier ar é gein !
Ten, ten, ten,
Kanon ha fuzulien
Torr é ben !

III

L'heure est venue, Bretons, jetons le joug, — Debout! — Ils ont tué nos libertés, — Ils ont brûlé nos églises, — Bientôt ils nous enchaîneront aussi, —Si nous les laissons faire de la sorte! — Tire, tire, tire, — Canon et fusil, — Casse-lui la tête!

IV

L'heure est venue, Bretons, jetons le joug, — Debout! — Les Bretons sont des gas solides ! —Il faut le montrer aujourd'hui, — Il faut courir sus au Français pourri, — Briser nos pen-bas sur son dos ! — Tire, tire, tire, — Canon et fusil, — Casse-lui la tête!

V

Deit e en ér, Breihis, taulamb er iaù,
Ar zaù !
Get Roué Begnen, pe Kadoudal,
Beh e gasamb de doul er Gal,
Er re glas e deh kuit skoutet,
Pe gleuant kan er Chouanted,
Ten, ten, ten,
Kanon ha fuzulein
Torr é ben

VI

Deit é en ér, Breihis, taulamb er iaù,
Ar zaù !
Ni zou Breton, ni zou krechen
Eit er chomel ni é houren,
Hur fé en dou hé leh d'en hiaul !
Pé malloh ru de dud en diaul
Ten, ten, ten,
Kanon ha fuzulien
Torr é ben.

V

L'heure est venue, Bretons, jetons le joug, — Debout ! — Avec le roi de Bignan ou Cadoudal, — Nous envoyons *peine* au derrière des Français ; — Les Bleus s'enfuient épouvantés, — Quand ils entendent la chanson des Chouans, — Tire, tire, tire, — Canon et fusil, — Casse-lui la tête !

VI

L'heure est venue, Bretons, jetons le joug, — Debout ! — Nous sommes Bretons, nous sommes catholiques, — Pour le rester, nous ! luttons, — Notre foi aura sa place au soleil, — Ou malédiction rouge aux gens du diable ! — Tire, tire, tire, — Canon et fusil, Casse-lui la tête !

VII

Deit é en ér, Breihis, taulamb er iaù,
Arzaù !
N'hun és chet hoanteit er brézel,
Mès dihuen e hreemb Breiz-Izel ;
Hur Mestr ni e zou Doué hembkin :
Breih vou dihaud de viruikin !
Ten, ten, ten,
Kanon ha fuzulien
Torr é ben !

VII

L'heure est venue, Bretons, jetons le joug, — Debout ! — Nous n'avons pas désiré la guerre, — Mais nous défendrons la Bretagne ; — Notre Maître à nous, c'est Dieu seul, — La Bretagne sera libre à jamais ! — Tire, tire, tire, — Canon et fusil, — Casse-lui la tête !

1905.

GOURHEMEN A HOUIL MAT

D'an eutrù Eugène K...
(Ar don Bourdellis: Ave Maria).

I

Chetu deit endro gourhelen,
Er barh nen dé ket ankoéhour !
Ha kemer e hra é zélen
De gannein d' oh ar un ton flour :

Diskan

Gouil mat *(ter)* Eutrù Eugen !
Gouil mat *(ter)* Eutrù mat !

II

Larein e hren é men goaleur :
« Dehon hembkin é chonj mab-den :
En druhé zou geu, hag er peur
'Zou en é unan get é boen.

COMPLIMENT DE BONNE FÊTE

A M. Eugène C...
(Sur l'air des Bordelais: Ave Maria).

I

Voici juillet revenu,— Le barde n'est pas oublieux ! — Et il prend sa harpe, — Pour
vous chanter sur un air très doux :

Refrain

Bonne fête *(ter)* Monsieur Eugène ! — Bonne fête *(ter)* ô bon Monsieur !

II

Je disais dans mon malheur : « L'homme est un égoïste, — La pitié est un mensonge
et le pauvre — Est seul dans sa douleur ! »

JEAN-PIERRE CALLOC'H   19

III

Hag é oen elsé e vonet
E tougein me hroez glaharus,
Pe hues étal on tremenet
Get hou kalon madelehus.

IV

Ha hui e huès skanet me sam,
Cheleuet doh me huannadeu ;
Get girieu dous el ré ur vam
Sehet e hues ol men dareu.

V

Treu aral hoah en hou truhé
E hués groeit eit en énevad,
Ha betag termen é vuhé
Eité ean 'hoarnou d'oh gradvat.

VI

Rak nen doh ket en é spered
Goberour mat ha nitra kin :
Deit oh de vout un tad karet
Hag ol zoujet de viruikin !

III

Et je m'en allais ainsi par la route, — Traînant ma douloureuse croix, — Lorsque vou
avez passé auprès de moi, — Avec votre cœur plein de bonté.

IV

Et vous avez allégé mon fardeau, — Vous avez écouté mes gémissements ; — Ave
des mots doux comme ceux d'une mère, — Vous avez séché tous mes pleurs.

V

Dans votre pitié vous avez fait — D'autres choses encore pour l'orphelin, — Et jusqu'
la fin de la vie, — Il vous en sera reconnaissant.

VI

Car vous n'êtes pas dans son esprit, — Bienfaiteur seulement, — Vous êtes devenu u
père aimé, — Et tout vénéré, à jamais !

VII

Ne vern petra e zei arhoah,
Hag en dehé deieu kaeroh,
Pe mar kreska e boenieu hoah,
Dalbeh en dou chonj ahanoh.

VIII

Ne vern ar beh korn mor er Bed,
E vou douget dré en aùél,
E kreis e galon grouïennet
Hou chonj e chomou divaruel.

IX

... Er honfort e hues kaset d'ein,
Er peah deit drézoh d'em inéan,
Me bédou Doué, tré ma padein,
D'ou dakor d'oh, un dé, en néan!...

Gouil mat *(ter)* Eutrù Eugen!
Gouil mat *(ter)* Eutrù mat!

VII

Qu'importe ce qui viendra demain, — Quand même il aurait des jours plus heureux, —
Ou si ses peines augmentent encore, — Toujours, il se souviendra de vous.

VIII

N'importe sur quelle partie de la Mer du monde, — Il sera poussé par les vents, — Au
fond de son cœur enraciné, — Votre souvenir demeurera immortel.

IX

La consolation que vous m'avez apportée, — La paix venue par vous à mon âme, — Je
prierai Dieu, tant que je vivrai, — De vous les rendre, un jour au ciel.

Refrain

Bonne fête *(ter)* Monsieur Eugène! — Bonne fête *(ter)* ô bon monsieur!

Le 13 juillet 1907, à *Groix.*

GOUIL MAT !

(Strophes acrostiches).

D'en Itron Maria A...
(Aveid hé gouil).

M'en hanaù get véh, m'en hanaù :
Aveit kannein galleg tenaù,
Ré vras é mem beg mé ataù !
Intron Varia, pardonet :
Abil erhoalh mé nen dou ket !

Mes é brehoneg guir ha flour,
— Avel ma konzér e Plannour, —
Reseùet « Gouil mat ! » er sonnour.
Intron Varia, me hrédet :
Aveit hou kouil em és pedet !

Er 15, gouil Maria Kreiz-Est, 1907, é Gro

BONNE FÊTE !

A Mme Maria A...
(Pour sa fête).

Je le reconnais, avec confusion, je le reconnais, — Pour chanter du français délicat,
Ma bouche à moi, du moins est trop grande! — Madame Maria, pardonnez : — Je
suis point assez savant !

Mais en breton vrai et doux, — Comme on le parle à Plœmeur, — Recevez la « Bonn
Fête! » du Barde, — Madame Maria, croyez-moi, — Pour votre fête, j'ai prié.

Le 15 août 1907, jour de l'Assomption, à Groix.

HOU PÉET TRUHÉ DOHEIN !

Mar goulennan diskuih a pen dé ret kerhet,
    Hou péet truhé dohein ;
Mar da d'ein ha kouehein é lehid er péhed,
    Hou péet truhé dohein.

Mar goanna me halon ha mar kollan me nerh,
    Hou péet truhé dohein ;
Mar kavan ré galet mont bepred ar Hou lerh,
    Hou péet truhé dihein.

Mar da d'ein ha dinah pignein ar me halvar,
    Hou péet truhé dohein
Mar da dein inéanù peur em veuhein en arvar,
    Hou péet truhé dohein;

Mar da d'ein ha rein me malloh d'em feurante,
    Hou péet truhè dohein ;
Mar da d'ein, o mem Doue, nahein Hou karante,
    Hou péet truhé dohein!

AYEZ PITIÉ DE MOI !

Si je demande reposer lorsqu'il est nécessaire de marcher, — Ayez pitié de moi, — il vient à moi (me) salir dans la vase du péché, — Ayez pitié de moi.

Si faiblit mon cœur et si je perds ma force, — Ayez pitié de moi, — Si je trouve trop ar aller toujours après vous, — Ayez pitié de moi.

S'il vient à moi refuser (de) grimper sur mon Calvaire, — Ayez pitié de moi, — S'il ent à mon âme pauvre se noyer dans le doute, — Ayez pitié de moi.

S'il vient à moi donner ma malédiction à ma pauvreté, — Ayez pitié de moi, — S'il ent à moi, ô mon Dieu, nier votre amour, — Ayez pitié de moi!

                          (Traduction littérale).

KENEVO SOUDARD BREIH

Er blé nandek kent péarzekvet,
Zo saùet ur brezél kalet (*bis*)

Breih-Izél, kenevo,
Kenevo en distro !

Saùet ur brezél glaharus
Étré tud Frans ha ré er Prus.

Deit armé Prus bet hor bro-ni
De hadein tan ha marù énni.

Ilizieu Doué e zismantrant,
En dud diziùen e lahant.

En dud oedet ou des lahet,
Er vugalé hag er merhed.

Meit n'ou des chet mui pèl de vont
Rak paotred Frans e zo duhont.

Kilein e hreint a zé de zé
Rak paotred Breih zo oeit duzé.

L'ADIEU DU SOLDAT BRETON

L'an dix-neuf-cent-quatorze, la guerre a été déclarée, — Adieu Bretagne, adieu jus-
qu'au retour.
Une guerre affligeante est survenue, — Entre les Français et les Prussiens.
L'armée prussienne est venue dans notre pays, — Semer le feu et la mort.
Les églises de Dieu sont détruites, — Les gens sans défense sont tués.
Les gens âgés sont massacrés, — Ainsi que les enfants et les femmes.
Mais ils ne s'avanceront guère, — Car les fils de la France sont là-bas.
Ils reculeront de jour en jour, car les gas de Bretagne sont allés là-bas.

De ziùen Frans, paotred Arvor.
E rid dré zoar, e rid dré vor.

Paotr Breih en des ur galon garù :
Ne zouj na hoarn, na tan, na marù.

Nitra ne zouj, er paotr breton,
Fé é dadeu én é galon.

Mar bé ret goed, goed e skuillo,
Meit en Almanned er péo !

Get sekour Doué, ha pe garo,
En Almanned e zei ou zro.

Ne ouilet ket, merhed a Frans,
Tostat e hra eur en drouk-rans.

Dont e hra eur en drouk-rans ru
Ar er Prusiz hag ou eutrù.

Hag é péeint, oll ar un dro,
En droug ou des groeit é pep bro.

Moraer, mem brér, roué er brezél,
Inour e hres de Vreih-Izél.

Dirak ha daol-kaer é Dismud,
Er Bed abéh zo chomet mut.

Pour défendre la France, les gâs d'Arvor, — Courent sur terre et sur mer.
Les gâs de Bretagne ont un cœur dur — Qui ne craint ni le fer, ni le feu ni la mort.
Rien ne résiste au gâs breton, — Ayant la foi de ses pères au cœur.
S'il faut que le sang coule, il coulera, — Mais les Allemands le paieront !
Avec le secours de Dieu et quand Il voudra, — Les Allemands reculeront.
Ne pleurez pas, filles de France, — L'heure de la disgrâce arrive.
L'heure de la disgrâce rouge — Accourt pour les Prussiens et pour leur maître.
Ils paieront, tout ensemble, — Le mal qu'ils ont fait dans chaque pays.
Marin, mon frère, roi de la guerre, — Tu fais honneur à la Bretagne.
Devant tes exploits à Dixmude, — Le monde est demeuré étonné.

Na té, soudard a Vreih, me far,
É hous eùé kreiz er safar.

Berpet 'vès guélet er hetan.
'Dan er glaù-plom, él linen-tan.

Araok, paotred, araok ataù,
Araok, araok, sonn én hou saù !

Araok, paotred, ha skoeit get nerh,
Er ré ieuank, rid ar hou lerh.

Araok, paotred, a greiz kalon,
Kent pèl hor bo krohen el lon !

Flastrein e hreemb ou arméieu
Pé é kolleemb hor buhéieu.

En neb e gouéh aveit er vro,
Sent koh hor Breih 'hra ar é dro.

Merùel soudard ar er bratel
E zo ur marù mat ha santél.

Araok, paotred, er hann e grog :
Damb arnehè, paotred, araok !

Nag ou dehé nerh en diaol-memb,
Get sekour Doué en tréh vo d'emb.

Ha meulet vo ol dré er bed
Kalon dispont er Vretoned.

Et toi aussi, soldat breton, mon frère, — Tu es au milieu du tumulte.
Toujours, on te voit le premier, — Sous la mitraille, sur la ligne de feu.
En avant les gâs, en avant toujours, — En avant, en avant en redressant la taille!
En avant les gâs, et frappez avec force, — les jeunes courent après vous !
En avant, les gâs, de tout cœur, — Jusqu'à ce que nous ayons eu la peau de la bête!
Nous écraserons leurs armées, — Ou nous perdrons la vie.
Quiconque tombe pour le pays — Est accueilli par les vieux saints de Bretagne.
La mort du soldat, sur le champ de bataille, — Est une mort bonne et sainte.
En avant les gâs, la bataille commence, — Courons sus, les gâs, en avant!
Ils auraient la puissance du diable, — Avec le secours de Dieu, nous les vaincrons.
Que soit glorifié à travers le pays, — Le cœur des Bretons qui ne connaît pas la crair

NENDELEG ÉN HARLU

24 kerzu, d'en noz. — É mant bremen é hobér ou zro, er gannerion, dré henteu me iniz, dré henteu Breih-Izél abéh. É toul pep dor é veint kleuet, o kannen ker koh ha ker braù, hanval hé zon doh ur brel klehiér e gemenno d'er gristenion en Doéré mat :

> Kannamb Nouel a neùé flam
> D'er mabig Jésuz ha d'É vam
> Kannamb Nouel !
> 'N noz a hénoah, éal ma oéret
> É ma gannet Saluér er bed
> Kannamb Nouel !
> Kannamb Nouel, Nouel, Nouel,
> Gannet o Jézuz hour Saluér,
> Kannamb Nouel !...

N'ou hleuein ket, kannerion mem bro... Meit er pozieu e hrè kement a blijadur d'ein ou hleuet, pe oen bihan, mé ou hanno é me hanprig, eidonn me unan ; pep plé ou hannan elsé, étré Doué ha mé. Hag é saù nezé barh me hunvré strollad karet nozieu Nendeleg mem bugalégeh...

NOEL EN EXIL

Le 24 décembre, au soir. — Les voilà maintenant faisant leur tournée, les chanteurs, par les chemins de mon île, par les chemins de la Bretagne entière. Au seuil de chaque porte, ils font entendre leur si vieille et si belle chanson dont l'air ressemble à un son de cloches annonçant aux chrétiens la Bonne Nouvelle :

Chanton Noël tout nouveau, — A l'enfant Jésus et à sa Mère, — Chantons Noël ! — Cette nuit, comme vous le savez, — Est né le Sauveur du monde, — Chantons Noël ! — Chantons Noël, Noël, Noël, — Il est né, Jésus, notre Sauveur, — Chantons Noël.

Je ne les entendrai pas les chanteurs de mon pays... Mais les couplets qui me causaient tant de plaisir lorsque j'étais petit, je les chanterai dans ma petite chambre, pour moi seul ; chaque année, je les chante ainsi pour Dieu et pour moi. J'évoque, en rêve, la file des nuits de Noël de mon enfance...

Gannet e oa 'tré deu lon mut
E ao fidéloh eit en dud...
Kannamb Nouel!

En dud! Ou hleuet e hren héneoah, er ré e zo ret d'ein biùein én ou mesk : « Émen é hes té? e laré unan. — D'en overen kreisnoz, enta! ha goudé é heemb d'hobér *reveillon*... »

En hevelep mennad e zo getè ol. Er *réveillon*! Ne gleuér kin, ne huélér kin meit er gir-sé, en déieu-men, barh er gér vras. Ar zor pep bouiddi é ma merchet, get er prizieu ; é pep kevelen er skriùér : « Nuit du réveillon ». En amzér goh, deustou dehi hé bout hé sieu eùé, « Nuit de Noël » e vezé groeit ag en noz-men, é galleg. Meit kerhet de gonz a *Noël* de Barizianed hiniù! Petra é en dra-sé, Noël? Laret er *Réveillon*, me gonprenno. Gannedigeh un Doué? Breihad devéhat, hiniù en dé nen des mui meit en doué : me hov!

Il naquit entre deux bêtes muettes, — Bien plus fidèles que les hommes... — Chantons Noël.

Les hommes! Je les entendais, ce soir, ceux-là, parmi lesquels je dois vivre : « Où vas-tu? disait l'un. — A la messe de minuit, et ensuite nous irons faire réveillon... »

Ils ont tous le même désir! Le réveillon! On n'entend, on ne voit que ce mot, ces jours-ci, dans la grande ville. A la porte de chaque hôtel, il est inscrit, avec les prix ; dans chaque journal, on lit : « Nuit de réveillon. » Au vieux temps, qui eut aussi ses défauts, cette nuit était appelée « Nuit de Noël » en français. Mais allez donc parler de Noël, aux Parisiens d'aujourd'hui. Qu'est-ce que c'est que ça, Noël? Dites Réveillon et je comprendrai. La naissance d'un Dieu? Breton en retard, aujourd'hui il n'existe qu'un dieu : mon ventre!

PEDEN

Doue, c'houi ma Zad euz an Ne,
War ben va daouc'hlin me ho ped,
Ma diwallit euz ar pec'hed,
'Vit ma chomo glan ma ene ;
Roet ar peoc'h da Vreiz-Izel,
Krenvit he, en kreiz ar brezel ;
Na leusket ket en tan-garo,
Ma c'herent ha ma zud maro ;
Gouarnit ivez war an douar
Holl ar re-ze a zo kar d'in ;
Pellit euz ane ar glac'har,
Hag, heb tava biskoaz pedin,
Me ganno d'eoc'h war ma zelen
« Doue, trugarez da Viken ! »

PRIÈRE

Dieu ! Vous mon Père des Cieux, — Je vous prie à deux genoux, — Préservez-moi du Péché, — Afin que mon âme reste sans tâche ; — Donnez la paix à la Bretagne, — Fortifiez-là dans les combats, — Délivrez du feu cruel mes parents et mes amis trépassés ; — Gardez aussi tous ceux qui me sont chers ici-bas, — Eloignez d'eux les chagrins, — Et, sans jamais cesser de prier. — Je vous chanterai sur ma harpe : — « Mon Dieu, merci à jamais ! »

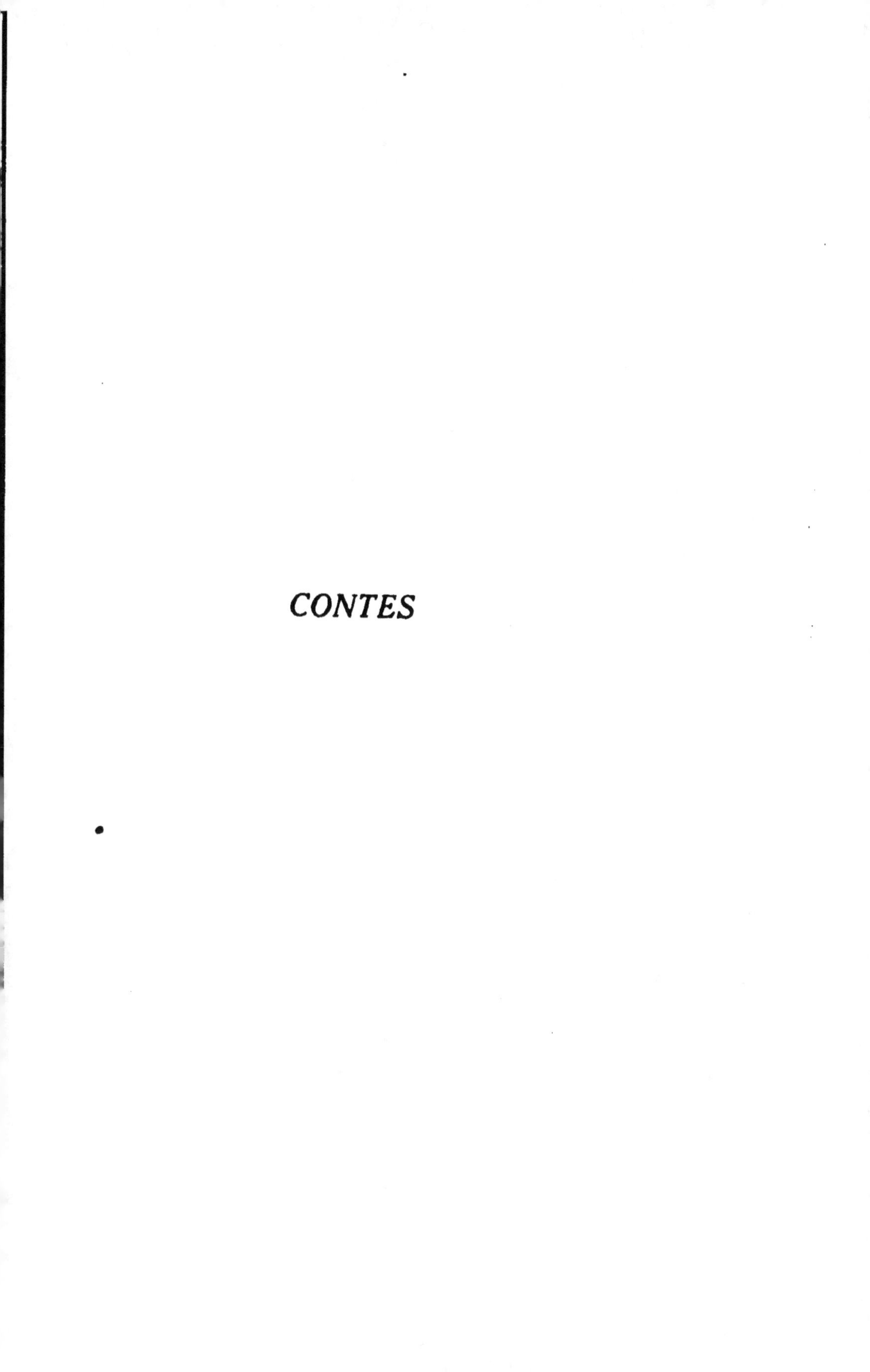

CONTES

L'AVENTURE ÉPOUVANTABLE
DE
JEB EN OZAC'H-MEUR
(Conte groisillon)

Le préhistorique réveille-matin qui constituait toute l'horlogerie de l'auberge borgne des *Deux Tangons* sonnait, de sa voix enrouée, onze heures et demie, au moment où la rude poigne de la patronne mettait, sans délicatesse, Jeb en Ozac'h-Meur, à la porte. L'homme n'était pourtant pas tout à fait gris, mais dans cet état de demi-ébriété plus bruyant chez certains que l'ivresse complète, chez un Ozac'h-Meur, en particulier. Ce soir-là, le bilan de ses habituels exploits d'ivrogne était, d'abord, un manche à balai cassé, avec une rage, d'ailleurs injustifiée, contre le parquet de la salle, sous le prétexte épique de démontrer « qu'il n'était pas un veau » ; une bouteille de vin sommairement décapitée, « parce que le bouchon était *trop fond* » ; enfin, un bol à boire qui, expédié par la voie des airs, opéra rapidement sa jonction avec le facies barbu de la patronne, accusée par l'ivrogne de lui faire payer, deux sous, la *soutée* de cidre. Cette dernière *embardée* lui valut l'expulsion *manu militari* signalée plus haut. Et l'infortuné buveur se trouva, en moins de temps qu'il ne faut pour le dire, affalé de tout son long sur le quai du port, ayant à peine achevé d'énoncer les considérations fort intéressantes dans lesquelles il s'était subitement lancé au dernier moment, et où il apparaissait notamment « qu'en 1870, la France avait été trahie par les caporaux, et qu'il fallait bien vous le dire, vous savez ».

— Attrape, *oreille-de-cochon* ! lui lança la ménagère, en le gratifiant, au bon endroit, d'un magistral coup de sabot. Ça t'apprendra à casser la vaisselle du monde sur leur figure. »

Jeb ne répondit pas, et encaissa le tout, parole et geste, avec cette élégante simplicité que seule peut donner une longue habitude.

Cependant, on était en décembre. L'air de la nuit lui mordait le visage, et cela le rafraîchit un peu. « Je suis saoul, je suis saoul », murmurait-il, d'un ton convaincu, en essayant de se remettre, sur pied. Puis, s'apercevant que ses jambes consentaient, malgré tout, à le mener à peu près en ligne droite :

« *Jujebeuh* ! jura-t-il, mais il n'y a tout de même pas trop de vent dans les voiles ! Si j'avais su, je ne me serais pas laissé faire comme cela, avec Marie-Jeanne... Ça ne fait rien, elle a embarqué *la* bol par la figure, aussi...» Tout en monologuant, il gravissait le raidillon qui mène du port au petit bourg.

« Quelle heure peut-il bien être ? songea-t-il, tout à coup. « Bah ! en passant devant l'église, je regarderai l'horloge... Mais il doit être tard, car personne n'a plus de lumière. » Et en effet, les yeux de toutes les maisons s'étaient fermés et elles dormaient. Seule, debout là-bas à la pointe de Pen-Maén, la haute silhouette du phare se dressait dans les ténèbres qu'il transperçait, de temps à autre, des faisceaux lumineux de son feu.

Comme Jeb approchait du bourg, de l'encoignure d'un petit mur enclavant un champ, une forme humaine bondit. Deux mains s'abattirent sur les épaules de l'ivrogne attardé, tandis qu'à ses oreilles retentissaient, le remplissant d'effroi, ces mots bizarres :

« Quand y fait chaud, il est bien et quand y fait froid, il est bien. Ben, comment y faut faire avec lui, alors ? » Puis un gros rire.

Le premier mouvement d'En Ozac'h-Meur, sentant ses épaules prises comme dans un étau, avait été de sauter de côté pour essayer de se dégager ; mais, l'autre l'avait suivi dans son écart, sans le lâcher. Il restait donc là, paralysé de terreur, ne sachant si c'était à mort ou à vivant qu'il avait affaire, et sans ouvrir la bouche. Enfin, en même temps que s'éteignait le gros rire qui lui causait tant de frayeur, l'étreinte se desserra, et Jeb, s'éloignant de quelques pas, put voir que son interlocuteur avait toute l'apparence d'un marin comme lui. D'ailleurs à ce moment même, comme exprès pour le tirer d'embarras, un rayon de lune se mit à errer lentement sur le visage de l'assaillant étrange.

C'était un pauvre visage de misère, mangé par les embruns de la mer salée, comme tous ceux des vieux de là-bas. Les piquants d'une barbe courte l'envahissaient et il était couronné de cheveux gris. Sous le front labouré de rides, les yeux d'un bleu naïf semblaient vouloir se reculer toujours davantage au fond des orbites ; il ne s'en échappait qu'un regard terne et qui fuyait. Quant aux vêtements, c'étaient, à peu de chose près, des haillons.

— « Jujebeuh ! s'exclama, avec soulagement, Jeb en Ozac'h-Meur, mais c'est « François fou ! » Espèce d'innocent, tu ne pourrais pas laisser les chrétiens passer, sans leur sauter dessus ? T'as perdu *sec* ton gouvernail cette fois ici, toujours ! »

— « Quand y fait chaud, il est bien et quand y fait froid, il est bien », répéta l'innocent hébété.

Jeb savait vaguement que les fous, il ne faut pas les contrarier. Pour l'adoucir, il marmonna donc : « Oui, il fait froid, il ne fait pas chaud », et soudain, pris de l'idée de se venger de Marie-Jeanne, l'aubergiste, en lui jouant un bon tour, au moyen de l'innocent :

« Ecoute, fit-il, je vas te dire. A Port-Tudi, dans la cour de Marie-Jeanne, à côté de la porte vitrée, il y a un gros paquet de tabac à chiquer, du « bitor », long comme une aussière. J'ai une demi-part dessus ; va la prendre et garde-la pour toi ».

Le fou, les yeux brillants dans leurs cavités profondes, parut, à ce dernier mot, exulter. Car la chique était sa passion dominante et, pour la satisfaire, il exécutait tout ce qu'on exigeait de lui. Il se précipita immédiatement, avec mille gambades, sur la route de Port-Tudi, en poussant, de temps à autre, cette exclamation sourde : « Un lion !... un lion !... » Sans doute, le pauvre homme, dans son chétif amour-propre, comparaît-il ses bonds à ceux de l'animal dont il avait ouï parler autrefois, étant enfant, avant sa folie.

En Ozac'h-Meur le vit s'éloigner avec satisfaction.

« Marie-Jeanne va sûrement se lever au bruit que va faire le fou, réfléchit-il. Elle ne saura pas ce que c'est et elle crèvera de peur et de froid. C'est bien fait ».

Il se remit en marche. La nuit était plus obscure encore ; de gros nuages voilaient maintenant la lune. Pas une âme dans les rues quand il traversa le bourg. Les dernières fumées de son ivresse achevaient de se dissiper et le choc de ses sabots, régulier, faisait résonner le sol durci par la gelée.

Mais, de la désagréable surprise de tout à l'heure, il lui restait un vague sentiment de malaise. Et il se mit à penser aux « endroits » qu'il aurait à traverser et dont il avait entendu dire qu'on y voyait, la nuit, mille choses fantastiques et terribles.

Il songea à Kergatouarn. Là, disait-on, l'ancien seigneur du manoir aujourd'hui détruit, « revenait » tous les soirs. Et, en expiation de son avidité passée, qui le portait à exiger double mesure de ses tenanciers, lors du paiement des redevances en nature, il demandait à chaque passant, en lui présentant un boisseau comble et un boisseau plein : « *Bar pé rèz ?* — Comble ou plein ? » Celui qui avait le malheur de répondre : « *Bar !* — (Comble !) » disparaissait pour toujours de la terre des vivants. Les autres pouvaient continuer leur route, poursuivis par les imprécations du seigneur.

Il songea au pont de Kerlivio, où il lui faudrait passer ce soir. Ici, c'était un cheval sans tête qui, dès que vous mettiez le pied sur le pont, vous accompagnait silencieusement, épaule contre épaule, à travers tout le vallon. Heureux encore s'il ne se précipitait pas contre vous, vous jetant à terre et écrasant, de tout son poids, le corps étendu. Le seul moyen de délivrance alors était de le menacer d'un coup de couteau.

Jeb se tâta la poche pour voir si le sien y était bien. Il le sentit sous sa main, et cela le rassura un peu. « Mais je ne me trouvais pas très fier quand même, avouait-il ensuite, car avant d'arriver au pont de Kerlivio j'avais encore la croix de Saluèr-er-Bed et les Quatre Chemins de Klavezig à passer ».

Il lui vint alors à l'idée de chanter, pour se donner du cœur, et le voilà parti dans les joyeux couplets d'une chanson de noce :

> « Ma mère, ma mère, venez voir
> Quel beau galant j'ai rencontré :
>   Dansons pipip, roulons clouclouc,
> Toutes les jeunes filles aiment la goutte! »

Arrivé là, il prêta l'oreille. Aucun bruit. Il reprit :

> « Il est là-bas au bout de l'écurie,
> Ses pieds de travers dans ses sabots.
>   Dansons... etc... »

Un second temps d'arrêt. Mais rien, toujours rien que le bruit de ses sabots sur le sol gelé.

> « Il est là-bas au bout de la maison,
> Un grand « pompon » jaune à son nez.
>   Dansons... etc... »

Soudain, comme il s'apprêtait à pousser le second vers du refrain, des sons lugubres retentirent dans la nuit froide, passant comme une volée d'oiseaux sinistres sur la campagne et sur la mer : « Dao!... dao !... dao!... »

L'horloge de la tour de l'église sonnait minuit.

Jeb frissonna, s'arrêtant net. Les mots s'étranglèrent dans sa gorge... minuit!

Il était alors à quelques pas de la fameuse croix de Saluèr-er-Bed, et la route côtoyait le petit champ où ce dernier vestige de la chapelle ancienne est debout. Jeb se rappela, avec épouvante, les traditions et les légendes qui couraient sur ce lieu. Jadis, racontait le peuple, on y avait enterré trois cadavres espagnols rejetés à la côte par le flot. Et bien que le registre paroissial, faisant mention de leur inhumation, portât qu'on avait trouvé sur eux des marques de catholicité, les dévideuses de vieilles histoires ne manquaient jamais d'affirmer « qu'on ne savait même pas si c'étaient des chrétiens ».

En tout cas, ils « revenaient » à de certaines époques, et assis sur le tertre où une herbe grasse recouvrait leurs cendres, ils imploraient les prières des passants, avec des cris terribles, en un idiome étranger.

Tous ces souvenirs dansaient, dans la pauvre cervelle de Jeb en Ozac'h-Meur, une sarabande effrénée, si bien qu'il ne savait plus quel parti prendre. Toute réflexion faite, il se décida pourtant à aller en avant.

La démarche mal assurée, le voici près du petit champ où la croix s'élève. Il ferme les yeux, tout en pressant le pas, avec la terreur grandissante de voir surgir, d'un buisson, quelque ombre sépulcrale... Mais rien de semblable n'apparaît. Le champ est dépassé... Tel un homme qui vient d'échapper à un grand danger, Jeb respire.

Respire, Jeb, mais que ce ne soit pas trop bruyamment. Car à la minuit les âmes errent, tu le sais, par les campagnes, et chaque buisson de lande, sur la terre bretonne, en cache une. Il n'est pas jusqu'aux démons qui ne choisissent cette heure pour venir tourmenter les voyageurs en état de péché; combien d'ivrognes les ont rencontrés? Souviens-toi des histoires que racontent les fileuses, et dont la conclusion est si souvent : il ne fait pas bon courir la nuit.

A mesure qu'il approchait des quatre chemins de Klavezig, une gêne indéfinissable envahissait En Ozac'h-Meur... Il apparaît enfin, le carrefour fameux des légendes, la Croix-de-Chemins propice aux fantômes. Jeb se prépare à la franchir très vite, sans tourner la tête, comme il a fait tout à l'heure à l'autre « endroit », quand tout à coup...

Vierge! qu'est-ce que c'est donc que cette ombre immobile, là-bas, sur la lande, à gauche du chemin? Ce n'est pas un buisson... voici qu'elle bouge... on dirait un animal, une bête étrange, fantastique, qui semble l'attendre au passage... Brusquement, l'exclamation du fou sur la route du port lui revient à l'esprit : « Un lion! » Oui, il n'y a plus de doute, c'est bien cela. L'innocent l'aura vu, et aura tenté ainsi d'avertir Jeb... Mais cette bête elle-même, qui est-ce? Un vrai lion, ce n'est pas possible ; il n'y en a pas dans le pays... Alors... Jeb tremble... Le diable...

Couvert de sueur fébrile, sans trop savoir ce qu'il fait, Jeb dessine un crochet dans la lande, à droite, pour éviter la bête. Puis, il regarde. L'apparition a fait quelques pas, semble-t-il. Ses sabots à la main, Jeb revient sur le grand chemin, regarde encore... Plus de doute, la bête s'avance sur lui. Alors, perdant la tête, il se met à courir, une course de folie qui lui tire de la poitrine de grands : « han!... han!... » Malheur! Un cri épouvantable éclate au même instant, à dix pas en arrière « meu... eu... un » et il entend le galop précipité de l'animal qui le poursuit. Il ne se retourne plus désormais. Il s'agit de vie ou de mort, et d'enfer. Il redouble d'efforts, jette ses sabots, atteint enfin la première maison du village de Klavezig, et avec un grand coup de poing sur la porte :

— Mâri! crie-t-il.

Nul ne répond. Alors, un vrai hurlement :

— Mâri ! Mâri !

Une tête apparaît, incontinent, à la fenêtre du premier étage : *Pi 'zo 'zai ?* (Qui est là ?) interroge-t-elle.

— Moi, Jeb. Ouvre la porte.

— Toi Jeb ! Eh bien ! toi Jeb, reste dehors. On ne vient pas réveiller le fils de l'homme, *à cette heure-ici.*

— Ouvre, râle-t-il. Si tu savais ce qui se tient là près de moi, tu ouvrirais. Viens ouvrir.

Il y a tant d'angoisse, de vraie souffrance dans sa voix, que Marie a pitié. Elle descend, tourne la clé. Aussitôt, la bousculant, laissant derrière lui la porte grande ouverte, Jeb se précipite dans la maison, se jette sur le coffre et ne dit plus mot. En maugréant, Marie referme l'huis, puis s'avance, sa bougie à la main, vers l'ivrogne.

— Eh bien ! qu'est-ce qu'il y a ? Qu'est-ce que tu as vu ?

Jeb a un grondement sourd : « Le diable ! » jette-t-il. Et il se retourne du côté du mur, pour dormir. Après avoir essayé, en vain, de lui tirer quelque autre parole, Marie se décide à se recoucher aussi.

Le lendemain, au petit jour, quand elle descendit faire le ménage, Jeb était toujours affalé sur son coffre ; seulement il ne dormait pas. Elle réussit, alors, à lui faire raconter toute son aventure. Et, sévère :

— Ça t'apprendra, ivrogne, à rester boire le soir à l'heure où tous les chrétiens dorment. C'est très bien fait. Et si tu recommences, puisse le diable t'emporter avec lui !

— Je ne recommencerai plus, fait Jeb sincèrement. Et Marie sortit pour aller traire les vaches. Mais à peine avait-elle fait deux ou trois pas dehors, qu'elle rentrait en courant, riant comme une folle :

— Jeb, dépêche-toi, viens voir ton diable qui est là au bout de la maison, à t'*espérer,* quand tu vas sortir.

— 'Ris pas, donc, 'ris pas ! protestait Jeb. Puis, comme il faisait grand jour à présent, il se laissa mener jusqu'à la porte.

— Il a dû s'égarer hier au soir dans la lande, expliquait Marie. Alors quand il t'a vu, lassé d'attendre qu'on vienne le chercher, il t'a suivi. Regarde-le, tiens ».

Jeb, pas encore trop rassuré, regarda. Et tout de suite, il resta pétrifié de stupeur et de honte. Le lion que son imagination enfiévrée se représentait si terrible, le fantôme, le diable devant les griffes de qui il avait fui si vite, se tenait debout sur la route, le contemplant de ses bons yeux ronds pleins de caresses humides et d'humble soumission. Car c'était...

Malédiction rouge ! c'était un veau.

LE VŒU DE GWARONN

Au large de Groix, le thon donnait avec abondance, et nous tenions la mer depuis plus d'une semaine. Dans la barque, aux deux tangons abaissés jusqu'au bordage, chacun surveillait, en silence, ses lignes. C'était la fin du jour. L'homme de barre, Gwaronn, mon matelot mort noyé l'an passé — pour chasser la fatigue et le sommeil, chantait. Sa voix montait claire dans le silence de ce crépuscule d'été.

> Tu seras pauvre, disait-il, et durant toute ta vie,
> Si tu es riche jamais, ce sera dans l'éternité ;
> Cependant prends courage, si tu es pauvre, sois content,
> Car une bonne conduite est meilleure que l'argent.
> Pauvreté du fils de l'homme que tu es belle...
> Pour suivre le monde n'abandonne pas ton Dieu.

Ce chant me troublait. Pour chasser l'émotion qui me gagnait, je bourrai une pipe et j'appelai « Gwaronn ! Gwaronn ! »

— Petra ? (quoi ?) et il me regardait de ses bons yeux d'enfant candide, où l'on retrouvait la couleur indéfinissable des vagues.

— Tu vas dormir sur la barre, voyons ! raconte-nous l'histoire de ton vœu à Sainte-Anne.

— Mon vœu ! mon vœu ! Mais je te l'ai raconté plus de dix fois déjà !

— Jamais de la vie ! Et aucun de ceux-ci ne la sait.

— Naren, Naren ! (non, non !), firent-ils, en se rapprochant. Racontez, « Gwaronn ».

Gwaronn ne se faisait jamais prier pour une histoire. Outre que cela, lui permettait de passer agréablement une partie de ses quatre heures de veilles, il adorait conter, et l'une de ses joies était de se voir entouré d'auditeurs empressés d'écouter.

Et je vais vous traduire l'histoire que nous récita, en langue bretonne, Gwaronn le marin superbe, à deux cents milles de la côte natale, devant les visages pensifs de ces grands enfants que sont mes frères les pêcheurs. Au vent et sous le vent, autour de nous, les thons folâtraient, bondissant hors de l'eau pour replonger ensuite ; la nuit lente et douce rampait vers nos voiles, si douce qu'on aurait désiré qu'elle ne s'achevât jamais. Et soudain écartant un nuage, la lune triomphale illumina la mer. Gwaronn parlait :

« A cette époque-là, fils, commença-t-il, en se tournant vers moi, je naviguais au long-cours, un chien de métier! Aujourd'hui, j'ai quarante-sept ans ; j'étais sur mes vingt-cinq alors. Il s'appelait *Suffren*, notre trois mâts ; pour filer vent arrière, il n'y en avait pas deux comme lui de Bretagne à Brest. Malheureusement, l'équipage ramassé à la hâte, ne valait pas une chique : des Rochelais, des Mokos (méridionaux), et trois Normands pour finir. Le capitaine, il est vrai, était né à Concarneau, mais ses parents venaient de Toulouse. Ainsi j'étais à bord le seul Breton. N'ayez pas peur : je ne suis pas paré de recommencer à naviguer dans ces conditions-là.

De Liverpool, nous devions tout d'abord nous rendre à Lisbonne, pour compléter notre chargement, avant de faire route sur le Chili. Quand nous partîmes, c'était un jour pareil à celui-ci. Une petite brise seulement, et elle soufflait du Sud-Ouest, ce qui nous obligeait à louvoyer.

Vous connaissez les manières des longs-courriers. Il y avait quelque temps déjà que nous étions à Liverpool, et naturellement, comme on avait de l'argent, on en profitait. La grande bordée eut lieu le matin du départ ; et tous nos hommes, ou à peu près, avaient été ramenés à bord magnifiquement saouls. Vaille que vaille, on établit la voilure, on démarra, et en route.

Il n'était peut-être pas ivre tout à fait, le capitaine, mais lui non plus ne s'était pas privé de faire le jeune homme, en compagnie de ses officiers, et ils avaient tous du vent dans les voiles, comme on dit. Tout le temps que dura l'appareillage, il jura et sacra, dans toutes les langues de l'Ouest, contre ces « ivrognes » de matelots qui ne se rendaient pas assez vite à la manœuvre. Seulement, une fois sortis du port, sa bonne humeur lui revint. Il faisait beau, n'est-ce pas ? Et il autorisa : « Vous pouvez boire un coup à présent pour vous rafraîchir ». Je vous réponds qu'on ne se le fit pas dire deux fois.

Lui-même, d'ailleurs, descendit dans la chambre, en appelant le cambusier. Et cinq minutes après, j'entendais les bouchons de champagne sauter.

Moi j'étais de quart sur le bossoir, c'était mon tour. Je restai donc là à faire les cent pas, tandis que les autres bambochaient.

Il ne faut pas dire que cela n'arrive jamais sur les navires de commerce, d'avoir un équipage à moitié parti pour la gloire. Mais puisque ceux-là avaient déjà avalé plus que leur compte à terre, on aurait bien pu les laisser cuver leur vin, tranquilles.

Oui, je connais ton idée, fils, continue Gwaronn, en me voyant sourire, tu te demandes pourquoi, seul de tout l'équipage, ton vieux Gwaronn était « à jeun ». C'est vrai qu'un litre de vin ne me fait pas peur.

Mais cette fois-*ici* je vais te dire une chose. Aussitôt touchée, ma prime je l'avais envoyée à la maison, à ma mère, et je n'avais pas un liard en poche. On n'a pas besoin d'argent, quand on part en campagne pour quatre mois : il n'y a pas de tavernes au bord des chemins de la mer.

Donc, j'avais l'œil au bossoir, comme de juste. Et je vis que le vent tournait, tirant sur l'Ouest pour commencer, puis vers le Nord. « Mauvais signe ! » criai-je aux autres qui descendaient d'arranger les voiles. Mais eux se moquaient de moi et, vive la joie, continuaient à boire. Même ils me crièrent :

« Eh ! oiseau de malheur, viens donc par ici trinquer avec nous ? »

« Trinquer ? fit un autre, penses-tu ? Il est en train de *chapeleter* à sa sainte Anne, le Breton ».

Et de rire alors, et de lancer bourde sur bourde à mon adresse, sur sainte Anne et les Bretons.

« Allons ! je leur dis, vous n'avez pas lavé vos bouches encore ce matin ».

« Farceur ! c'est toi qui a oublié de rincer ton gosier ? Viens-y, c'est du bon ! »

Et ils recommencèrent, comme je refusais, à dire de mauvaises choses sur sainte Anne.

Fils, le Bon Dieu est bon, c'est sûr ; seulement il a beaucoup d'ouvrage avec le monde, alors il ne peut pas toujours s'occuper de chacun dans son besoin. Mais sainte Anne, elle, n'a que les Bretons à surveiller et parmi les Bretons, c'est du côté des marins qu'elle regarde le plus. Aussi, quand j'entends mal parler de sainte Anne en mer, je n'aime pas ça. Voilà pourquoi, un autre étant venu me relever de ma faction, je passai au milieu d'eux et je grognai :

« Fermez vos bouches, animaux, ou bien il tombera du malheur sur ce bateau-*ici*. » Du reste, ils ne m'entendirent pas.

Le lieutenant de quart, ému par la bonté du champagne, et l'œil humide, cherchait la Polaire à travers les cieux, toujours en vain. Il me demanda d'un ton confidentiel :

« Dans quel hémisphère pensez-vous que nous soyions, mon vieux ? »

Arrivé dans la chambre, j'en parlai au capitaine : « Où nous sommes ? grommela-t-il. Nous sommes par le travers des Sorlingues, et va te coucher ! Je n'ai jamais vu personne d'aussi saoul que toi ». Et il s'affala sur un banc pour dormir. J'eus beau insister sur l'état de la mer, l'ivresse de l'équipage, je ne pus obtenir de lui autre chose qu'un sempiternel « Par le travers des Sorlingues... Par le travers des Sorlingues, que je te dis ! »

Aller me coucher, c'était vite dit. Mais comment dormir sur un navire chargé d'hommes saouls, quand la tempête arrive derrière, au grand galop ? Je résolus de veiller toute la nuit ; sur le pont c'était la même chose toujours : ceux qui ne buvaient plus, pêle-mêle, dormaient, quant au bateau, je vous assure qu'il allait de l'avant.

Brusquement, la rafale creva sur nous. Les lames sifflèrent, les flèches plièrent. Le trois-mâts piqua du nez et se mit à fuir sauvagement. Songez qu'il avait encore presque toute sa voilure ! J'allai chercher le mousse :

« Viens carguer les voiles avec moi, garçon ».

L'enfant était brave ; pour son malheur il obéit. A nous deux, non sans peine, nous vînmes à bout du grand perroquet. Mais comme nous allions monter au mât de misaine, le navire fit une embardée terrible et la vague embarqua presque de travers. A peine eus-je le temps de crier « tiens bon ! » et de me cramponner aux haubans, que je vis le pauvre mousse emporté par la trombe furieuse, en compagnie de quelques-uns des ivrognes qui encombraient le pont. Et je ne pouvais, les larmes aux yeux, que jeter une bouée au malheureux petit.

Que vous dirai-je encore ? Pendant une partie de la nuit nous luttâmes, jusqu'au moment où, les flèches cassées, les voiles en lambeaux, et le gouvernail enlevé pour finir, un craquement retentit sous la coque. En même temps, on apercevait sous le vent à quelque distance, un feu de terre. Nous étions sur les rochers.

Je sautai dans la cale pour examiner le dégât. C'était la fin, plus rien à faire : il fallait abandonner le navire : dans quelques heures, il coulerait à pic... Revenu sur le pont, je ne pus que croiser les mains de désespoir : les maudits avaient essayé de mettre la chaloupe à l'eau et un coup de mer l'avait emportée...

Fils, je te dis ceci : le désespoir ne sert à rien. Et le mien ne dura guère. Criant aux autres : « Parez-moi la ligne de sonde ! » je marchai vers l'arrière pour parler au capitaine. Il était assis contre le rouf, se retenant d'une main au panneau, et de l'autre... égrenant son chapelet. Je me plantai devant lui : « Eh bien ? on dit son chapelet à présent, quand c'est l'heure de commander et d'agir ? Quand c'était l'heure de prier, on sacrait, et on jurait, et on buvait. Aie pas peur, sacré ivrogne ! il va t'exaucer le bon Dieu ! »

« Qu'est-ce que tu veux que je fasse ? fit-il lamentable. Tout est perdu ».

« Tâche au moins de les faire se mettre aux pompes ; c'est le plus pressé. Et si je ne réussis pas, construisez un radeau et partez dessus. La terre n'est pas loin ».

Alors je me débarrassai de mon ciré ; solidement, je m'attachai, en écharpe, le bout de la ligne de sonde. Puis, invoquant à voix haute, en breton : *Santez Anna pédet evidomp* ! (Sainte Anne priez pour nous) je fis un grand signe de croix et sautai à l'eau. J'allais essayer d'établir le va-et-vient entre la terre et le navire.

Bien sûr je suis un bon nageur, et par ailleurs bâti et gréé comme on est chez nous, mais la lutte de la nuit m'avait enlevé une partie de mes moyens. N'importe, j'allais quand même, avec toute mon énergie. A la longue, du reste, les vagues me porteraient à la côte. L'important était de me maintenir sur l'eau.

Ce ne fut pas facile. Aux abords des rochers, les lames sont plus sauvages toujours. A chaque instant, j'étais submergé, mais je tenais bon et remontais. Au bout d'une demi-heure, j'aperçus devant moi une ligne sombre où les vagues se brisaient blanches d'écume. C'était la côte : encore un effort et nous allions être sauvés. Je ramassai toute ma vigueur et poussai de l'avant...

Alors je me sentis arrêté net par la corde attachée à moi...

Qu'est-ce que vous auriez fait, vous autres? Je cherchai à gauche, à droite, s'il n'y avait pas un point où la côte s'avançait davantage : rien. Je dénouai l'amarre, en gardant tout juste le bout dans ma main droite, et franchis ainsi un mètre environ, mais la côte était plus loin encore. Et pendant tout ce temps-là, j'étais ballotté par les vagues. Ce furent des minutes d'épouvantable angoisse. Si je lâchais, les autres étaient perdus probablement ; si je ne lâchais pas, j'étais perdu avec eux, voilà tout. Car j'étais beaucoup trop épuisé pour songer à revenir au navire : avant d'avoir accompli le quart du trajet j'aurais coulé... Qu'est-ce que vous auriez fait, vous autres, à ma place ?... Moi, je lâchai la corde...

En deux ou trois minutes, les plus pénibles de toutes, j'atteignis le rivage. Mais chaque fois que j'essayais de prendre pied sur un rocher, la mer me reprenait, pour me lancer ensuite en avant, et ce ne fut qu'après plusieurs tentatives, les mains et les genoux déchirés, la figure en sang, que je pus saisir un bout de roc. Alors je fis mon vœu : « Sainte Anne, si je réchappe d'ici, j'irai baiser les pieds de votre statue dorée qui est sur la tour de la basilique, chez nous ». A peine avais-je achevé cette prière mentale que survint une vague monstrueuse qui me souleva comme une plume, et... je ne me souviens plus de rien.

Le lendemain, vers midi, je me réveillai dans un bon lit ; plusieurs personnes autour de moi parlaient breton. J'étais à Ouessant. La grosse vague, une des dernières de la tempête, m'avait jeté sur l'herbe, car la côte était basse où j'avais abordé. Accourus le matin vers le naufrage, des pêcheurs m'avaient trouvé et soigné et rendu à la vie. Quant au navire et à mes compagnons, on n'avait retrouvé d'eux que des épaves et des cadavres.

Rapatrié, je partis tout de suite pour Sainte-Anne d'Auray. Après avoir fait trois fois le tour de la basilique, je montai tout en haut de l'escalier de la tour. Là, j'accrochai le paratonnerre et, main sur main, me hissai jusqu'aux pieds de la statue bénie et je les baisai en criant : merci.

Et voilà l'histoire de mon vœu ».

— Mais la tour de Sainte-Anne a 72 mètres de haut, fis-je alors.

— Et puis après ? Il y avait là-bas un prêtre qui disait ça aussi, et que mon vœu était une folie. Comme si ce n'était pas mon métier de grimper aux mâts ! Comme si sainte Anne pouvait me laisser tomber là, après m'avoir sauvé à Ouessant !

D'ailleurs, c'était un vœu : il fallait le tenir. Chose promise, chose due, conclut Gwaronn, en secouant la cendre de sa pipe.

LA BOUSSOLE BRETONNE

C'est ici, avec ses trente-deux pointes, la rose des vents complète, employée par les marins de Groix dans leurs navigations.

Il est intéressant de lui comparer une liste de noms de vents qui se trouve à la Bibliothèque Nationale (Mss. fr. 24909, fol. 7 et suiv. — Cartes pour les pilotes bretons) et datée du XVIe siècle (je ne retrouve plus dans mes notes la date exacte). Malheureusement, cette nomenclature, dispersée sur de petites roses des vents qui en haut et en bas accompagnent les cartes, est loin d'être complète. Telle qu'elle la voici. Je mets en regard le terme groisillon correspondant :

XVIe SIÈCLE		GROIX
Suest	Geuret	Gevred
Susuest	Merheuret (?)	Su-gevred
Su	Su	Su
Susuroest	Entresuhameruèt	Su-verùéant
Suroest	Meruuent	Merùéant
Oestsuroest	Meruèt-coanoc	Kornog izél
Oest	Cornoc	Kornog
Oestnoaoest	Goallarngornoc	Kornog-votant

Tous les vents soufflant de la région nord, entre *goulern* et *biz*, s'appellent en hiver *kriach*, en été *rostach*, en toute saison « auél-votant » (vents de beau temps ?). Un verbe a été tiré de cette expression, et quand le vent, de *goulern* ou de *biz*, remonte vers la région sudite, on annonce : motantat e hra en auél.

En revanche « izélat » ou « gouziat e hra en auél » signifie que le vent redescend dans le quart de cercle compris entre *merùéant* et *gevred*. Le vent se nomme alors « auél gouzi, auél izél ». — « Glaùach » dit-on encore de lui, ou bien : « 'Ma en auél én toul-glaw » (Le vent est dans le « trou » de pluie).

En dehors de la boussole, les marins de Groix (il n'est pas inutile de rappeler à ce propos que leur champ de navigation s'étend des côtes anglaises du sud jusqu'à celles d'Espagne, voire plus récemment du

LA BOUSSOLE BRETONNE

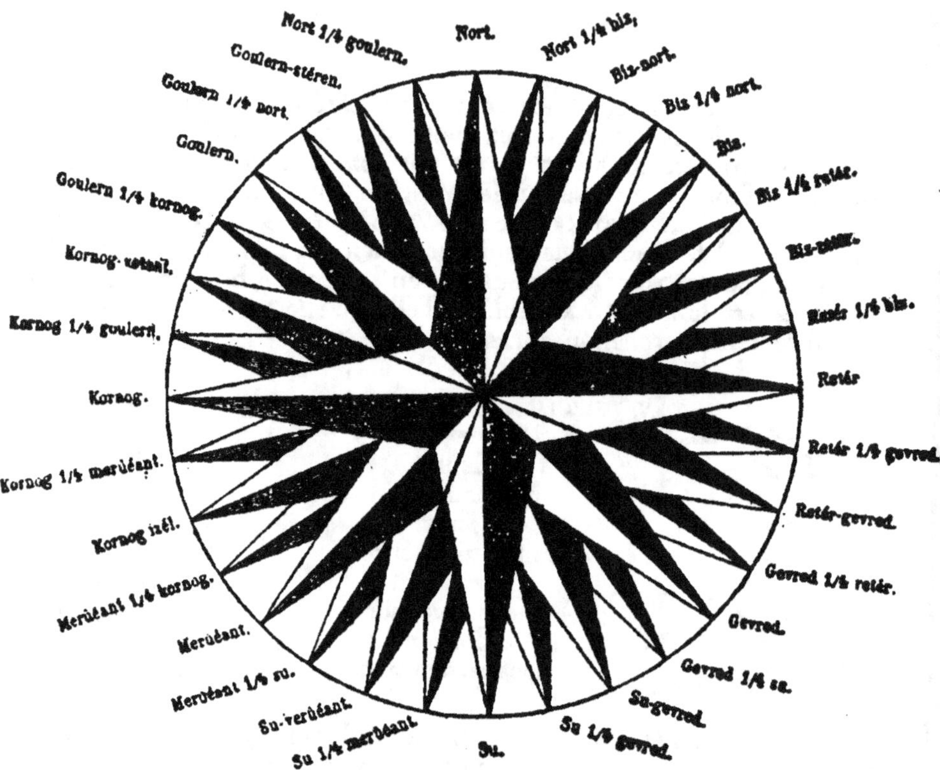

Maroc), les marins groisillons se servent pour s'orienter de trois *lignes*, deux sur mer, une au ciel :

 Linen en tèr-guerni, la ligne des trois-mâts.

 Linen er bapeurin, la ligne des vapeurs, qu'ils évitent le plus possible, féconde qu'elle est en abordages par temps de brume et de nuit.

 El linen biz ha merùéant, la voie lactée qu'ils appellent aussi « Héant

San' Jack », comme en français « chemin de Saint-Jacques ». A ce sujet,
deux proverbes :

1. Héant San'Jak biz-ha-merùéant
   Kerhet pe garet get hou héant.

   Quand la voie lactée est N. E. S. O.
   Allez votre chemin quand vous voudrez.

2. Héant San' Jak goulern ha gevred
   Klasket porh mat mar karet.

   Quand la voie lactée est N. O. S. E.
   Cherchez un bon port si vous voulez.

(*Extrait des* Annales de Bretagne, *année* 1901).

(Reproduction autorisée par M. Dottin, Doyen de la Faculté des Lettres de l'Université de Rennes.)

TABLE DES MATIÈRES

SES ŒUVRES INÉDITES

MINHOARHEU HA DAREU (*Sourires et Pleurs*)

CONTES

MAYENNE, IMPRIMERIE FLOCH. — 8-1926